和歌だけにこめられたお心

昭和天皇　御製にたどるご生涯

秦　澄美枝

PHP研究所

七十歳になりて

ななそぢを迎へたりけるこの朝も祈るはただに国のたひらぎ

（昭和四十五年）

昭和45年１月　御礼装お姿の昭和天皇

山色新

山山の色はあらたにみゆれども
わがまつりごといかにかあるらむ
（昭和三年）

昭和３年11月10日　天皇即位大典
京都御所紫宸殿での即位礼に臨まれ昭和天皇（左）は束帯に黄櫨染袍《こうろぜんほう》・香淳皇后（右）は五衣唐衣裳《いつつぎぬからごろも》の祭服お姿

昭和50年10月31日　初めての両陛下おそろいでの米国へのお旅について、思い出を語られる昭和天皇と香淳皇后

北米合衆国の旅行

ながき年心にとどめしことなれば
旅の喜びこの上もなし
（昭和五十年）

神嘗祭に皇居の稲穂を
伊勢神宮に奉りて
わが庭の初穂ささげて
来む年のみのりいのりつ
五十鈴の宮に
（昭和三十年）

昭和56年10月５日　農業を文化・経済の源とする日本の象徴となされてお稲刈りをされる昭和天皇　昭和天皇は昭和４年から皇居・吹上御所の中の御田でご自身がお田植からお刈取まで行ないお稲を育てていらした

歌会始　水
須崎なる岡をながるる桜川の
水清くして海に入るなり
（昭和六十一年）

昭和53年11月　須崎海岸をお散歩される昭和天皇と香淳皇后　昭和天皇は昭和46年に造営された須崎御用邸を大変に好まれていらして、昭和47年から63年までの毎年、冬に春に香淳皇后とおそろいで赴かれていらっしゃる

歌会始　海
はるばると
利島《としま》のみゆる海原の
朱《あけ》にかがやく
日ののぼりきて
（昭和五十二年）

三重県　海の日の出　昭和天皇は日本神話の最高神天照大神に象徴される「太陽と昇る日の光」、また日本を創った神々が渡ってきた日本民族誕生の地となる「大海の原」を拝される多くの叙景歌を詠まれている　そこでは常にどの様な時も、ご生涯に及び〈 民《たみ》の幸い 〉と〈 日本国の平安 〉、そして〈 世界の平和 〉とをご祈願され続けていらした

和歌だけにこめられたお心

昭和天皇　御製にたどるご生涯

目次

付

序章　〈先の大戦〉に、終戦の〈御聖断〉から〈天皇となされての普遍性〉へ

終戦時の感想　二首

海の外《と》の陸《くが》に小島にのこる民のうへ安かれとただいのるなり

爆撃にたふれゆく民の上をおもひいくさとめけり身はいかならむとも

（昭和二十年）

昭和二十年八月十五日の敗戦当時に、先の大戦(1)の終戦を御決断なされた昭和天皇が、その折りをご感慨されて詠まれた御製《ぎょせい》(2)である。

二首からは、たとえ昭和天皇御自身の「身はいかならむとも」、ただただ「民《たみ》（訓読著者）のうへ」、この「民《たみ》（訓読著者）の上」だけを御一心に思われて、「いくさとめけり」戦争を止められたこと、その御一念が深いご感慨から伝わろう。

また次の二首。(3)

身はいかになるともいくさとどめけりただたふれゆく民をおもひて

国がらをただ守らんといばら道すすみゆくともいくさとめけり

ここではさらに、戦後の日本がどれ程に困難な「いばら道」を進むことになろうとも、全ては「たふれゆく民」、それだけを思われて終戦の御聖断を下されたことへの御決意と御覚悟までが詠まれている。

事実、昭和二十年八月十四日、終戦を決めた九日深夜から十日未明の御前会議に続き、十四日にも再度となった御前会議において昭和天皇は、「わたし自身はいかになろうとも、わたしは国民の生命を助けたいと思う」と述べられ、続いて「わたしは常に国民とともに再建に努力をする」（昭和二十年八月十四日）(4)と宣《のたま》われたことが残る。

ここで述べられた御詞《ことば》こそ、まさしく先の御製への御心を説かれた御詞ではないか。四首は昭和天皇の大御心《おおみこころ》そのものであった。

＊

一般に天皇の意思の表現と見られている詔書や勅書は、実際には天皇の個人的な表現ではなく、戦前の憲法下での詔書は、天皇の御名で出されながらも全国務大臣の副署を必要とし、国務大臣の名において内閣が責任を負うもの、勅書は基本的に宮内大臣の責任で天皇の御名によって出されたものであった。

天皇その人が公の何からも、また他の誰からも制約されることなく〈自身の心のみ〉で発露できるものこそが―和歌―に他ならない。和歌こそが天皇の心を表わしうる唯一の詞《ことば》であり表現であり、心象世界なのであった。

この和歌とは、古代の『古事記』や『日本書紀』などから伝わる五音七音で謡《うた》う歌謡《かよう》にその源を発する。それは古代社会に舞や音楽を伴なって謡った神への祈りから生まれてきた詞《ことば》の調《しらべ》で、日本語を表わす文字さえもない時代から口承で伝わってきたものであった。

平安時代に入ると、それまで国の制度から政治の在《あ》り方、文化、宗教までをも全て唐国のそれらを範とした社会から、日本オリジナルの国の体制を整え、文化、思想も日本固有のものを創り出そうとの力が国内に充実してくる。

そして平安時代も百年を経た延喜《えんぎ》五年、醍醐《だいご》天皇が日本人固有の感性や美意識から思想・信仰までを、日本人独創の表現で、日本オリジナルの表記により顕《あら》わすとの国策のもと、日本で初めてとなる勅撰和歌集《ちょくせんわかしゅう》『古今和歌集《こきん》』を編纂させる。

平仮名《ひらがな》表記を主とする〈倭歌《やまとうた》〉、漢の国の詩に対する倭の国の歌の創造である。

この、歴史的変革は『古今和歌集《わか》』の「仮名序《かなじょ》」「真名序《まなじょ》」にも天皇の聖徳《せいとく》として謳歌されている。その「仮名序」で冒頭から記される「やまとうたは人の心を種として万《よろづ》の言の葉とぞなれりける、」との一文は、日本人の心から生まれた歌詞《うたことば》による〈倭歌〉と言う表現が定義され、続いて「力をも入れずして天地《あめつち》を動かし、目に見えぬ鬼神《おにがみ》をもあはれと思はせ、……歌なり」と結ばれる。天神地祇《てんじんちぎ》の心を動かし、霊魂・神霊をも感激させる人間界を超えた力を発揮するものこそが倭歌、つまり〈和歌〉であると高らかに謳《うた》い上げられているのであった。

この『古今和歌集』には最末巻二十に、神に向かって謡ったり、神の御前で歌う神歌と言われた大歌所御歌《おおうたどころのおおんうた》や神遊びの歌なども収められていて、これが和歌のみならず、後世の日本文化の全ての典となってゆく。

勅撰和歌集はその後、室町時代の後花園《ごはなぞの》天皇が勅宣を下した『新続《しんしょく》古今和歌集』まで二十一代集を成したが、特に天皇を中心とする律令制が最も整っていた平安時代の七集と、中世初め、後鳥羽《ごとば》院の院宣による『新古今《しんこきん》和歌集』までの八代集が、歴史に残り永く日本の思想・美意識となる伝統を創る秀歌を撰集した。

そこからは、神を招き、神と共に楽しみ、神を送る宮中での神事歌謡となる「神楽歌《かぐらうた》」や、新帝即位の年に自らが皇祖や神々に祀《まつ》る大嘗祭《おおなめのまつり》《だいじょうさい》や神祇信仰を詠む「神祇歌《じんぎか》」も、日本本来の信仰と思想を表出する和歌として現代まで生き続け、継承されてきている。

倭歌、つまり和歌は、有史以来、天皇にとって〈神に祈る〉ために主となる表現であると共に、決して御自《おんみずか》らが神ではない天皇と神とをひとつにつなぐ中心の表現方法であって、天皇が天皇として存在するために必然となる祭祀《さいし》で、また、天皇に在る立場から神と交信するために、常に本質の方法となっていた表現なのである。

それはそのまま、天皇が自らの心の内を一切の制約を受けることなく表わすことができる唯一の手段が和歌であると同時に、本来となる〈神への祈り〉として唯一の詞《ことば》こそが〈倭歌〉・〈和歌〉の歌詞《うたことば》に他ならないことを意味する。

❋

本年平成二十七年八月十五日で、日本があの焦土と化した敗戦から七十年を迎えた。この間、昭和天皇についての多くの論が刊行されてきたし、今後もそうあるだろう。しかしそれらの多くは歴史的な、また政治的な観点からの各々の方々が論ぜられたもので、歴史の資料や記録等に拠《よ》る構成と受けとめられる方法がほとんどと見られる。天皇が唯一にお心を表現しうる御製から、昭和天皇の御心に近づく歌論は未だ試みられていない様に思われる。

著者は日本文学としての和歌を研究し、それを中心に多様な表現方法で和歌を源とする日本の美意識や思想を表わしてきた文学者である。

敗戦七十年目の終焉にあたり、ひとりの文学者として虚心坦懐に昭和天皇の御製を辿らせていただき、歴史の中での御製より浮かび上がってくる昭和天皇の御心から、御生涯をこそ本著では求めてみた。

すると、そこには、古代から現代に至るまで〈国の在り方〉として永く生きてきた天皇を中心とする社会に見られた君《きみ》と民《たみ》が常にひとつの形を成して日本を安定に治めてきた大御心が、それを貫ぬかれて戦後の日本で民《たみ》と共に国創りを成された昭和天皇の御姿が。

そうしてその国創りにおいて昭和天皇が範とされた天智《てんち》天皇から、思慕をよせられた院政期の安徳《あんとく》天皇、美意識や治天の君として憧憬なされた後鳥羽上皇、宮廷文化を今に残された順徳《じゅんとく》院方、江戸時代に下っての後水尾《ごみずのお》天皇までの各天皇・上皇方に共通する〈天皇として在った姿〉から〈大御心〉までが、昭和天皇の理念の中に鮮明となってくる様にお窺いされる。とりわけ天智天皇・後鳥羽上皇の御二方が残された天皇としての歴史や思想が、昭和天皇の理想の様に重なり合っては映し出されてくる。

日本の国の形の源となった天皇中心の律令制を創った天智天皇にも、各時代の中で勢力を擡頭《たいとう》してきた軍事力と戦い、敗北しながらも天皇として日本に永遠とするべき在り方を貫ぬき示され昭和天皇が御製でお心を寄せられる安徳帝・後鳥羽院・順徳院、そして後水尾天皇にも、有史以来の〈天皇の在り方と理想〉が全くひとつの様になって今に至るも生き続けている。

それこそが、日本人にとって、また日本にとっての天皇の存在。

終局は昭和天皇の御製から、歴史に脈々と生き続けている〈天皇の普遍性と永遠性〉までをも、この著書においては展望してゆきたい。

註

（1）昭和二十年八月十五日に、事実上で日本の終戦となった対外戦争の表記は、本著では現在の日本政府の実質的公用語となり、何よりも昭和天皇御自身が常にこの戦争を表わされる時にお使いになっていらした「先の大戦」と表現する。
（2）本著で底本とする宮内庁侍従職編『おほうなばら　昭和天皇御製集』（読売新聞社・平成二年）
（3）木下道雄『宮中見聞録』（新小説社・昭和四十三年）
この『宮中見聞録』に入収された御製本文の異同については、第三章の註（2）

を参照されたい。

（4）迫水久常『機関銃下の首相官邸―二・二六事件から終戦まで―』（恒文社・昭和三十九年）

（付）昭和天皇の御製をまとめた刊行物には、註（2）の御製集以外に毎日新聞社編『天皇歌集　みやまきりしま』（毎日新聞社・昭和二十六年）・木俣修編『天皇皇后両陛下御歌集　あけぼの集』（読売新聞社・昭和四十九年）の二集が公となっているが、両二集には、「折にふれて」の詞書で本著序章の冒頭に掲げた四首の内の一首目のみが入収されているだけである。その本文は本著序章の一首目と同じであるが、『天皇歌集　みやまきりしま』では「陸」に付される「くが」の読み仮名が付されず、「民のうへ」が「民の上」と表記され、また、『天皇皇后両陛下御歌集　あけぼの集』では、一首目の本文も表記も『おほうなばら　昭和天皇御製集』と同じである。

第一章　叙景歌に象徴される歴史

大正10年11月25日—大正15年12月25日

摂政宮時代

社頭暁

とりがねに夜はほのぼのとあけそめて代代木の宮の森ぞみえゆく

（大正十年）

夜の暗さの中にどこからともなく聞こえてくる夜明けを告げる鳥の音《ね》、その、朝を告げる鳥の音と共に夜はほのぼのと明け初《そ》めて、白々と薄明りが射すにつれて代代木の宮の森が見えてくる、暁方《あかつきがた》から朝ぼらけまでへの時の流れに伴なって浮かび上がってくる森への祈念とも窺われる御製《ぎょせい》。

大正九年十一月三日に明治神宮の御鎮座大祭の後に詠まれたと伝わる御製であり、平成二年に刊行された『おほうなばら　昭和天皇御製集』(1)巻頭歌とされた一首である。

歌風としてはその表現「夜はほのぼのとあけそめて」から、そのまま後鳥羽《ごとば》院が古代天皇制御代《みよ》を崇尚《すうしょう》して詠まれた「ほのぼのと春こそ空に来《き》にけらし天《あま》の香具山《かぐやま》霞たなびく」（『新古今和歌集』・春）が想起される帝王ぶりである。と、同時に、理念としては、明治天皇が祀《まつ》られる明治神宮の森が「代代木の宮の森」として一首から映像化され、昭和天皇が御生涯に及ばれて仰がれ、理想とされた明治天皇への志向が「代代木の宮の森」に象徴されよう。

この歌風に生きる後鳥羽上皇への思慕と、明治天皇への理念はそして、本著各章で以下辿らせていただく昭和天皇の御製に生きる後鳥羽上皇御製や、明治天皇を偲ばれた多くの昭和天皇御製に詠まれるとおり、御生涯を貫ぬかれていらっしゃるご思慕であり、理想であったと窺える。

＊

昭和天皇は明治三十四年四月二十九日、第百二十二代明治天皇の皇孫、第百二十三代大正天皇の第一皇子として御誕生された。母后は公爵九条道孝第四女九条節子《さだこ》様、後の貞明《ていめい》皇后である。この後、秩父宮様となられる雍仁《やすひと》親王殿下、高松宮様とおなりの宣仁《のぶひと》親王殿下、本年も御健在なお姿で新年一般参賀にお姿をあらわされた三笠宮崇仁《たかひと》親王殿下方の、四親王様おそろいの皇長孫としての御存在であった。

ご誕生は、日本が初めて本格的な対外戦争に勝利をした日清戦争終戦から六年目、次の日露戦争開戦までには三年を空ける、二つの戦争の間に挟まれた年。

御誕生から七日目の「命名の儀」で、

御名前　裕仁《ひろひと》

御称号　迪宮《みちのみや》

と命名される。天皇家の皇子の御名に「仁」が付くことは現代では当然の様に受けとめられているが、初めて「仁」が付いたのは天皇の諡号《しごう》で、伝説上では『日本書紀』に伝わる仁徳《にんとく》天皇、天智《てんち》天皇の子孫となる天皇方などであった。その後、律令の法制度を定める『貞観格式《じょうがんきやくしき》』を施行させた第五十六代清和《せいわ》天皇の「惟仁《これひと》」、日本で初めての勅撰和歌集《ちょくせんわかしゅう》『古今《こきん》和歌集』を編纂させた第六十代醍醐《だいご》天皇の「敦仁《あつぎみ》」、皇后定子のもとで清少納言を生み、中宮彰子の御局では紫式部を育てた第六十六代一条《いちじょう》天皇の「懐仁《やすひと》」など、以後はほとんどの親王が倣う様になってきた、言わば記紀以来の天皇の「慈愛」の意味を持つ、天皇としての最大の「徳」が託される「論語」からの御名であった。

そして、この御名「仁」のとおり、「民《たみ》への慈《いつく》しみ」こそがまた、歴代天皇から継承された昭和天皇の御生涯を支える「大御心《おおみこころ》」となる御心情であった。後に東宮御学問所で倫理学を講じた杉浦重剛《じゅうごう》は、〈帝王学〉の根幹として「『殊に幾千万の民の親として立たせらる丶帝王には、下民を愛憐せらる丶の情を具』えることがもっとも大事」[2]としたと伝わる。

この様な方針でご養育御教育された昭和天皇は、大正十年、宮内大臣牧野伸顕《のぶあき》（大久保利通次男・吉田茂岳父）の、皇太子へのご教育と、日本の外交の将来のための方針により、三月三日から九月三日までの半年間を、欧州五か国と寄港地などへ赴かれた。このご訪問で昭和天皇は御生涯の理想を学ばれたと言われる。

昭和天皇が後年、記者がこれまでで最も印象の深かったものは、と尋ねられたことに対し、「ヨーロッパに旅行したこと」（昭和45年9月16日）[3]とされ、「イギリスのキング・ジョージ五世が…イギリスの立憲政治の在り方というものについて」話されたことから、「立憲君主制の君主」の在《あ》り方を学んだ（昭和54年8月29日）[4]と述べている。

また、この欧州ご訪問で戦争の悲惨さをご実感され、戦争は決してすべきではないとお考えになって〈平和主義〉をご確信、御生涯の理念とされたことがある。

昭和天皇はこのご訪問より遡《さかのぼ》ること、明治帝御崩御に伴なう大正元年七月三十日の大正天皇践祚《せんそ》と同時に、皇太子立坊、大正八年五月七日御成年式を経られて、西欧ご訪問ご帰国直後の大正十年十一月二十五日に摂政宮に御就任された。

若き皇太子でいらした昭和天皇は、摂政宮への御就任と同時に大日本帝国憲法下において「統治権を総攬《そうらん》」されたのである。

❀

摂政宮に御就任された昭和天皇は、大正十一年御製となされてもひき続き治政の安定を願われる御詠《ぎょえい》を残されている。

世のなかもかくあらまほしおだやかに朝日にほへる大海の原

（大正十一年）

旭光照波

世の中もこの様にあってほしい、美しく朝日が昇り、その美しい朝日に映える穏やかな大海原よ、と、雄大に神々しい大海原に世の平穏をお望みになる御心となろう。

大正十年御訪問の欧州では、大正三年から始まった第一次世界大戦が大正八年のヴェルサイユ条約によって終結したばかりの頃、その事から〈平和〉への理念を固められてご帰国された昭和天皇は、欧州ご訪問ご帰国当日に皇太子のお立場から「彌々《いよいよ》世界平和《せかいへいわ》ノ切要《せつえう》ナルヲ感《かん》シ」（大正十年九月三日）との「御詞《ことば》(5)」を出される。

昭和天皇は若き日に、初めて日本を離れた自由な感性でご確認された〈世界平和〉への御祈願を込めながら、西行法師が天照大神《あまてらすおおみかみ》に祈った詠歌「宮柱下《みやばしらした》つ岩根に敷き立ててつゆも曇らぬ日の御影《みかげ》かな」（『新古今和歌集』・神祇）へつながる望みを託す叙景歌を詠まれたのであろう。そして、その様《よう》な〈祈り〉が込められる叙景歌をこの時期の昭和天皇は毎年の様に残されてゆかれる。

暁山雲

あかつきに駒をとどめて見わたせば讃岐の富士に雲ぞかかれる

（大正十二年）

山色連天

立山の空に聳ゆるををしさにならへとぞ思ふみよのすがたも

（大正十四年）

河水清

広き野をながれゆけども最上川海に入るまでにごらざりけり

（大正十五年）

三首共に陸軍特別大演習での御製である。戦前の陸軍特別大演習は、天皇の行幸により国民に天皇の存在を明確にするという意味で重要な行事で、これを行なう地にも天皇の御威光を輝やかせながら大きく経済の活性化がもたらされる、言わば国家の大行事であった。

この陸軍特別大演習が、大正十一年には香川県で、大正十三年は十一月に福井・石川・富山三県下で、大正十四年は東北地方で行なわれた。

ここで詠まれた御製は、大正十二年御製が、曙《あけぼの》前の、まだ夜の暗さが残る空に駒をとめて見渡した時の、雲が掛かっている「讃岐の富士」の景で、ほの暗さの中にそびえ立つ香川県飯野山《いいのやま》と伝わる景に富士山の雄々しさを讃える御詠ながら、この御製にもまた後鳥羽上皇「見わたせば山もとかすむ水無瀬川《みなせがは》夕《ゆふべ》は秋となに思ひけむ」（『新古今和歌集』・春）からの表現で、昭和天皇が特に愛《め》でられる富士山に見立てた「讃岐の富士」を、天皇ならではの〈眺望〉の視点で「見渡す」と展望している。

大正十四年御製も大演習で赴かれ、富山県西礪波郡埴生村（現・小矢部市）の御野立所に立たれてと伝わっていて、空に聳《そび》え立つ新雪輝やく立山連峰を眺望されては、その立山の雄々しさに御代の姿の理想を想われての御詠と言えよう。古代に大伴家持《おおとものやかもち》が国守として越中に赴任した折りに立山を遠望して「立山賦《ふ》一首」との詞書《ことばがき》で詠む「統神《すめかみ》の　うしはきいます　新川《にひかは》の　その立山《たちやま》に　常夏《とこなつ》に　雪降りしきて」（『万葉集』）に見るとおり、立山は、特に雪の立山は古代から神霊が宿る山と崇《あが》められていて、御製からも雄々しい「御《み》代《よ》」（表記著者）を立山に拝する御心が伝わろう。

大正十五年御製は、今度は山ではなく川を眺めての御詠で、どこまでも広がる広大な野をゆったりと延々と流れてゆきながらも、海に入るまでの長い流れの中で濁ることのない最上川の清らかな大河が映像化されてくる叙景歌である。最上川は福島と山形の県境を源流とする大河で、広大な庄内平野から日本海まで続く。古代より舟運が発達しており、平安初めの勅撰和歌集『古今和歌集』の「東歌《あづまうた》」の中にも「陸奥歌《みちのくうた》」として「最上河《もがみ》のぼれば下《くだ》る稲舟《いなふね》のいなにはあらずこの月ばかり」が既に見出されて、御製は米作りが豊かであった陸奥《みちのく》の、脈々と今に続く清く美しい大河の歴史に悠久を感じる一首となろう。

＊

摂政宮時代の皇太子（昭和天皇）が治政された歴史社会状況はどの様《よう》であったのか。

最もの歴史は大正三年に起こった西欧諸強国間による第一次世界大戦である。日本も後に日英同盟によってアメリカなどの連合国側と共に参戦し、大正八年のパリ講和会議から同年のヴェルサイユ条約に至って講和が成って大戦が終結すると、山東省にあったドイツ権益を引き継ぎ、赤道以北太平洋諸島の委任統治権を得た。日本は、日本全権団の牧野伸顕を中心に話し合いを進め、その後に米・英・仏・伊国と共に会議を主導する五大国の一国となった。

日本はこの勢いに乗じて好景気を続けていたが、大正九年三月には株価の暴落が始まり、アメリカの景気後退や中国市場の停滞とも連動して、戦後恐慌が拡大してしまう。

こういう世界情勢の中にあっての大正十年の皇太子の摂政宮御就任であった。

御就任とほぼ同時に、大正十年十一月から翌年二月までワシントン会議が開かれ、各国間の緊張は一時的には回避されたものの、日本について言えば英国との日英同盟と、石井・ランシング協定は廃棄されてしまったのである。また別の交渉では対華二十一カ条の要求の一部が廃棄、膠州《こうしゅう》湾租借地の返還、シベリアからの撤兵が約させられ、日本軍部はソ連や中国の脅威を認識、昭和六年の満州事変へと続いてゆく。そして昭和八年に日本は国際連盟を脱退し、翌年の海軍軍縮条約廃棄でワシントン会議による体制も崩壊、昭和十四年には先の大戦へと入ってゆくことになる。

この間、大正十二年九月一日には列島三分の二もの範囲に地震波が波及するほどの関東大震災が起こり、首都東京では市の現住人口の六割が被災、死者・行方不明者は九万人以上にも達した。このことから市民の混乱が起こって在日朝鮮人や社会主義者が虐殺され、そのことで社会主義思想に開眼した人々が社会に生まれ、そういう中で同年大正十二年の十二月二十七日、その内の一人の者によって摂政宮裕仁殿下の暗殺未遂事件、言わゆる虎の門事件が起きたのである。

ここで詠まれる御製が、大正十三年「新年言志」（新ラシキ年ニ志ヲ言フ（訓読者者））題で国難ともなる震災やご自身を傷付ける行為に苦しむ民であるからこそ、ますますご自分の中で深まるものが〈民《たみ》への慈愛〉であると表わされた御詠、それこそは古代の仁徳天皇以来脈々と生きてきた天皇の天皇たる大御心《おおみこころ》としての「仁」を詠む一首であった。

新年言志

あらたまの年をむかへていやますは民をあはれむこころなりけり

（大正十三年）

歴史を反映しての、昭和天皇の、民への深く強いお慈しみが偲ばれる。

❋

皇太子に在り摂政宮に御就任されていらした時代の御製として公になっている六首は、

大正十三年御詠の「民をあはれむこころ」以外は全て叙景歌である。

その叙景歌が詠まれる発想には、これまで述べてきた様な当時の社会が背景にあり、そのことで歴史が象徴化されているとも受けとめられよう。

が、しかし、昭和天皇の御製はそれだけではない。

実は、昭和天皇が対象とされた景物は、古来、日本において、特別に聖なる地として崇《あが》められてきた自然ばかりであった。

大正十年御製「代代木」は日本近代の夜明けにあって開かれた日本を創り、神として日本をお護《まも》りになった明治天皇が御鎮座なさる場、「森」も伝統和歌に「山ぎはの田中の森にしめはへてけふ里人は神まつるなり」（『玉葉和歌集』・雑《ぞう》・前大納言為家）と詠まれるとおり、民にとっては「鎮守の森」として鎮護を願い神を祀る所、大正十一年御製「朝日にほへる」と表わされた照る朝日こそは、「太陽神」の象徴であって、王朝和歌でも後鳥羽上皇が若き日に初めて詠まれた正治二年の「正治御百首」の内、「第二度御百首」においては「五十鈴《いすず》川たのむ心し深ければ天照《あまて》る神ぞ空に知るらむ」（神祇）と崇敬されたとおり、その太陽に照らされる「大海の原」もまた日本を創った神々が渡ってきた日本民族誕生の地で、『古事記』には神武《じんむ》天皇が「海神」の孫神と伝わる。大正十二年御製「富士」も、古代からその偉容が人々の畏敬の念をもって崇められていて、『万葉集』にも「富士

の高嶺は　天雲も　い行《ゆ》きはばかり　飛ぶ鳥も　飛びも上《のぼ》らず　燃ゆる火を　雪もて消《き》やし　降る雪を　火もて消しつつ　言ひかねて　名をも知らせず　霊《あや》しくも　坐《いま》す神かも　…」（巻三・高橋連虫麿）と、神の在《おわ》す聖なる山と信仰の対象となってきた山、それは大正十四年御製の「立山」も神霊が宿る霊山として同じであった。さらに大正十五年御製の清き流れもまた『日本書紀』以来、聖なる霊力を有する「斎川《ゆかわ》」として神々への清明な心を志向された水の生きる所であった。

このとおりに、御製で対象となっている自然は有史以来の日本で、森羅万象の全てに神が在すと崇められてきた「自然神」の聖地となってきた景ばかりなのである。

ここに皇太子時代から摂政宮御就任中の昭和天皇の秘めたお思いが生きている。時代の歴史的社会的状況を背景に、その姿への理想を自然の景物に重ねながら、御製の深奥に生きる真《まこと》は、古代から日本人と日本、そして皇統に生き続けてきた森羅万象に在す〈神への祈り〉であったと言えよう。

そしてこのお思いはさらに深く確かな御心となって践祚されてから、さらには敗戦となってからの昭和天皇の御製に生き続けてゆく。

この時期の御製は歌風において古代からの天皇方が詠まれてきたおおらかで雄大な〈帝王ぶり〉であり、視座において遠景を眺望する古代以来の天皇ならではの〈国見《くにみ》〉であり、歌風と視座を創り上げる表現において多くは後鳥羽院親撰ともなる『新古今《しんこきん》和歌集』からの歌詞《うたことば》や歌句《かく》に拠《よ》られ、その表現によって構想とされては叙景歌ながら、そこには年毎の歴史や社会への願いも理想も象徴されているとお窺いされよう。

その奥に、そうして、皇太子から摂政宮時代に既に、〈天皇の御本来〉へつながる民《たみ》と国と世界全体への〈祈り〉が清明に生きていらしたと想われる。

註

（1）宮内庁侍従職編『おほうなばら　昭和天皇御製集』（読売新聞社・平成二年）

（2）高橋紘『人間　昭和天皇（上）』（講談社・平成二十三年）

（3）高橋紘編著『昭和天皇発言録』（小学館・平成元年）

（4）前掲（3）

（5）「東宮御詞」（『官報　號外』「宮廷錄事」・印刷局・大正十年九月三日　土曜日）・（訓読は著者）

第二章　神祇歌による〈祈り〉

昭和元年12月25日―昭和20年8月15日

践祚から〈先の大戦〉終戦まで

山色新

山山の色はあらたにみゆれどもわがまつりごといかにかあるらむ

（昭和三年）

昭和天皇が践祚《せんそ》されては、昭和天皇の御代《みよ》となって実質上初めて公となる昭和三年の御製《ぎょせい》、言わば新帝の御覚悟を慶する御製となる所、周囲の変化を季節の推移に伴なって色変わりする「山山」の新らしい色にたとえながら、日本国の統治権を有する立場に就かれての治政をご自問されての一首と言えよう。

遥かにそびえる山々の色は変化して新らしい色に見えるけれども、その移り変わりの中に在《あ》ってわたくしの治政は一体どの様《よう》にあるのだろうか、と、御自《おんみずか》らの「まつりごと」（政）を思われる。昭和天皇が践祚されて半年も経ない昭和二年五月には山東出兵が起こっていて、皇位を継がれると同時に歴史も大きく変動している。御製からは昭和天皇が理想とされた「政《まつりごと》」と、刻々と動く現実との間での治政への御苦慮が伝わろう。

次の御製。

暁雞声

ゆめさめてわが世を思ふあかつきに長なきどりの声ぞきこゆる

（昭和七年）

夜半に眠りの中で見ていた夢から目覚めて、自らが統治する世を思う、と、夜明けとなる暁時《あかつきどき》となって朝を告げる鳥の声が聞こえることを詠まれている。この御製からも、眠ることもできずに暁の夜明けまで「わが世」を思われる御苦慮が伝わろう。

「ゆめさめて」は、賀茂斎宮として清浄な、そして孤高の人生を生きた平安末期の式子内親王の詠「千《ち》たび打つ砧《きぬた》の音に夢さめてもの思ふ袖の露ぞくだくる」（『新古今和歌集』・秋）の様に、眠れぬ夜の寝覚めに人生の悲哀を思って詠まれてきた表現歌句《かく》であった。

昭和六年に勃発した満州事変から、昭和七年には満州国の建国宣言へと続く。軍事力によって日本が他国の主権に影響力を行使してゆく治政について、昭和天皇がめぐらされたお思いが、夜半から夜明けまでの混沌とされるお心から伝わってくる様であろう。

践祚されてから、先の大戦で日本が敗戦となる終戦までの御製は、この様な御心から始まって以後、どの様な御心での御詠《ぎょえい》となってゆくのであろうか。

❋

大正末の十四年四月には「治安維持法」まで公布する程に、共産主義者、宗教者への思想と言動の自由への弾圧が強化されてゆく。国策はさらに絶対的となり、抗する言動もそれを行なう人間も徹底弾圧するべく権力が猛威をふるってゆく。

こういう中で大正十五年十二月二十五日午前一時二十五分、大正天皇が御崩御あそばされた。四十七歳、御在位十五年でいらした。皇太子裕仁《ひろひと》親王殿下は大正天皇の御崩御と同時に践祚、二十五歳にして第百二十四代となられる若き天皇が誕生なされた。午前三時十五分には葉山御用邸付属邸の内謁見室で「剣璽渡御《けんじとぎょ》の儀《ぎ》」が行なわれ、神璽《しんじ》と宝剣は新帝に渡られて、新帝は名実ともに天皇の御位につかれた。

新元号は「昭和」。これは『書経』の「百姓昭明、協和万邦」を出典とするもの。

大正十五年十二月二十五日はそのまま昭和元年十二月二十五日となった。

昭和天皇の「践祚後朝見ノ儀」の「勅語」[1]（昭和元年十二月二十八日）の中には

　永《なが》ク四海同胞《しかいどうぼう》ノ誼《ぎ》ヲ敦《あつ》クセンコト是《こ》レ朕《ちん》カ軫念《しんねん》最《もつと》モ切《せつ》ナル所《ところ》

と言う一詞がある。新帝は世界の人々が皆永遠に同胞の親しい交わりを深めることこそが最も切望する所と明言されている。

そして「即位禮當日紫宸殿ノ儀」の「勅語」[2]（昭和三年十一月十日）でも、内の民《たみ》には、国を家とし、新帝からは民《たみ》を子の様に慈《いつく》しむ心が説かれ、

君民體《くんみんてい》ヲ一《いつ》ニス是《こ》レ我《わ》カ國體《こくたい》ノ精華《せいくわ》ニシテ當《まさ》ニ天地《てんち》ト竝《なら》ヒ存《そん》スヘキ所《ところ》ナリ

と、天皇である君と国民《くにたみ》となる民が体制もひとつに一体となって一国を成す国の姿、それこそが昭和天皇の最も美しく純粋な理想と宣《のたま》われる。同じく外には、「國交《こくかう》ヲ親善《しんぜん》ニシ永《なが》ク世界《せかい》ノ平和《へいわ》ヲ保《たも》チ普《あまね》ク人類《じんるゐ》ノ福祉《ふくし》ヲ益《ま》サムコトヲ冀《こひねが》フ」と、国交を親善にして〈永遠の世界平和〉を保ち、すべての人類の福祉を向上することを切望される御心が宣われた。

日本には古来、民が選び民が創る治政を君が承認をすることによって正当性を付与しながら、常に民と君が一体になって国を治めてきたと言う伝統がある。その政治哲学を近代に入ってから君民同治と言う言葉で表わすこともあるが、昭和天皇が宣われた「君民體《くんみんてい》ヲ一《いつ》ニス」[3]はその言葉よりもさらに崇高で広い範囲の、政治だけにとらわれず、文化も伝統も祭祀《さいし》まで、全て君と民とが一体となって創ってゆく日本の国の姿全体への、昭和天皇の理念であろうと考えられる。

この理想をご志向されて御即位なされた昭和天皇でいらしたが昭和への前史は第一章に述べてきた状況にあり、この後も昭和二年の金融恐慌、山東出兵、山東出兵から悪化した

昭和三年の張作霖爆殺事件、昭和四年の世界恐慌、昭和五年の昭和恐慌、そして昭和六年満州事変へと、国政も対外問題も新帝が理想とされた国家と外交とからは正反対に動いてゆく。そしてその動きは堰を切った怒濤のごとき激流であった。

その中で本章冒頭に掲げた二首からは、新帝昭和天皇の理想とご心情とは全く相反してゆく歴史社会の中での御苦悩が深く長く伝わる。

この後、日本を含む世界情勢は昭和七年の満州国建国宣言へと軍事による他国支配を強化確立するが国際的批判をあび、同年十月に国際連盟の調査団が満州国成立を否認するリットン報告書を公表すると、昭和八年、日本は英国に日本を喩《たと》えた「名誉ある孤立」として連盟を脱退、独国ではヒトラーが首相に就任するなどの中、昭和九年に入って溥儀《ふぎ》が満州国皇帝として即位しては帝政も開始され、十二月に日本がワシントン海軍軍縮条約を廃棄する通告を行なう。これにより昭和十一年一月にはロンドン海軍軍縮会議の脱退を通告、二月の二・二六事件を経て五月に軍部大臣現役武官制が復活し、昭和十二年七月には日中戦争へと入ってゆく。国内では九月に第一次近衛文麿内閣の国民精神総動員運動が始まり、国家主義の政策が強化されながら、内外において日本軍部の個人への圧殺はより強固となってゆく。昭和十三年に入ると四月に国家総動員法が公布、外には日本の東亜新秩序建設を合理化する第二次近衛声明が出される中で、西欧では、昭和十四年九月、独を中心とした枢軸国と英・仏などの連合国との間で第二次世界大戦が本格的に開始、昭和十五年十月には大政翼賛会が結成されるなど、絶対のファッショ的方向性を強化してゆく。昭和十五年、日独伊三国同盟を締結、昭和十六年に入り日米交渉を始めたものの、日本の南部仏印進駐に米側は態度を硬化、日本国内でも軍部が対米開戦の意向を強め、十二月八日には日本軍が真珠湾攻撃を決行、先の大戦の、特に日本とアメリカとの戦争が開始された。

この事態の中にあって昭和天皇は「日米会談の交渉があり、これが成立すれば、日本の前途は明るくなるにちがいないが、もし万一、この交渉が成立しない時は、日米関係はもっとも危険な状態になり、あるいは日米戦争となるかもわからない」（昭和十六年五月七日）[4]と危惧され、日米会談の成立と戦争回避を強く希望されている。そして「成ルヘク平和的ニ外交テヤレ」「外交ト戦争準備ハ平行セシメスニ外交ヲ先行セシメヨ」（昭和十六年九月五日）[5]と、最後まで外交優先を示された。

そうして御前会議に至られても、日露戦争の始まった年、明治三十七年に詠まれたと伝わる世界平和への理念と解釈される明治天皇の御製、[6]

よもの海みなはらからと思ふ世になど波風のたちさわぐらむ

を朗詠されて、戦争回避、世界平和への御希望を述べられた（昭和十六年九月六日）。(7)

この間に詠まれた昭和天皇の御製に次の四首がある。

社頭雪

ふる雪にこころきよめて安らけき世をこそいのれ神のひろまへ

（昭和六年）

降り来る清らかに純白な雪に御心を清められて、神の御広前に「安らけき世」をこそ祈られる神祇歌《じんぎか》で、御自分の御心をご一心にご浄化なさり神に向かわれながら、神の御前にお祈りされる昭和天皇の崇高に清浄な一首となろう。

この御製と同じ歌題「社頭雪」では、王朝和歌にも「木綿四手《ゆふしで》の風に乱るる音冴《さ》えて庭白妙《しろたへ》に雪ぞ積もれる」（『新古今和歌集』・神祇・按察使公通《あぜちのきんみち》）が伝わっていて、神に捧げる玉串などに垂らした四手に吹く風の音も冴え渡る寒夜の、清浄な雪に神々しい社《やしろ》の森厳さは、平安朝以来の神祇歌の伝統であった。この荘厳さに、御製ではさらに聖なる御心で〈祈る〉尊さが深められている。また、

朝海

あめつちの神にぞいのる朝なぎの海のごとくに波たたぬ世を

（昭和八年）

この御製も、天神地祇《てんじんちぎ》に〈祈る〉、穏やかにどこまでも無限に水平線が広がっている朝凪《あさなぎ》の海の様な波の立たない世を、との神祇歌である。

「あめつちの神」に国家安泰を祈るのは、古く聖武《しょうむ》天皇がみかの原に行幸した折りの長歌《ちょうか》（『新千載和歌集』・雑《ぞう》・よみ人しらず）以来、「天地の神のたもてる国なればときはかきはに君ぞ栄へむ」（『続後拾遺《しょくごしゅうい》和歌集』）の神祇歌の様に、古来の和歌では、永く詠まれてきた祈念の心、御製も天の、地の、全ての神に祈る深い大御心《おおみこころ》が永く伝わる一首と言えよう。

そして

神苑朝

静かなる神のみそのの朝ぼらけ世のありさまもかかれとぞ思ふ

（昭和十三年）

静寂にも静寂な神の御園《みその》の、今、少しずつ太陽の光が射してくる朝ぼらけの白々とした美しい光景、その神々しい景に世の有様もこの様にあれよ、と思われての神祇歌で、あまりにも荘厳な朝ぼらけの景に、在るべき社会の姿を理想化された御製であろう。

初めの昭和六年御製とも重なる「神のみまへ」「神のみその」に〈平安な千世〉を願う王朝和歌は、順徳院《じゆんとく》の「とりかざす日かげのかづらくり返し千世とぞうたふ神のみまへに」（『新千載和歌集』・神祇）にも崇高な祈りとして見られ、白々と朝日が射し始めた朝ぼらけの光景もまた「あさぼらけ有明の月と見るまでに吉野のさとに降れる白雪」（『古今和歌集』・冬・坂上これのり）以来の美景で、これらの伝統和歌を重ねると、この御製の「静かなる神のみその」の静かで尊い美も、そこに理想を想われる昭和天皇の御心も神々しい深まりをもって伝わろう。ここでも余情には、第一章で記した太陽神信仰も御製三句目「朝ぼらけ」の表現から感覚されようか。そうして、

迎年祈世

西ひがしむつみかはして栄ゆかむ世をこそ祈れとしのはじめに

（昭和十五年）

この御製こそは、年の始めに西国東国お互いに睦《むつ》み交わして栄えゆく世になることを〈祈る〉神祇歌で、「西ひがし」には日本と西洋東洋のみならず、地球上の各々の国が全て相互に友好的であってほしいとの世界平和への祈りまでも連想されよう。

「としのはじめに」千代《ちよ》の栄えを神に〈祈る〉この御心こそ、『古今《こきん》和歌集』の、神の御前で歌う大歌所《おおうたどころ》御歌《のおんうた》巻頭和歌「あたらしき年の始《はじめ》にかくしこそ千年《ちとせ》をかねてたのしきを積め」以来、脈々と受け継がれてきた伝統であった。特にこの和歌は『日本書紀』で汚れを清め曲直を正す大直日《おおなおび》神を詠む神歌で、昭和天皇のこの御製にも大直日神を想う余情は否定しきれないと言えよう。同じく「栄ゆかむ世」も久寿二年の後白河天皇大嘗祭《おおなめのまつり》《だいじょうさい》に詠まれた「すべらぎの末《すゑ》さかゆべきしるしには木高《こだか》くぞなる若松の森」（『千載和歌集』・賀・宮内卿永範）以来の、とりわけの慶賀に弥栄《いやさか》を願う伝統となろうか。

明治憲法下において「統治権」を総攬《そうらん》、天皇の大権と定められた「統帥権」を有された昭和天皇でいらしたが、日本を含むこの国際情勢の中で、これら四首の御製のとおり、〈和歌を詠む〉ことにおいて、国家の平穏と世界平和への〈祈念〉を続けられた。

この御心と御姿勢は、昭和十六年の開戦後、昭和十七年六月のミッドウェイ海戦後に情勢が一転して日本劣勢となり、昭和十八年二月に日本軍がガダルカナル島を撤退することになってから五月のアッツ島での日本守備隊全滅、昭和十九年六月マリアナ沖海戦完敗、七月サイパン島陥落から、十一月以降米軍による本土空襲の激化へ、そうしていよいよ昭和二十年三月の東京大空襲から四月の沖縄戦開始へ、さらに八月の広島・長崎への原子爆弾投下まで、日を追い時を追って悪化する連合国軍米軍から日本への攻撃の中でさらにさらに御心を深められて貫ぬかれてゆく。

国民の青年男子が自分の意志とは無関係に国家と言う絶対権力で徴兵され、人間同士の殺戮《さつりく》が公然と許される戦争によって命を絶たれてゆく社会、この間には学徒出陣も学童疎開も始まって学生や子供にまで戦争によって生き方の自由が許されなくなる事態が生じさせられた。そればかりではない、戦う状況さえも選べない〝死〟、その〝死〟だけを唯一の手段とされる特別攻撃隊と言う方法さえも強いられる所にまでと至ったのである。

この間の昭和天皇の御製が次の三首である。

連峰雲

峰つづきおほふむら雲ふく風のはやくはらへとただいのるなり

（昭和十七年）

連っている峰を覆っている群雲《むらくも》を、吹く風よ早く払えとただただ祈られるお姿が視《み》える。

この御製からは、平安時代末期に平清盛が京から福原に遷都を行なったことについて、伊勢神官の大中臣為定が、憂き世にかかる「あだ雲」を払っての治政安泰を月読尊《つくよみのみこと》に祈願する「月よみの神し照さばあだ雲のかかる憂き世《うよ》も晴れざらめやは」(『千載和歌集』・神祇)が想起されると共に、後鳥羽《ごとば》上皇が皇威や自らの治政に危機感を強くして、「雲」が消え月光が射す神路の山を眺めたいと祈願する「太神宮の歌」「眺めばや神路《ぢ》の山に雲消えて夕《ゆふべ》の空を出でむ月影」(『新古今和歌集』・神祇)までが連想されてくる。

御製は「むら雲」に開戦へ向かって激化する社会の動きや、実際に戦争に入った世の悪化を暗示し、伊勢神官や後鳥羽上皇の王朝以来の神への祈願を伝統としながら、「むら雲」を払って神の治める平穏な世をと、ただひたすらに祈願なさる神祇歌と言える。また、

海上日出

つはものは舟にとりでにをろがまむ大海の原に日はのぼるなり

(昭和十九年)

この御製も各地において悪戦苦闘している兵士らを思われ、その地で苦しむ兵士たちは舟の上からも砦においても拝していることであろう、必ずや大海原に日が昇る様に、必ずや

この日本も兵士たちの力によって戦勝に導かれることであろう、と昭和天皇御自身も祈られる御詠となろう。「大海の原」も第一章で述べた様に日本民族の源となり、神武《じんむ》天皇の祖父神であると伝わる海神の在《おわ》す所であった。何より「昇る日」に「拝《をろが》む」ことこそは古代からの太陽神信仰そのものとなる心。『古今和歌集』にも「天照大神《あまてらすおおみかみ》」を詠む「神遊びの歌」が伝わり、太陽神を拝する和歌は古代から日本人の信仰の中心として生きてきている上、ここでも先の昭和十七年御製から連想した後鳥羽上皇の「太神宮の歌」と共に『新古今《しんこきん》和歌集』(神祇)に二首並ぶ「神風や豊御幣《とよみてぐら》になびくしでかけて仰《あふ》ぐといふもかしこし」に見るとおり、太陽神への信仰こそは皇統に在る者の本来として日本に脈々と受け継がれてきた伝統なのである。

戦争の状況が悪化するばかりか、日本の存在そのものの選択を迫られてゆく局面に立たれて、昭和天皇は兵士を思われながら、御自らも日本を創り護《まも》ってきた神々へ日本の行末を拝み、祈り続けられる。

そうして昭和二十年に至り、国運を暗示する様な情景の中で、透明に清らかな月光のもとで神に祈られながら、後鳥羽院の親撰ともなる『新古今和歌集』ならではの雅《みやび》も感覚させる御製を詠まれてゆく。

社頭寒梅

風さむき霜夜の月に世をいのるひろまへきよく梅かをるなり

（昭和二十年）

この御製は、霜が降りるほどに冷たさを感じる寒夜、吹く風も冴える空の月に、神の御前でただ御一人《ごいちにん》〈世の平安〉を祈る、その祈りの時間に夜の闇では目に見えない梅の花の香りが漂ってくる時空を詠む。

清らかな月に神を祈る和歌は、月光の清らかさに神の心の清澄を想う四季歌「三笠山もりくる月の清ければ神の心も澄《す》みやしぬらむ」（『金葉和歌集』・秋・藤原顕輔朝臣）などにも伝わる上、神祇歌でも鴨社歌合で鴨長明が詠み合わせた「石河《いしかは》や瀬見《せみ》の小川《をがは》の清ければ月も流れを尋ねてぞすむ」（『新古今和歌集』）のとおり、全く院政期以来の伝統となる心。

さらにこの御製は『新古今和歌集』で最も鋭く感覚される後鳥羽上皇の「秋更《ふ》けぬ鳴けや霜夜《しもよ》のきりぎりすやや影寒《かげさむ》し蓬生《よもぎふ》の月」（秋）や、俊成卿女の「梅の花あかぬ色香《いろか》も昔にておなじ形見の春の夜の月」（春）のとおり、冴え渡る冷たい霜夜の月や、香りで触覚や臭覚に感知する漂う梅の香の趣きをも交錯させていると感覚される。

祈りによる精神世界に入られて、観念の中で神の至近へ近づいてゆかれると窺われた昭和天皇は、極限の日本を「風さむき霜夜」に暗喩されながらも、祈りの中で清澄な境地に至られたのであろう。触覚に冴える冷たい風を感じられながらも、臭覚に雅な香を感覚された「梅」は終戦御聖断の啓示なのであろうか、御製の世界はどこまでも広く深く無限に象徴性を帯び余情を重ねてゆく。

日本が究極にあった昭和二十年までの間、昭和天皇は天皇がなしうる〈神への祈り〉を、天皇の本来的な方法の〈和歌を詠む〉ことによって続けられた。

この後、終戦御聖断は歴史の事実となってゆく。

❃

践祚から終戦までの間には、皇太子時代から摂政宮御就任中に詠まれた象徴的な叙景歌や、民《たみ》へのお慈しみを表わされた御製は、この時代にどの様に詠まれているだろうか。

この時代の叙景歌と言えば、次の三首が公となっている。

海辺巌

磯崎にたゆまずよするあら波をしのぐいはほの力をぞおもふ

（昭和五年）

国民の誰しもが歌ったであろう『古今和歌集』（賀歌）「わが君は千代に八千代にさざれ石の巌《いはほ》となりて苔のむすまで」以来の、決して動じることのない強い巨石に永遠を象徴して慶賀する伝統を生かした表現となろう。次々とたゆまずに絶えることなく磯崎に寄せて来る荒波、その荒波さえをもしのぐ巌の、動じることのない強く大きい力を思われての御製で、「いはほ」は次々と打ち寄せる世の荒波をしのがれる御自身でいらっしゃろうか、日本であろうか、天皇と一体の君臣となろうか、さらには天皇とひとつに在る日本の国民《くにたみ》の全てと言えようか、それら全てへの力を思われて暗示された表現とも考えられようか。

海上雲遠

紀《き》伊の国の潮のみさきにたちよりて沖にたなびく雲をみるかな

（昭和十一年）

ここで詠まれる「紀《き》伊の国の潮のみさき」も、『日本書紀』仁徳《にんとく》天皇の后磐之媛《いわのひめ》が熊野の岬で採ったと伝えられる御綱葉《みつなかしわ》（『古事記』では御綱柏《みつながしわ》）がそれとも言われる丸葉萵苣木《まるばちしゃのき》がそびえる地、また日本で山・川を創り出し農事を始められ、医療の神として後に仏教の薬師如来と習合された少彦名命《すくなびこなのみこと》を祀《まつ》る潮御崎《しおのみさき》神社がその木を境内に包み護る地である。その地に立ち寄られて遥か彼方、茫洋と広がる海の沖にすっと長くたなびいている雲を眺望なされての御製と想われる。その空の果てには万秋門院詠の「咲きにけり外山《とやま》の嶺の桜花たなびく雲に色ぞうつろふ」（『続千載和歌集』・春）から連想される天上へ導いてゆくかの色相《いろあい》の雲もたなびいては、雄大でおおらかな無限の空間の神々の世界へ導かれてゆく尊さまで漂う一首。同様に、

朝陽映島

高殿のうへよりみればうつくしく朝日にはゆる沖のはつしま

（昭和十四年）

この御製も『万葉集』以来大君《おおきみ》が国見《くにみ》を行なう「高殿《たかどの》」の上から眺望されての、朝日に映える沖のはつしまの美景を詠まれる。「朝日」に春景を眺望するのも後村上院御製となる「朝日かげさすが浪まにあらはれてかすめばしづむあはぢ島山」（『新葉和歌集』・雑）が伝わっており、御製には古代から連綿と続く大君の国見の中で、その美景を世の在り方と求

められる視座も生きていよう。もちろん「朝日」には、昭和十三年御製・昭和十九年御製で窺ってきた太陽神への信仰も託されると想われるが。

この様に践祚後、終戦までの時代の叙景歌も摂政宮時代と同様に、御製に叙景を構成されつつも、古代から、そして王朝時代から治天の君の中に脈々と生きてきている折り折りの神への志向が、自然景に対象化されている詠みぶりとなっている。

同じく民《たみ》への慈しみを詠まれる御製もこの時期は、雪の降る麦畑におり立って、一所懸命に麦踏みの労働にいそしむ農民たちの辛《つら》い生活を身にしみて思われる、

田家雪

みゆきふる畑の麦生《むぎふ》におりたちていそしむ民をおもひこそやれ

（昭和十二年）

農民たちも豊かな実りが続いてほしいと神に祈るであろう新年を迎えての、

農村新年

ゆたかなるみのりつづけと田人らも神にいのらむ年をむかへて

（昭和十八年）

が公となっている。昭和十八年と言えば戦況もますます激しくなり日本軍が劣勢と追いつめられてゆく頃で、昭和天皇も特別の配給を拒否されて国民と全く同じ配給を求められ、代用食や水団《すいとん》など、また既に昭和十五年元旦の祝膳に三食とも野戦の兵食を召し上がっていらしたことなども伝わっている。天皇は五穀豊穣を神に祈り感謝することが古代の祭政一致の歴史からの最も大切な使命であって、御自身が祈られるのは必然とされても、当時の日本の苛酷な食糧状況にあって農民へまでも同じ祈念を想わざるをえない昭和天皇の、民《たみ》との一体感が込められよう。そして昭和二十年に至っての、

戦災地を視察したる折に

戦のわざはひうけし国民をおもふこころにいでたちてきぬ

（昭和二十年）

この御製こそには、前年から本土空襲が激しさを増し、二十年三月十日未明に起こった東京大空襲により、死者八万三千人から十一万五千人と推定される超大規模の無差別焼夷被

災を受けたことから、民《たみ》と国土を思われる御心にふるいたたれて御視察に赴かれたお思いが強く込められよう。昭和天皇が強くご希望され、被災から八日を経た十八日になって御視察が実現した時のご感慨であるが、居ても立ってもいられないお思いから戦災地に出向かわれた民《たみ》への御心が痛い程までに伝わる一首となろう。

昭和二十年までに、戦争によって国民《くにたみ》が苦しむひとつひとつを目《ま》の当たりにされ、情報として御自分のお体でご感得されて昭和天皇御自らの終戦御聖断へと向かってゆかれることになる、その御決断への貴重な御製と窺われる。

❋

践祚されながらも「わがまつりごといかにかあるらむ」（昭和三年御製）と迎えられた昭和の時代にあって、終戦までの昭和天皇の御製の特性は何よりも「神祇歌」による〈祈り〉、それに他ならない。天皇にとって祭祀は本来であり、特に明治憲法下では祭政《さいせい》は天皇の必然であって、昭和天皇は公の時と場以外にも、折り毎に神祇歌も賀歌も詠み続けられ、民《たみ》の平安から国の安寧へ、そうして世界全体の平和をまで常に祈っていらした。

その御一心を、古代の大君《おおきみ》や王朝の帝《みかど》方、とりわけ内戦ではあったが日本で初めての国をあげた戦乱の世に即位しては、天皇を中心とする律令制が武士と言う軍事集団での体制へ転換させられた後鳥羽上皇の神祇歌の表現や思想を伝統として、多くの〈祈り〉の御製を詠まれている。

その意味でこの時代の昭和天皇の御製の歌風も、王朝以来の帝王ぶりと言える。むしろ、それ程に後鳥羽上皇の歌風を求めることで、昭和天皇は当時にあって〈治天の君〉と崇《あが》められた上皇の姿勢や在り方、また威光までをも御自身の内に高揚される様にご志向された詠みぶりかとも想われる。もちろん和歌においてのみ後鳥羽上皇を敬愛されていたとも考えられるが、和歌に表出した理念からは、若き日の昭和天皇の原点には後鳥羽上皇が存在していたことは鮮明となろう。

そうしてこの様な神への祈りは、自然を対象とする叙景歌の中により本質として生きていて、叙景歌の対象とされた自然も決して一般の景ではなく、時に海神であったり時に太陽神であったりの神々が在《おわ》す日本人と日本との誕生の根源となった自然であり、それを対象とすることで叙景歌にも日本人や日本を護る神々への信仰が生きる祈りであった。

そのために昭和天皇の御製では、叙景歌の歌風も古代の大君や王朝の帝方に通じる視座で、遠景を遥かに見はるかす眺望の構図となっている。それらの歌風と視座を創り上げる表現や構成においても多く『新古今《しんこきん》和歌集』的な詠みぶりに拠《よ》られながら、さらにこの時代の昭和天皇の御心には明らかに摂政宮時代よりも確固とした治政者の意識が濃く表われている。それが〈国見〉の思想へつながるとも言えるものであろう。

この御姿勢では、民《たみ》を詠まれた御製にも、当然として、摂政宮時代よりもより強いご責務や奥底からの〈仁〉がにじみ出る御心が伝わる。

いよいよ御自分が統治される日本の民と国と皇室の、今、危急存亡の時にあって、極限まで追い詰められての究極の御苦悩からの御製に秘められた〈真《まこと》〉こそは、本章で辿らせていただいた様《よう》な大御心《おおみこころ》であったと浮上してこよう。

註

（1）「踐祚後朝見ノ儀」（ノ）「勅語」（『官報　號外』「宮廷錄事」・内閣印刷局・昭和元年十二月二十八日　火曜日）・（訓読は著者）
（2）「卽位禮當日紫宸殿ノ儀ニ於テ賜ハリタル勅語」（『官報　號外』・内閣印刷局・昭和三年十一月十日　土曜日）・（訓読は著者）
大礼記録編纂委員会『昭和大礼要録』（内閣印刷局・昭和六年）

(3) 前掲(2)
(4) 東久邇稔彦『東久邇日記』(徳間書店・昭和四十三年)
(5) 参謀本部編『杉山メモ(上)』《普及版》(原書房・平成元年)
(6) 明治天皇・昭憲皇太后『明治天皇御集 昭憲皇太后御集』(内外書房・昭和四年)
(7) 甘露寺受長『背廣の天皇』(東西文明社・昭和三十二年)

付一　人間　昭和天皇　お慶びの和歌一首

この時代にありまして、践祚《せんそ》から戦争までの年月の和歌でも、一首だけではございますが、楽しくも心が穏やかになる、お嬉しみの御慶賀の和歌がございました。

昭和十年の和歌となりました次の一首です。

池辺鶴

楽しげにたづこそあそべわが庭の池のほとりや住みよかるらむ

（昭和十年）


万年を生きる亀と共に千年を祝うと伝わる鶴よ、楽しげに遊びなさいよ、わたくしの庭の池のほとりは住み良いことでしょうか、との表現の中から、宮殿のお庭のお池のほとりに舞う白い鶴へ、楽しい心で遊ぶことを望まれますお心が楽し気に伝わりましょう。

一羽の「たづ」（鶴）に象徴されていらした御方こそ、皇室はもちろん、国民の誰もが待ち続けておりました昭和天皇と香淳《こうじゅん》皇后との第一皇子、現在の御代《みよ》の今上《きんじょう》陛下、その御方のご誕生でございます。

親王様のご誕生は昭和八年十二月二十三日午前六時三十九分。

昭和天皇に皇子ご誕生を速報した、生涯に渡って陛下のお側近くに仕え、大喪礼に祭官長も務めた永積寅彦氏は、その時の昭和天皇のご様子を、ご表情にはお出しにはなりませんでしたものの、昭和天皇の御心の内を拝察申して余りありと残されました。ご満悦のご様子が明るい光をもって想像されましょう。

古く平安時代の初め、宇多天皇の皇后が五十御賀《おんが》を迎えた慶賀に、当代きっての女性歌人伊勢は、千年の寿命を保つ「鶴《たづ》」を描く屏風絵から発想を広げ、永遠の足跡をとどめる鶴の姿に皇后の長寿を象徴した賀歌を詠みました。

七条《しちでう》の后《きさい》の宮《みや》の五十賀屏風《ごじふのがのびやうぶ》に

住江《すみのえ》の浜の真砂《まさご》を踏《ふ》む鶴《たづ》は久しき跡をとむるなりけり

（『新古今和歌集』）

新皇子の千代《ちよ》を御祝なされ、皇統の永遠を寿《ことほ》がれます昭和天皇の、御父君となされましての、人間らしいお悦《よろこ》びが溢れましては、楽しいお心も豊かになって参ります賀歌でございました。

第三章

「国の夜明け」新憲法から、「君民體《くんみんてい》ヲ一《いつ》ニス」民《たみ》と一体となられての日本再生へ

昭和20年8月15日―昭和27年4月28日

終戦から占領時代

昭和二十年八月十五日、ポツダム宣言を受諾しての敗戦であった。
〈終戦〉御聖断は昭和天皇御自《おんみずか》らによる。
その折りへのご感慨を詠まれた御製《ぎょせい》。

終戦時の感想　二首

海の外《と》の陸《くが》に小島にのこる民のうへ安かれとただいのるなり

爆撃にたふれゆく民の上をおもひいくさとめけり身はいかならむとも

（昭和二十年）

そして、

身はいかになるともいくさとどめけりただたふれゆく民をおもひて

国がらをただ守らんといばら道すすみゆくともいくさとめけり

本著「序章」で拝見した四首であるが、先の二首は、平成二年に入ってから刊行された『おほうなばら　昭和天皇御製集』(1)に入集《にっしゅう》されている御製、四首そろっては昭和四十三年の『宮中見聞録』(2)による。著者には、この四首が、昭和天皇の大御心《おおみこころ》を詠まれた真《まこと》の御製であると共に、日本が日本として存在する歴史を御決定なされたお心が象徴される四首と考えられる。

それは四首の御製には、一連を貫ぬいていらっしゃる昭和天皇御自身の〈終戦への御決断〉のどこまでも深い御意思と御覚悟が、「身はいかならむとも」「民《たみ（訓読著者）》の上をおもひ」「いくさとめけり」などの歌句《かく》に繰り返し表現されているからで、公となっている昭和天皇の御製の中ではあるひとつのテーマをこの様《よう》に四首にも及びほぼ同じ表現の歌句《かく》で畳みかける様に重ねてゆく詠法が、御生涯の他の御製には仲々に見出し難いからなのである。昭和天皇にはご自分の御製集に入集されなかった二首は、習作でいらしたのかとの推測もされるが、これら四首の御製からは、様々に表現された詞《ことば》の調《しらべ》の余情に、あまりに悲しく痛ましい、そして哀れが深く漂い、そこにさらに著者は、昭和天皇の広く深い、そうして天皇の座に在《あ》られてこその御重責を担われたご思慮が窺えるからなのである。

一首目は、海外の大陸に多くの小島に残っている数えきれないほどの日本の民《たみ》たち、その「民《たみ（訓読著者）》のうへ」が無事であれよと、ただただそのことを祈られるお心となろう。

歴史上ではこの後の日本軍人や一般邦人の日本への引揚者は、六百六十万人ともなる世界の歴史上の大戦で起こりえなかった人数であった。それはほぼ昭和二十二年中までの二年四か月余の間でほぼ終了したとは言われているが、ただしソ連軍管区にあった日本人たちは、終戦後も悲惨を極めさせられていて、その方々への昭和天皇のお心は昭和二十三年から二十四年の御製にさらに表わされてゆく。

無条件降伏となった終戦で、未だ海外に在った日本の民たちへのお心が想われよう。

二首目の御製は、連合国軍側からの激しい爆撃を受けて次々に倒れてゆく「民の上」を思い、戦さを止めたものであった、たとえこのわたくしの身は敗戦後にどの様《よう》になろうとも、との意、そして三首目の御製も、連合国軍に無条件で降伏となってはわたくしの身は今後どうなることかは全くわからない、が、たとえこの身が今後にどの様になるとしてもこの戦さを止めたものであった、それはただただ、打ち続く戦争によって倒れてゆく民を思ってのこと、その一心で我が身はどうなろうとも戦争を終わらせた、との意となろう。

そして事実、終戦後、日本が連合国軍最高司令官総司令部（以下、ＧＨＱ）によって占領をされることとなり、昭和二十年八月三十日に日本に到着したＧＨＱの最高司令官であったアメリカの軍人マッカーサーを後日にご訪問された昭和天皇は、「私は、国民が戦争遂行にあたって政治、軍事両面で行なったすべての決定と行動に対する全責任を負う者として、私自身をあなたの代表する諸国の裁決にゆだねるためおたずねした」（昭和二十年九月二十七日）(3)と伝えていて、先の大戦の「全責任」を御自身が負われる強い御覚悟が窺える。

そして「貴下は私について思うままになされてよい。貴下は私を絞首刑にしてもよい。しかし私の国民を飢えさせないでほしい」（共同通信平成元年1月8日配信・昭和20年9月27日）(4)とのお言葉も残っていて、御製に詠まれたとおりのお心そのままのお言葉と言える。

さらに「終戦の決定」についても、「私は終戦を私の意志で決定しました。動機は、日本国民が戦争による食糧不足や多くの損失にあえいでいたという事実や、戦争の継続は国民に一層の悲惨さをもたらすだけだと考えたためでした」（昭和50年9月8日）(5)と米国ＮＢＣ放送エドウィン・ニューマンとの会見で述べている。戦争時の国民の苦しみ、戦場にある者もない者も全ての国民がさらなる悲惨にさらされる現実から、〈昭和天皇御自身の御意思で終戦を御決定〉されたことがわかる。

四首目の御製は、「国がら」、ただそれだけを守ろうと、全面降伏の後にどれ程の「いばら道」を進み行くこととなろうとも「いくさ」を「とめ」たのであった、との御一念が、今度は強いご意思の表現の中から伝わる。

「国がら」については歴史学・政治学・法律学等の分野の方々の各々の解釈もあろうし、

それ以前に御製を読まれる方ひとりひとりの理解も尊重されるべきとなるもの。

が、序章に記したとおり、著者はひとりの文学者として虚心坦懐に御製と向かい合い昭和天皇の表現を辿ってゆくもので、「国柄《くにがら》」は歌詞《うたことば》としては国の品格や性質、また国の美しさ、すばらしさを表わして使われる詞《ことば》である。それは古代『万葉集』に謳《うた》われる「玉藻よき　讃岐の国は　国柄《くにがら》か　見れども飽かぬ　神からか　ここば貴《かしこ》き　天地《あめつち》の　日月《ひつき》と共に　満《み》ちゆかむ」の様に、固有となる美や文化を永く伝統として生かし続けているその国の姿や、永い歴史の上で普遍となっているその国の思想や在り方と言えるものであろう。

当時に皇太子殿下でいらした今上《きんじょう》陛下への昭和天皇のお手紙にはこの、「国がら」につながると受けとめられる内容を拝見することもできる。

敗因について一言いはしてくれ

我が国人が　あまりに皇国を信じ過ぎて　英米をあなどつたことである

我が軍人は　精神に重きをおきすぎて　科学を忘れたことである

明治天皇の時には　山縣　大山　山本等の如き陸海軍の名将があつたが　今度の時は　あたかも第一次世界大戦の独国の如く　軍人がバツコして大局を考へず　進むを知つて　退くことを知らなかつたからです

戦争をつづければ　三種神器を守ることも出来ず　国民をも殺さなければならなく

なつたので　涙をのんで　国民の種をのこすべくつとめたのである

…

九月九日　　父より

明仁へ

（昭和二十年九月九日）(6)

「三種神器」と、それを継承する正当な皇統と、そこから誕生し歴史に生き続けてきた日本の「国民」があろう。また国民が生存してゆく「種」が護《まも》られ、その日本国民が再起してゆく生存の根幹を育てる国土も想像されようか。

そして終戦の「詔書」(7)にもそれは明かされる。

世界《せかい》ノ大勢《たいせい》亦我《またわれ》ニ利《り》アラス加之《しかのみならず》敵《てき》ハ新《あらた》ニ殘虐《ざんぎやく》ナル爆彈《ばくだん》ヲ使用《しよう》シテ頻《しきり》ニ無辜《むこ》ヲ殺傷《さつしやう》シ慘害《さんがい》ノ及《およ》フ所《ところ》眞《まさ》ニ測《はか》ルヘカラサルニ至《いた》ル而《しか》モ尚交戦《なほかうせん》ヲ繼續《けいぞく》セムカ終《つひ》ニ我《わ》カ民族《みんぞく》ノ滅亡《めつばう》ヲ招來《せうらい》スルノミナラス延《ひい》テ人類《じんるい》ノ文明《ぶんめい》ヲモ破却《はきやく》スヘシ

（昭和二十年八月十四日）

戦場における交戦のみならず、敵国が新らしく残虐な原子爆弾を使って罪もない無数の日本人が殺傷される惨害が無限となり、このまま交戦を継続すれば結局、「我《わ》カ民族《みんぞく》」の滅亡を招き、ひいては「人類《じんるい》ノ文明《ぶんめい》」をも破却するに違いないとして、終戦の判断の理由とされている。歌詞《うたことば》「国がら」には「我カ民族」と、多くの民族が創る「人類ノ文明」につながる日本民族が創り上げ日本固有となっている「日本文明」も含まれよう。

他にも、昭和天皇は終戦の理由として「日本民族」と「皇祖皇宗から受けついできたこの日本」を護るためとのご発言（昭和二十年八月十四日）[8]も残されている。

四首目の御製は、国の根幹となる日本国土に生きる日本民族、その民と共にひとつに在る正当な皇統を継ぐ天皇とが創り上げてゆく文明国としての日本の「国がら」、その本筋を護るために日本国再生のいかなる困難も受けとめようとの御覚悟をされて「終戦」を「御自らの御意志で御決意」されたご感慨が詠まれていると言えよう。

これらの御感慨を詠まれた四首には、そうして古来〈帝《みかど》と民《たみ》〉が一体となって創り上げてきた〈日本〉の姿から、さらには、〈日本人にとっての天皇〉まで、日本が本来の日本として存在する国の在り方へつながってゆく永遠普遍が生きていると窺える。

❋

朕《ちん》ハ茲《ここ》ニ國體《こくたい》ヲ護持《ごぢ》シ得《え》テ忠良《ちゆうりやう》ナル爾臣民《なんぢしんみん》ノ赤誠《せきせい》ニ信倚《しんい》シ常《つね》ニ爾臣民《なんぢしんみん》ト共《とも》ニ在《あ》リ

（昭和二十年八月十四日）

昭和二十年八月十四日付の終戦の「詔書」[9]の一文、「國體《こくたい》ヲ護持《ごぢ》シ得《え》テ」忠義で善良なる民である人民の真心からの誠意を信じて頼みとし、常にどの様な時もどの様な状況でもあなたたち「臣民」と共にひとつに在るとの昭和天皇の御心。

実は終戦の「詔書」[10]に述べられた大事は、先の大戦の終戦とその理由に加え、最終部分に示される

宜《よろ》シク擧國《きよこく》一家《いつか》子孫《しそん》相傳《あひつた》ヘ確《かた》ク神州《しんしう》ノ不滅《ふめつ》ヲ信《しん》シ任重《にんおも》クシテ道遠《みちとほ》キヲ念《おも》ヒ總力《そうりよく》ヲ將《しやう》來《らい》ノ建設《けんせつ》ニ傾《かたむ》ケ道義《だうぎ》ヲ篤《あつ》クシ志操《しさう》ヲ鞏《かた》クシ誓《ちかつ》テ國體《こくたい》ノ精華《せいくわ》ヲ發揚《はつやう》シ世界《せかい》ノ進運《しんうん》ニ後《おく》レサラムコトヲ期《き》スヘシ

にもあったと考えられる。昭和天皇には、日本国の不滅を信じ、国家再建も苦難で遠い道のりではあろうが、国民との総力を将来の建設に向けて、日本の真の「精華《せいくわ》」を生かしながら日本を世界水準の独立国家に創建してゆくこと、この大事こそも普《あまね》く国民に伝えたかったことが御真意と著者には解される。

第二章「卽位禮當日紫宸殿ノ儀」の「勅語」[11]の中でも記したとおり、昭和天皇には「君《くん》民體《みんてい》ヲ一《いつ》ニス」る治政と国創りこそが理想であって、昭和天皇ご自身、その「勅語」[12]に述べたとおり、「君民體《くんみんてい》ヲ一《いつ》ニ」して、戦後の国家再建への実現に立たれてゆく。

そして生まれ出づる御製。

戦後の日本政府の形態については、昭和天皇ご自身が「仮令《たとひ》（訓読著者）聯合国が天皇統治を認めて来ても人民が離反したのではしようがない。人民の自由意思によって決めて貰って少しも差支ないと思ふ」（昭和二十年八月十二日）(13)と述べられたとおり、日本国民の自由意志による。それを決定させた人民の〈自由意思〉による君臣のつながりと、そのことで可能となる日本国再建は、戦後に国民の積極的な申し出によって始まった勤労奉仕と、あれほど悲惨な戦争を生じさせてしまい戦災を強いさせてしまったのにも係わらず、敗戦となってまでも皇居内へ参って来る民をお「うれしく」思われる次の御製、『おほうなばら　昭和天皇御製集』(14)では先の「終戦時の感想　二首」の次に入集されるこの二首から始まる。

皇居内の勤労奉仕　二首

戦《たたかひ》にやぶれしあとのいまもなほ民のよりきてここに草とる

をちこちの民のまゐきてうれしくぞ宮居のうちにけふもまたあふ

（昭和二十年）

昭和二十一年からは戦後の御巡幸も始まって、戦争による災いを忘れて昭和天皇を出迎える民《たみ》の心に昭和天皇もお嬉しまれ、国を興こす根幹となる業《なりわい》に励む民《たみ》の姿を「たのもし」（頼もし）と思われてゆく。

戦災地視察

わざはひをわすれてわれを出むかふる民の心をうれしとぞ思ふ

国をおこすもとゐとみえてなりはひにいそしむ民の姿たのもし

（昭和二十一年）

昭和二十二年の東北地方御視察では、ご出発直前の福島県を除く東北五県の大水害を見舞れては「あはれ」と思い、磐城の里の炭山で働く人々に雄々しさを「見」る。

東北地方視察

水のまがにくるしみぬきしみちのくの山田もる人をあはれと思ふ

あつさつよき磐城の里の炭山にはたらく人ををしとぞ見し

（昭和二十二年）

昭和天皇は炭鉱労働者にも「こんな困難な仕事でみんな大變だね、石炭は國家再建のため非常に大事だから一生懸命たのむよ――組合運動の健全な發達を期待している」（昭和廿二年八月）(15)とお言葉をかけられながら、戦後日本の再建を民と共にしてゆく。

同年、鳥取県の寒村にあった和紙漉《す》き場で働く戦死者の遺族や引揚者、戦災者へと伝わる御詠《ぎょえい》は、日本の工芸となっている和紙をご覧になって寒い日に和紙漉きの辛《つら》い仕事をご実感され、また年老いた農民と若い農民とが助け合って農業に励む姿を尊ばれる。さらに敗戦直後に僅《わず》かながら輸出可能であった織物業に従事する者へも、外国との商いのために糸をとり機《はた》を織って「はげめ」（励め）と奨励をしてゆく。

紙

わが国の紙見てぞおもふ寒き日にいそしむ人のからきつとめを

折にふれて

老人《おいびと》をわかき田子らのたすけあひていそしむすがたたふとしとみし

外国とあきなふために糸をとりまたはたおりてはげめとぞ思ふ

（昭和二十二年）

昭和二十四年にはようやく日本の産業貿易が復興する兆《きざ》しも見え、門司の港に船も集まっては、九州地方御視察に北九州五市の人口六十万人のうち四十万人もの国民が喜び迎えたことも伝わり、戦後となって始まった国体での東京大会では若人の歌声に風も寒い宵ながら新鮮さを感じる御製も詠まれる。

九州地方視察
福岡県産業貿易展

なりはひの栄えゆくべきしるしみえて船はつどへり門司の港に

東京国民体育大会

風さむき都の宵にわかうどのスポーツの歌ひびきわたれり

（昭和二十四年）

昭和二十五年には、以前に御覧になった時よりも美しく「立ち直」った名古屋の街に「うれし」（嬉し）みを示される。

名古屋にて

名古屋の街さきにみしより美しく立ちなほれるがうれしかりけり

（昭和二十五年）

国民のひとりひとりが自主的積極的に天皇の在《おわ》す場に係わり、天皇もまたひとりひとりの民《たみ》と直接につながりを持たれて新らしい国家を再建してゆくために、まず国土を整えることからの再建の始まりであった。

そして御巡幸は昭和二十一年二月十九日、神奈川県から始まり、二月三月と畳みかける様に続いては、四月以降の御巡幸御予定も昭和天皇ご自分で作られるほどに意欲的であったと伝わる。昭和二十二年後半は六十八日もの間に二府二十県も訪れられ、二十三年は中止されたものの、二十四年からまた精力的に再開されてゆく。

この御巡幸こそは戦争によって荒廃しきった国土の状況をご自身で御視察され、国民との新しい時代の再度の結び合いを思われながら、新らしい国創りを目指されたこと、そこには御生涯の多くの御製に詠まれるとおり、その地を「見」る天皇となされての古代からの〈国見《くにみ》〉の意味も生きていたと言える。

　また、全国への御巡幸は、先の大戦で失なわれた無数の日本人の御魂《みたま》と、戦争によって日本の国土に宿っていた災《わざわい》とへの、天皇による〈魂鎮《たましず》め〉と〈地鎮《じしず》め〉の意味もあった。

　実は、近代などと言いながら、永い日本の歴史では明治維新から先の大戦終戦までの時代こそが、これについては本著第六章で詳細に記すが、天皇の在り方として特異であって、その特殊性から戦後に至って古来の天皇本来の在り方が可能な社会となった。昭和天皇は歴史の中でようやくその御存在をご復活されたと言えよう。

　この様にしてまず初めの第一歩を踏み出した戦後日本の再建であったが、昭和二十一年の歌会始《うたかいはじめ》で昭和天皇は「松上雪」との題で次の御製を公にされる。

ふりつもるみ雪にたへていろかへぬ松ぞををしき人もかくあれ

歌会始　松上雪

（昭和二十一年）

降り積もっている冷たく重い雪にも堪えて色を変えない緑色の松こそが雄々しいことよ、この様に辛苦の多い今の日本であろうが、日本人の忍耐強い本性《ほんせい》を発揮して人も雄々しくあれと望まれるお心であろう。「ををし」「雄雄し」（勇ましい）は、昭和天皇の御生涯の御製では御視察の中で、民《たみ》の姿に思いを寄せて多く使われる表現となっている詞《ことば》である。

そうしてこのお心から昭和天皇の、あの、伝説化して現在にまでも残る御巡幸の歴史が積み重ねられてゆかれる。その、国民との直接の、そして新らしい信頼関係のもとで日本の国創りが始まってゆく。

しかし、それは、昭和天皇の御生涯に及ばれてのあまりに長い、また御製に表われる表現からはお胸に迫りくる御悲痛も抱えられながらの、復興と再建なのであった。

✻

昭和二十二年五月三日、新憲法が施行される。

昭和天皇御製。

新憲法施行

うれしくも国の掟のさだまりてあけゆく空のごとくもあるかな

（昭和二十二年）

「国の掟」、日本国憲法が定まって、それこそがまるで夜から朝へとなってゆく、暗から明へと明けてゆく空の、今、まさに光が射し始めてゆく空が無限に続いてゆくかの様な感慨深さ、そのお慶《よろこ》びが初句「うれしくも」から晴れ晴れと華やかに溢れてこよう。

戦後の御製には人間となされてのご感情が表わされるようになっていらっしゃるが、この御製の初句「うれしくも」からは、昭和天皇のお嬉しみがどれ程でいらしたかが表現され、そのお嬉しみが明けゆく空の光と共に国民ひとりひとりにも共感される様であろう。

これより半年前、昭和天皇は昭和二十一年十一月三日「日本国憲法」公布にあたっての「勅語」[16]を出されている。

「日本国憲法」が掲げる理念は、「国民主権主義」「基本的人権の尊重」「平和主義」を基本原理とするが、先の「勅語」[17]で「みづから進んで戦争を放棄」と公にしたことが、新憲法においても前文に「国際協調主義」、第九条に「戦争放棄」「軍備不保持」「交戦権否認」という形で規定された。

昭和天皇の御製には、御生涯を貫ぬいて〈平和〉への御希求が詠まれてゆき、この憲法によって日本が永遠に戦争の危険から遠離かることができる「文化国家」に再生できたことは、昭和天皇に最もの御祈願であったに違いない。

確かに先の大戦は日本の全面降伏ではあった。が、それゆえにこそ、大東亜共栄圏の勢力によって日本は、世界情勢を自国の意思で動かしうる大国としての存在を失なった訳で、それはとりもなおさず他国の勢力と衝突して戦争を起こしうる危険性が消滅したことに他ならない。このことこそが、昭和天皇の御生涯の御製に希求される〈外交〉による〈世界平和〉を願う〈文化国家〉日本の天皇として、昭和天皇の本質のお安らぎとお喜びであったことは本著でこれから辿る御製からもより鮮明になろう。

そしてこれらのことから、昭和二十二年御製の「あけゆく空のごとく」の最も深奥には、戦争を行なった日本から〈平和国家日本〉への飛翔も象徴されていると感覚される。

そうして「天皇」のお立場はどうか、と言えば、主権の存する日本国民の総意に基く「日本国の象徴」と「日本国民統合の象徴」とになられたことがある。これについては先に昭和二十一年一月一日に昭和天皇より「詔書」[人間宣言][18]が発せられている。

そこでは天皇と国民とを結び付けるものは〈相互の信頼と敬愛〉による〝人間的関係〟であり、それが単に神話に依るものではないことが説かれ、現御神《あきつみかみ》としての天皇は否定されている。この〈人間宣言〉によって天皇と国民の現代的結び付きが明確になったのだが、実は、第二章で先にも日本の歴史哲学として記すとおり、日本には古来、常に君と民とが一体となって国の歴史を築いてきた伝統があり、昭和天皇御自身も後年に、日本がその伝統に支えられてきたことからも、また第二章で記す「勅語」(19)に宣《のたま》われたとおり、昭和天皇は「君民體《くんみんてい》ヲ一《いつ》ニス」るとの見地を理想としていたことからも、人間宣言により〈象徴〉となられたことで民との関係に何らの差異が生じることはないと述べられている。むしろ先の「詔書」「人間宣言」(20)は、冒頭を明治天皇の「五箇條《ごかでう》ノ御誓文《ごせいもん》」から始めた民主主義について、「決して輸入のものではない」（昭和52年8月23日）(21)もの、既に日本にも明治時代に存在していた考え方であったことが大切と昭和天皇は述べている。

いよいよ国民主権の〈民主主義〉による〈平和〉な〈文化国家日本〉へと創建が始まる。

同じ年の十二月七日、平和日本と戦後復興を民との一体の中で実感される貴重な一首。

広島

ああ広島平和の鐘も鳴りはじめたちなほる見えてうれしかりけり

（昭和二十二年）

〝ああ、何と、〟、「平和」を讃える新憲法も施行されては、先の大戦によって原爆を投下され、あの悲惨な惨劇となった地、広島、その広島の〈平和の鐘〉も今、鳴りはじめ、戦災から立ち直る様子が見えて、何と〝嬉しいものよ〟との御製と言えよう。

御製は中国地方御巡幸の中で広島市を訪れた折り、市の奉迎場に集まった七万人もの市民の歓喜に応じられての御詠と伝わり、原爆と言う惨劇の地においてさえも、市民と新らしい一体感をご体感されたお嬉しみも感じられよう。そして表現なされた感動詞「ああ」や詠嘆の助動詞「けり」を一首の中で組み合わせて、口語的にご自分の感情を表わされる詠風は新らしく、ここにも戦後〈人間宣言〉をされての新らしい御製の詠法への変化が大きい。

その新らしさで、地獄図の街から平和の街へ立ち直ってゆく広島を慶ばれ、〈平和の鐘〉に新生日本の理想を象徴してゆく、日本と日本人に大切な一首である。

この年は行政制度も新らしく整い、時の農林省や文部省への御製も詠まれている。

帝室林野局の農林省移管　四首（内二首）（括弧と括弧内著者）

うつくしく森をたもちてわざはひの民におよぶをさけよとぞおもふ

料の森にながくつかへし人々のいたつきをおもふ我はふかくも

（昭和二十二年）

農林省は日本人の生活の基盤になる農林・畜産・水産業を司《つかさ》どる中央省庁の行政機関で、何回かの改編後、昭和二十年に「農林省」として独立した。御製は帝室林野局が農林省へ移管したことに、民に災いが及ぶことを避ける森を美しく保ち、民と国への災いを避けることを思っての御詠と、『古今《こきん》和歌集』「神無月時雨《かむなづきしぐれ》もいまだ降らなくにかねてうつろふ神《かむ》奈備《なび》の森」（秋・よみ人しらず）以来、多くの伝統和歌で「神の坐《ま》す所」として崇《あが》められてきた「森」の仕事に、長年に仕えてきた人々の苦労を深く思っての御詠と言えよう。

戦後の新らしい社会で整ってゆく行政の再編にも、民を思い国を思い、民の平安を願うお心からの御製を詠まれてゆく。これは文部省（平成十三年より文部科学省）についても同様で、文部省へはとりわけ〈文化国家日本〉を想っての願いがさらに広く強く込められる。

帝室博物館の文部省移管　三首

いにしへのすがたをかたるしなあまたあつめてふみのくにたてまほし

いにしへの品のかずかずたもちもて世にしらしめよ国の華をば

世にひろくしめせとぞ思ふすめぐにの昔を語る品をたもちて

（昭和二十二年）

文部省は教育・学術・文化行政を統轄する中央行政機関で、明治四年に設置された。明治十九年制定の文部省官制では「教育学問に関する事務を管理する機関」と定義され、戦後の昭和二十四年に教育に対する専門的指導助言機関として確立している。その文部省に、明治三十三年に改称された帝室博物館が移管されて国立博物館となった折りの御製。

初めの一首、古《いにしえ》の日本の姿を語る古典文学や歴史についての古文書の品などを多く集めて、戦争のため国策の全てが軍事優先とされていた日本から、文学や古文書による文化国家日本の国を建て直してほしいと望まれる御製から始まり、続いて、二首目に入り、古《いにしえ》の日本の歴史も文化も芸術も表わしている品々の多くを保ち存在させて、それらに象徴される「国の華」、日本の文化・芸術をこそ広く社会へ知らしめよ、と、軍事ではない文化・芸術に生きる真の日本の「国の華」が正しく広く理解されることを詠まれよう。そして最後の三首目に至って社会に広く示せよと思われることが、日本の「国がら」となろう清澄な皇国《すめぐに》の歴史の、本来の昔を語る品の保存によって可能になろうと結ばれてゆかれる。
昭和天皇は同年にも「折にふれて」の詞書《ことばがき》で、海外の国々と交流を深めて日本の古典文学からの学問や伝統につながる「ふみのはやし」を栄えさせたい、それは悲しくも、戦争のために絶ち切られてしまった「文の林」を、〈平和国家日本〉で本来の生命を甦らせ文化を繁花《はんか》させたいから、と切望される様に詠まれた次の二首も残されている。

折にふれて

海の外とむつみふかめて我国のふみのはやしを茂らしめなむ

悲しくもたたかひのためきられつる文の林をしげらしめばや

（昭和二十二年）

「文《ふみ》の林《はやし》」とは詩文を集めた書を意味する漢語「文林《ぶんりん》」を和語化して歌詞《うたことば》とした歌句《かく》表現であろう。日本でも古くは漢詩漢文が公の学問とされ、公用語は漢文体で、それを表わした「文林」からの「文の林」はもちろん、古典文学や学問、そこから深化する文化を意味しよう。また、「文林」と同じ意味の「翰林《かんりん》」も、文人や学者を意味した上、中国、唐の時代に主に詔書の起草に当たり官撰史書の編集などに当たった役所「翰林院」からは、日本の文化・学問を発展させる文部省とその任の大きさも歌句《かく》の本来にはありえようか。

昭和天皇の、日本文化とそれを解明してさらに創造する学問・芸術の発展と、それを担う文部省への期待の大きさが象徴される二首となろう。

昭和二十四年には日本人のノーベル賞受賞に三首もの御製を詠まれ、その内の一首、

湯川秀樹博士ノーベル賞受賞

うれひなく学びの道に博士らをつかしめてこそ国はさかえめ

（昭和二十四年）

には、将来の日本で世界に誇る知的財産となる博士たちを憂いなく「学びの道」に専念できる体制にさせてこそ、国が真に栄えてゆくとの、昭和二十二年に詠まれた「文部省」と「折りにふれて」の詞書とによる御製からは、実りを慶ばれる様なお心も窺える。

新生日本を創るひとつひとつの制度にもお心を掛けられ、本来の日本であった〈文化国家〉を願い、民の繁花をお慶びされる昭和天皇でいらした。

またこの間、昭和二十一年から二十二年にかけては、関東・東海・中部・近畿・東北・

北陸・中国地方を次々に御巡幸なされて、各地への、そしてその地の国民たちへの何十首にも及ぶ御製を詠まれてゆかれる。

　それら多くの御詠の中から昭和二十二年歌会始で披講された御製、

歌会始　あけぼの

たのもしく夜はあけそめぬ水戸の町うつ槌の音も高くきこえて

（昭和二十二年）

からは、新しい整備のためであろうか、水戸の町では槌を打つ音も高く聞こえてきて、頼もしく感じられる様子が伝わり、「新憲法施行」御製（昭和二十二年）に表わされた「うれしくも……あけゆく空のごとく」表現と重ねると、この「あけぼの」題の御詠での、夜が明け初《そ》める情景には戦争時に夜であった日本が今、ようやく少しずつ平和国家となりつつある朝への出発の頼もしさも連想されてはこないだろうか。

　しかし、再建も新生も全てが順調ではない。昭和二十三年の歌会始で披講された御製、

歌会始　春山

うらうらとかすむ春べになりぬれど山には雪ののこりて寒し

（昭和二十三年）

には、のどやかに、美しい霞《かすみ》も立って朧《おぼろ》な景にかすむ春の様子の季節にはなったけれども、まだまだ山には雪が残って寒い日々であることを詠まれながら、日本が本当の意味で終戦から戦後になりえていない憂いも感じられる。

『おほうなばら　昭和天皇御製集』(22)には、この御製の後に次の一首が配列される。

春たてど山には雪ののこるなり国のすがたもいまはかくこそ

（昭和二十三年）

ここでは明確に、立春を迎えたことではあるけれど標高高く気温の低い山には未だ雪が残っていることを上句に詠まれ、「国のすがた」も今はこの様であることを下句に組み合わされている。新憲法が施行されて日本は春立つ始まりを迎えたものの、山に雪が残る姿とは、まだGHQの占領下にあった日本の現実であろうとも想われて、それについては第四章からの御製によって鮮明となってくる。

昭和二十四年歌会始では、庭の面《おも》（表《おもて》）に積った冷たい雪を見て、どこよりも寒い中にいるであろう人を尚一層に思う今日の朝よ、と、ご感慨される御製も披講される。

歌会始　朝雪

庭のおもにつもる雪みてさむからむ人をいともおもふけさかな

（昭和二十四年）

ここで思われている人へつながろうと想われる前年の一首、この年の三首の御詠。

折にふれて　三首（内一首）（括弧と括弧内著者）

風さむき霜夜の月を見てぞ思ふかへらぬ人のいかにあるかと

（昭和二十三年）

御製からは風が蕭蕭《しょうしょう》と吹く霜も降りる冴えた寒夜に皓皓《こうこう》と照る冷たい月を見てこそ強く思われる、未だ還って来ない人が一体、今、どうしているのであろうか、飢え凍えてはいないだろうか、食してはいるか、安らかにあろうか、との悲しいまでのご心配、そして、

熊本県開拓地　三首

かくのごと荒野が原に鋤《すき》をとる引揚びとをわれはわすれじ

外国《とつくに》につらさしのびて帰りこし人をむかへむまごころをもて

国民《くにたみ》とともにこころをいためつつ帰りこぬ人をただ待ちに待つ

（昭和二十四年）

これ程の荒野の原野の開拓地で鋤をとって苦労をしている引揚人をわたくしは忘れないだろうとの御決意、外国で苦痛に堪え忍びて帰国した人を真心をもって迎えたいとの御慈愛、未だ還り来ない人をただただ待って待って待つ、国民《くにたみ》といっしょにわたくしも心を痛めながら「ただ待ちに待つ」御信念であろう。

帰還できないシベリア抑留者の方々への御心と言える。

日本とソ連は昭和十六年四月十三日に五年期限の日ソ中立条約を結び、両国相互の領土保全と不可侵、第三国からの中立を約していた。ところがソ連は、期限満了後の中立条約を延長しない旨を通告、日本からの終戦斡旋の依頼にも応じず、昭和二十年八月八日、突然に九日より戦争状態に入ることを通知し、満州方面から一斉に進攻を開始、日本の一般人も軍人も無差別に捕虜としたのである。その日本人はシベリア・中央アジアを主とする収容所に送られて強制労働や親ソ分子となる政治教育を強制された。捕虜とされた日本人への、劣悪な環境や苛酷な労働の悲惨さは想像を絶するものと伝わり、昭和二十四年七月一日にGHQが発表したシベリアの日本人引揚げ対象者の総数は、七十万人に及ぶと、次いで二十六年三月国会でも確実に三十二万四千人が未帰還であると言明され、日ソ間の対立は続いた。

これに先立ち日本は昭和二十年八月十四日にポツダム宣言を受諾、十五日に発表、九月二日にソ連を含む連合国との降伏文書に調印、昭和三十一年十月十九日の日ソ共同宣言で日本とソ連との問題は終決とはされた。が、ソ連との間には北方領土問題も未だ残る。

特記すべきは中立条約相手国への突然の一方的宣戦も、降伏をした相手国へ捕虜とした国民を速《すみ》やかに復員させないことも〈ソ連軍の国際法違反〉となること。

昭和二十四年に至ってもまだ、帰還できない日本の民への昭和天皇のお思いが、悲しく痛ましく、同時に深いご慈愛の中から伝わろう。

この様な状況ながら、少しずつ少しずつ日本の復興と新生は形となってゆく。

昭和二十五年歌会始で披講された御製。

歌会始　若草

もえいづる春の若草よろこびのいろをたたへて子らのつむみゆ

（昭和二十五年）

萌え出づる春の新鮮な若草がかもし出す喜びの色、その彩《いろどり》を讃えて春の若草を摘む子供たちを「みゆ」（見る）昭和天皇のお姿が髣髴《ほうふつ》とされる。「百人一首」でも知られる『古今《こきん》和歌集』の光孝《こうこう》天皇の名歌「君がため春の野にいでて若菜摘むわが衣手《ころもで》に雪は降りつつ」（春）以来、春の慶びとして年中行事になってきた「若菜摘《わかなつみ》」も想われながら、その中に新生日本となって初めて芽吹いた「春の若草」に喩《たと》える「日本に芽生えてきた若菜」へのお慶びと、その若草がもたらす寿《ことほ》ぎを受ける新らしく生まれてきた子供たちへの祝意が漂う。

そして昭和二十六年、近畿地方東部一府三県を御巡幸なされた時の御製には、敗戦以来初めてと窺える馥郁《ふくいく》とした御製が生まれてくる。

奈良にて

大き寺ちまたに立ちていにしへの奈良の都のにほひふかしも

古の奈良の都のをとめごも新しき世にはた織りはげむ

（昭和二十六年）

大きな寺が古都の中に立って、古《いにしえ》の奈良朝の都、奈良の街に漂う深い情趣を詠む上に、「百人一首」で広く浸透している『詞花和歌集』の秀歌「いにしへの奈良の都の八重《やへ》桜《ざくら》今日《けふ》九重《ここのへ》ににほひぬるかな」（春・伊勢大輔）が一瞬に重ねられて、今を盛りと咲き誇る爛漫たる桜花の華麗さも余情にイメージされ、皇統を受け継がれた御方ならではの昭和天皇のお慶びが秘められる様な一首、次も、八重桜咲き乱れる先の「百人一首」の名歌から連想するイメージの、古《いにしえ》の奈良の都の乙女子も今、これからの新らしい世で日本の伝統工芸となる「はた織り」に励む姿であることを詠み、雅《みやび》な中でのお喜びまで漂う。その彩《いろどり》は同じ機織の人を外国との通商のため糸をとり機を織って励んでほしいと切実にまで励奨しての昭和二十二年御製「外国とあきなふために糸をとりまたはたおりてはげめとぞ思ふ」とは、切迫感から豊かさ馥郁さとへの変化において大きい隔りが窺える。

実は、日本の主権が回復される連合国四十八か国との「サンフランシスコ平和条約」、その条約への吉田茂を日本代表とする調印を、この年昭和二十六年九月八日に迎えて、「奈良にて」の二首はその年の十一月十八日から二十日まで奈良を訪れられた折りでの御製であった。奈良でのご泊所に入られた昭和天皇は、内閣総理大臣吉田茂からの伝奏を受けられて、午後五時、「日本国との平和条約」及び「日本国とアメリカ合衆国との間の安全保障条約」の批准書に御署名された。この日にはそして対日平和条約の認証が奈良市で行なわれたことを祝し、夜には一万人もの提灯行列が催され、昭和天皇もご夕餐後にご泊所の門までお出ましなされては、応えていらっしゃる。

これに先立つ十八日、吉野御訪問で昭和天皇は、空高くそびえ立つ吉野杉に、一体どれ程の歴史の変遷を見ながら幾代もの時代を経てきたのであろうとのご感慨を表わされる。

奈良県吉野

空高く生ひしげりたる吉野杉世のさま見つついく代へぬらむ

（昭和二十六年）

「日本国との平和条約」がいよいよ発効するのである。

✻

この時期の叙景歌も、憂いや御苦悩からの御一心でご祈願された暗示性を帯びた詠法から、清新さや気高さ、また華やかさまでが一首全体から溢れる歌風に変化している。「日本国憲法」が施行された昭和二十二年の三首。

和倉温泉

月かげはひろくさやけし雲はれし秋の今宵のうなばらの上に

（昭和二十二年）

月光がどこまでも広く清く澄み渡る、一点の雲もない晴れ渡った秋の、今宵の、海原の上、の光景。石川県能登の和倉温泉での仲秋の名月の宵の美しさであったと伝わる。この様に雲ひとつなく澄む清らかな秋の月は、平安朝も院政期に入って源俊頼が「八月十五夜明月の心」をと詠み始めた「澄みのぼる心や空を払ふらむ雲の塵《ちり》ゐぬ秋の夜の月」（『金葉和歌集』・秋）や、雲も晴れて清らかな水上に映る清明な月「水上月」を詠む「雲の波かからぬ小夜《さよ》の月影を清滝川《きよたきがは》にうつしてぞ見る」（『金葉和歌集』・秋・前斎宮六条）などから深まってきた和歌による美意識からの、永い伝統が美しく感覚される清新さとなる。

折りにふれて

冬枯のさびしき庭の松ひと木色かへぬをぞかがみとはせむ

（昭和二十二年）

冬枯れの寂しい庭に立つ松の一本の木、それは季節の中で色を変える木々や植物の中でも色を変えることのない松の木で、その一本をこそ鏡としようとのお思い。冬枯れの寂しさは「萩が花ちりにしをのの冬枯に霜のふるえの色ぞさびしき」（『新後撰和歌集』・冬・今上御製）が伝わるが、昭和天皇の御製はその寂しい景の中に立つ「松ひと木」を対象とされて「鏡」と望む。この「鏡」は多様な意味を表わし、たとえば伝統和歌の「さねこじて榊にかけし鏡こそ君がときはのかげは見えけれ」（『新後撰和歌集』・神祇・前中納言定家）や「九重にいまもますみの鏡こそ猶世を照らす光なりけれ」（『新葉和歌集』・賀・後村上院御製）の理想や永遠や世の源となる聖なるものの象徴であろうか。まだＧＨＱの占領時にあって、ようやく定まった日本の「国の掟」を「鏡」と象徴されながら、その普遍性にお慶びのお思いを託されたのでもあろうか。そして次の一首。

秋ふけてさびしき庭に美しくいろとりどりのあきざくらさく

（昭和二十二年）

秋が深くなって他の花も枯れた寂しい庭であるのに、美しく色とりどりの秋桜が咲く情景。秋桜は白色・薄紅色・濃い紅色と多様な色あいを見せながら咲く花で、それらが全体を成すと白から薄紅、そして濃い紅色の彩《いろどり》がグラデーションとなって一面を染める景は可憐にも華やかとなる。しかも風が吹くとその彩《いろどり》全体が波の様にゆったりと揺れ動き、この風情が紅色の濃淡の彩《いろどり》のそよぎの様な情趣までかもし出す美景を創り出す。ささやかに咲く花ながら、豊かな彩《いろどり》と動きの情緒が漂う御製と想われて、そこに戦後に入られての新憲法施行のお慶びから感覚された紅色の印象も余情に漂う御詠となろう。この時代の、「新憲法施行」の、そのお嬉しみのお心からは、叙景歌にも清澄感が伝わり華やぐお心を想われる御製が新らしい。

そういう詠風はこの時代の叙景歌の特性とお窺いされて、この後もさらに、深まる情趣や彩《いろどり》豊かな雅やかさの中にも清新な美しさを誇る叙景歌が詠まれてゆく。

折にふれて　三首（内一首）（括弧と括弧内著者）

しづみゆく夕日にはえてそそり立つ富士の高嶺はむらさきに見ゆ
（昭和二十三年）

今、まさに沈もうとしてゆく夕日の、深い光の茜《あかね》色に映えて、凜と雄々しくそそり立つ富士の高嶺を詠み、その富士を紫色と「見」た御視座からの一首となろう。富士山の背景となる夕空は夕日によって古来から神の色とされてきた茜色がイメージされ、それと対比された富士山はくっきりとそびえる形を陽が射す方向と角度によって紫色と御覧になった印象を受ける。神々しくも雄大で、しかしこの彩《いろどり》の対比はあまりにも華やかに、王朝文化の色目《いろめ》の雅《みやび》そのものとイメージ化されよう。

富士山は第一章でも述べたとおり、『万葉集』でも最古の時代の秀歌「富士の高嶺は天雲も　い行《ゆ》きはばかり　飛ぶ鳥も　飛びも上《のぼ》らず　燃ゆる火を　雪もて消《き》やし　降る雪を　火もて消しつつ　言ひかねて　名をも知らせず　霊《あや》しくも　坐《いま》す神かも…」（巻三・高橋連虫麿）以来、神そのものである霊山として信仰の対象となってきた神の山、そして中世の前大僧正慈円詠「秋風に富士の煙の靡《なび》き行くを待ちとる雲も空に消えぬる」（『拾《しゅう》玉《ぎょく》集』）あたりを契機に霊峰富士への信仰は日本人全体へと広がって続いてきた山であった。

こういう信仰を集めた富士山を昭和天皇がお詠みなされるに、もちろん霊峰への祈りを払拭することはできないが、終戦前の富士山への御製と比べると、この御製は、夕暮時の富士山の典雅にも華やか、彩《いろどり》鮮やかな絵画的構成の客観的叙景歌と印象化されよう。

そして昭和天皇は、この時代から次の昭和二十七年「平和条約」発効後には、多彩な富士山を、また日本各地の「〜の富士」をお詠みになってゆかれるのである。

そうして次の御製。

淡路島

あさぼらけ鳴門の宿ゆ見わたせば淡路島山かすみたなびく

（昭和二十五年）

初句から結句までの調《しらべ》には、各歌句《かく》から一詞《ことば》一詞《ことば》にまで後鳥羽《ごとば》上皇の御製の表現や王朝和歌の世界が想起され、平安末期に芸術至上主義を完成した新古今《しんこきん》歌風の典雅でおおらかな雰囲気がどこまでも無限な広がりをもって漂ってくる。

ここで表現される初句「あさぼらけ」は、『古今《こきん》和歌集』「あさぼらけ有明の月と見るまでに吉野の里に降れる白雪」（冬・坂上これのり）以来の空間全体が射し始める陽ざしに輝やく朝の美景、院政期に入っての勅撰『千載《せんざい》和歌集』に見える「あさぼらけ宇治《うぢ》の河霧たえだえにあらはれ渡る瀬瀬《せぜ》の網代木」（冬・中納言定頼）のこれもまた空間全体がかすむ幽玄な「あさぼらけ」の永い美景の伝統をひく。そしてそれを「見わた」せばとの眺望の視点こそは「眺望の心」を詠む後鳥羽上皇の「見渡せば山もとかすむ水無瀬川夕《ゆふべ》は秋となに思ひけむ」（『新古今和歌集』・春）における治天の君ならではの眺望の視座となるもの。この視点で「見わた」して空間の奥深くまでかすむ春の景には永く日本の伝統美となってきた後鳥羽上皇の「山もとかすむ水無瀬川」の景や、同じく『新古今《しんこきん》和歌集』「見渡せば霞のうちもかすみけり煙たなびく塩竈《しほがま》の浦」（雑《ぞう》・藤原家隆朝臣）に描かれる景も重ねられよう。

さてここで対象となる「淡路島」である。そこは『古事記』の国生み神話で初めて創られた日本の国土、淡道之穂之狭別島《あはぢのほのさわけのしま》で、そこには今も淡路国一の宮として伊奘諾《いざなぎ》神宮が鎮座する所。同じ『古事記』にはまた仁徳《にんとく》天皇が黒日売《くろひめ》を慕い吉備《きび》の国へ行く途中で淡道（路）島に立ち寄って歌謡《かよう》を謡《うた》ったことも伝わる。『万葉集』で若宮年魚麻呂《わかみやのあゆまろ》の口誦《こうしょう》と伝わる「海神《わたつみ》は　あやしきものか　淡路島　中に立て置きて　白波を　伊予《いよ》に廻《めぐ》し……」

（巻三）も、島全体の風景に海神の神秘を込めて謡うもの。そうして院政期の勅撰《ちょくせん》『金葉和歌集』に入集する王朝和歌「淡路島《あはぢしま》かよふ千鳥のなく声《こゑ》にいくよ寝覚《ねざ》めぬ須磨《すま》の関守《せきもり》」（冬・源兼昌）に至っては「百人一首」にも入り、箏曲《そうきょく》「千鳥の曲」の箏歌《ことうた》ともなって和歌世界の淡路島は広く永く日本人の中に生きてきたものであった。

　これらの伝統の上に立たれての御製からは、暁《あかつき》から曙《あけぼの》の時を経てようやく夜の闇から空全体が朝の白光に輝やく「あさぼらけ」の時を迎え、鳴門の宿から遥か彼方までの遠景を見渡すとそこには、『古事記』によって初めて創られたと伝わる日本の国土淡路島、そうして神秘な島として永く日本人に崇《あが》められその美しさに心を寄せられてきた淡路島、その淡路島に春の霞がたなびいて地上から空まで、さらに空の奥深くの無限まで聖なる美しさが広がっている景が眺望されイメージ化されてくる。

　御製には「見わたせば」一句から古代の天皇以来の〈国見〉のご姿勢も想われながら、「淡路島」にももちろん〈国創り〉の神秘も想われていると窺われるが、結句を「かすみたなびく」と結ばれてはやはり、治天の君後鳥羽上皇の古代天皇制を崇敬する心も込められる叙景歌「ほのぼのと春こそ空に来《き》にけらし天《あま》の香具山《かぐやま》霞たなびく」（『新古今和歌集』・春）と重なる叙景美の世界の創造となってゆき、もちろん余情には神話や王朝世界への憧憬も漂うものの、やはり、戦時中の様な切迫したお思いで神に祈られた叙景歌からは、戦時中のあのご心情を離れられての、美観そのものに伝統を象徴する様な客観的叙景歌に近づいてゆかれての歌風が感覚される。

この時代の昭和天皇の叙景歌は、御苦悩を離れられた清明なお心から詠まれたと想われる清新な自然詠や、華やかな彩《いろどり》に典雅さを象徴する美景の詠、また古代からの聖地ながらその神聖な美しさを客観的に構成しての叙景歌へと変化していると印象化されよう。

そしてその変化は、昭和二十年の無条件降伏から、昭和二十二年「日本国憲法」施行を経て徐々に大きくなってゆくと理解される。

そうしてサンフランシスコ平和条約発効を迎えるにあたっての昭和二十七年に至る歌会始では、先の「淡路島山」（昭和二十五年御製）とほとんど共通する趣向の上、さらにそこから空間においてばかりでなく、時間上の日本の未来までを想われて遥かなる空を遠く見はるかしているかの様な表現の昭和二十六年御製へと、時空が広がってゆかれると窺われる。

日本の独立は今、目前となり、その後の日本の行方が明けゆく朝の中で、無限に高く広がっている空に向かい昇ってゆく。

歌会始　朝空

淡路なるうみべの宿ゆ朝雲のたなびく空をとほく見さけつ

（昭和二十六年）

❀

「民の上」だけを、ただそのことだけをのみ思われて「身はいかならむとも」終戦の御聖断を下された昭和天皇でいらした。

そして「終戦時」についての御感慨を込められた四首の御製に表わされたとおり、昭和天皇は民《たみ》と共に国土を整えられ、日本国の復興に行動を起こされ、「日本国憲法」施行後には悲惨な戦争によって絶たれた日本の本来を再創されようと〈自由と平和を愛する文化国家〉の建設に御心を尽くされる。

この時代にあって昭和天皇御製の歌風は、口語的な詞《ことば》を摂《と》り入れながら、口語的な調《しらべ》で詠み始められている。

ところで伝統和歌の本質とは、何より、『古今《こきん》和歌集』以来の王朝和歌の中で熟成してきた〈歌詞《うたことば》〉による〈倭歌《やまとうた》〉以来の詠法であって、この、〈歌詞〉こそが〈和歌〉の生命ともなる〈表現〉の方法であった。

それは平安時代が始まって約百年の延喜《えんぎ》五年に、醍醐《だいご》天皇によって勅撰が宣下された日本で初めての勅撰和歌集『古今和歌集』で使われてより、『古今和歌集』『後撰《ごせん》和歌集』『拾遺《しゅうい》和歌集』の三代集の中で、和歌の表現において使われるひとつひとつの詞《ことば》は、ある特定の内容を意味する様に生成され、日常の言語機能とは異なって、日常を超えた非日常の和歌世界に、特別の表象を可能とする表現なのである。

この様に生成された歌詞は、その後また、約百年を経た一条《いちじょう》天皇の時代に絢爛とした王朝文化を誇る一条朝時代を迎えては、清少納言や紫式部たち多くの女性文化人によって創られた『枕草子』や『源氏物語』などの象徴詩や散文でも使われて、今度はさらに、歌詞の中に清少納言が感覚した美的世界などをも内包していったのである。

この様に深遠な情趣を象徴できることとなった歌詞は、さらに院政期の『金葉和歌集』『詞花和歌集』から中世の『千載《せんざい》和歌集』『新古今《しんこきん》和歌集』へと連綿とする王朝和歌の中で、今度は逆に一首の背景に『枕草子』や『源氏物語』以来に伝統となった美意識や日本的となっていた情緒を余情とすることを求めて、多くの歌人たちの表現に駆使されてゆく。

和歌は、この方法で日本の文学には初めて、〈歌詞《うたことば》〉の表現機能の可能性を極限まで高めながら、〈美〉・〈知〉・〈霊〉を融合した〈和歌芸術〉を完成したのであった。

たとえば『千載和歌集』や『新古今和歌集』に至っては、歌句《かく》「春の曙」を表現することで、和歌は、五・七・五・七・七の三十一音だけで、『古今和歌集』以来に馥郁としてきた和歌の情趣のみならず、『枕草子』に創られた美的世界も、『源氏物語』で綴られた物語的世界も象徴しながら幽玄を余情とし、一首の和歌世界を完結してゆく。

終戦までの昭和天皇御製は、この永い和歌伝統を継がれての帝王ぶりの歌風であった。その歌風から、終戦後は、日常的言語を使っての御詠も新しい歌風と変わられたことが、戦後に入って社会を詠まれた御製の最も大きな変化と言える。日本の在り方の改革と、その中で公とされた「詔書」による〈人間宣言〉とからの御製の歌風への変質とも言える。

しかし、新しい社会や歴史を詠まれる御製ではこれ程に大きな質的変化をされた昭和天皇御製も、叙景歌の詠法だけは戦前までの方法を継承しつつ、むしろ、戦前の詠風に拠《よ》りながら、景そのものの美を捉えた、より客観的な叙景歌の構成になっている。とりわけ「富士山」や「淡路島」など古くから日本人に信仰の対象とされてきた山や国創りの伝承の地を詠まれては、やはり、帝王ぶりそのままの歌風で、むしろ絵画的叙景歌の中に古代からの信仰を象徴して、さらに典雅となり、それは次の、『丹後《たんご》国風土記』逸文《いつぶん》に国生みの神伊射奈芸命《いざなぎのみこと》が天に昇ろうとして橋を創りながら、神が眠っている間に倒れて天の橋立になったと伝わる、神々の世界からの景勝地の御製に一層鮮やかとなろう。人間宣言をされても尚、変わることのない昭和天皇の御製に輝やく大御心《おおみこころ》が、そこに生きている。

近畿地方視察
京都府天の橋立

めづらしく晴れわたりたる朝なぎの浦曲《うらわ》にうかぶ天の橋立

（昭和二十六年）

註

（1）宮内庁侍従職編『おほうなばら　昭和天皇御製集』（読売新聞社・平成二年）
（2）木下道雄『宮中見聞録』（新小説社・昭和四十三年）
ただし、『宮中見聞録』では本著序章の冒頭に掲げた四首の内の初めの一首の本文が、「外国《とつくに》と離れ小島にのこる民のうへやすかれとただいのるなり」である。

（3）ダグラス・マッカーサー著　津島一夫訳『マッカーサー回想記〈下〉』（朝日新聞社・昭和三十九年）
（4）高橋紘編著『昭和天皇発言録』（小学館・平成元年）
（5）前掲（4）
（6）「讀賣新聞」（昭和六十一年四月十五日）
（7）「詔書」（昭和二十年八月十四日）（「国立公文書館所蔵（御署名原本）」）・（訓読は著者）
（8）迫水久常『機関銃下の首相官邸』（恒文社・昭和六十一年・第七版）
（9）前掲（7）
（10）前掲（7）
（11）「即位禮當日紫宸殿ノ儀ニ於テ賜ハリタル勅語」（『官報　號外』・内閣印刷局・昭和三年十一月十日　土曜日）・（訓読は著者）
大礼記録編纂委員会『昭和大礼要録』（内閣印刷局・昭和六年）
（12）前掲（11）
（13）木戸日記研究会『木戸幸一関係文書』（東京大学出版会・昭和四十一年）
（14）前掲（1）

(15) 藤樫準二『われらの象徴民主天皇』(愛育社・昭和二十四年)
(16) 「日本國憲法公布記念式典において賜はつた勅語」(『官報　號外』・印刷局・昭和二十一年十一月三日)
(17) 前掲(16)
(18) 「詔書」[人間宣言](『官報　號外』・印刷局・昭和二十一年一月一日)・(訓読は著者)
(19) 前掲(11)
(20) 前掲(18)
(21) 前掲(4)
(22) 前掲(1)

付二　人間　昭和天皇　母后宮様《ははきさいのみや》を恋うる和歌四首

母宮より信濃路の野なる草をたまはりければ　二首

わが庭に草木をうゑてはるかなる信濃路にすむ母をしのばむ

夕ぐれのさびしき庭に草をうゑてうれしとぞおもふ母のめぐみを

（昭和二十年）

一首目は軽井沢の母后宮《ははきさいのみや》様から賜わられましたその地の野の草木を、ご自分のお庭に植えられて、東京からは遥か信濃路にお住まいの母后宮様をおしのびなされてのお心、二首目が遠くからお贈り下さいました母后宮様からのお恵みをお庭に植えられては、夕暮の寂しいお庭にも情愛が感じられていらっしゃり、母后宮様のご愛情をお嬉しく思われましてのお心でございます。二首からは母后宮様をお慕いされる昭和天皇のお子様となされましてのお気持ちが素直に静かに、そしてほのぼのと暖かく伝わりましょう。

実は終戦間近の昭和二十年五月二十五日、遂に大宮御所も炎上してしまい、昭和天皇と香淳《こうじゅん》皇后は母后宮様に疎開をお勧めになっていらっしゃいました。が、母后宮様は昭和天皇と共におられて、終戦を迎えた八月二十日にようやく軽井沢に赴かれたのでございます。そしてその地でお眼にとめられた可憐な「かたしろ草」などの種類の草木を、根から掘り取られましては皇居の昭和天皇へお贈りなされたのでした。

貞明《ていめい》皇后には、ご卓越なされた運動能力や学問力をもとに、皇子様方へのお厳しいご教育、また昭和天皇が摂政宮にお就きなさられます折りも、大正天皇の御公務を全て摂政宮にお譲りすることなく大正天皇の御仕事も無くならない工夫まで仰せになられたこと(1)などが伝わり、全てにご立派なお后様と印象されて参ります。

和歌にも秀でられ、

養蚕をはじめけるころ

かりそめにはじめしこがひわがいのちあらむかぎりと思ひなれぬる

(『貞明皇后御歌集』(三)　大正2年(30才)～大正4年(32才))(2)

からは、奈良朝聖武《しょうむ》天皇の后でした光明《こうみょう》皇后も奨励し、近代に昭憲《しょうけん》皇太后から歴代皇后の大事とされたご養蚕にも命の限り励まれましたことが想われましょう。

何よりも、あの、先の大戦の惨劇の中にありまして昭和天皇をお支えなされたお方でございました。ご立派なお后様、お母宮様でいらっしゃり、そして時代の中で社会と共に凛々しくご高潔に生きぬかれた女性が、尊敬の情の中に想われましょう。

古来、〈天子に父母なし〉と教訓された帝方《みかど》には、お立場からは時の帝《みかど》と皇太后宮との、社会的な制度の中にありながらも、昭和天皇の和歌には母を偲び、母のお心にお嬉しみ、母を思われます〝ひとりの子供〟となされましてのお心が純真でございましょう。

それは貞明皇后がご崩御なされました折りにもまた、先の和歌で昭和天皇がお詠みあそばした草木をもう一度お詠みなされての和歌、

貞明皇后崩御　三首（内二首）（括弧と括弧内著者）

いでましし浅間の山のふもとより母のたまひしこの草木はも

池のべのかたしろ草を見るごとに母のこころの思ひいでらる

（昭和二十六年）

からも同じ様に、しかしお悲しみと共に、母后宮様より賜わりました草木に寄せられての母、そのお方を想われますお心、そうしてその草木をご覧になられます度に昭和天皇がお思い出しなされます母后宮様のお心までが、より象徴的に深まりましょう。

まさしく人間宣言をなされました御人、裕仁《ひろひと》親王殿下の素のお気持ちでございます。誰もが抱く〝母を恋い慕う童《わらべ》の気持ち〟に、公の詔書などには表わされるはずはございません昭和天皇の、誰しもと同じく変わらない子供の姿が想われる和歌でございました。

註

（1）牧野伸顕『牧野伸顕日記』（中央公論社・平成二年）
（2）『貞明皇后』（主婦の友社・昭和四十六年）

第四章

「平和条約」独立後の〈国創り〉　吉田茂への大御心《おおみこころ》

昭和27年4月28日―昭和46年6月17日

「平和条約」発効から高度成長期、そして沖縄返還協定調印へ

平和条約発効の日を迎へて　五首

風さゆるみ冬は過ぎてまちにまちし八重桜咲く春となりけり

国の春と今こそはなれ霜こほる冬にたへこし民のちからに

花みづきむらさきはしどい咲きにほふわが庭見ても世を思ふなり

冬すぎて菊桜さく春になれど母のすがたをえ見ぬかなしさ

わが庭にあそぶ鳩見ておもふかな世の荒波はいかにあらむと

（昭和二十七年）

詞書《ことばがき》に示されるとおり、「平和条約発効の日」を迎えられての昭和天皇大御歌《おおみうた》五首。

一首目「まちにまちし八重桜咲く春」、二首目「国の春と今こそはなれ」、三首目「花みづきむらさきはしどい咲きにほふ」、四首目「冬すぎて菊桜さく春になれ」、五首目「わが庭にあそぶ鳩」の、連作となる五首全体をつなぐ各表現から、「平和条約発効」を迎えられた昭和天皇の、ようやくここへ辿り着かれたお思いからご達成へのご感慨、そして何よりも歴史上となる御慶《おおんよろこ》び、大慶にも大慶なるお思いが溢れ出てこよう。

一首目は冴える冷たい風の吹く冬が過ぎてようやく、待ちに待った華やかに美しい八重桜が咲く爛漫な春となったご感慨が詠まれ、「まちにまちし八重桜咲く春」には「平和条約」の発効により長年待ち続けてようやく回復した主権を持つこととなった日本の独立を象徴されよう。さらには、第三章で辿らせていただいた昭和天皇御製《ぎょせい》「大き寺ちまたに立ちていにしへの奈良の都のにほひふかしも」（昭和二十六年）と重なる『詞花和歌集』に入る伊勢大輔の春の名歌「いにしへの奈良の都の八重桜《やへざくら》今日《けふ》九重《ここのへ》ににほひぬるかな」の、今を盛りに咲き誇る絢爛たる桜花の華やかな美景が、無限な豊かさをもって余情に漂ってくる。が、初句「風さゆる」は、伝統和歌では中世の順徳院《じゅんとく》御製「風冴ゆる夜半《よは》の衣の関《せき》守《もり》はねられぬままの月や見るらむ」（『続後撰和歌集』・冬）に見られるとおり、肌に突き刺す様な冬の冷たさを表現する歌句《かく》で、この表現に込められた先の大戦時から占領時までの日本と、長い年月への昭和天皇のお思いも窺われよう。

二首目に入り、一首目で表わした「風さゆるみ冬」は決して通常の寒さではなく、霜までもが凍る厳寒の冬の苦痛であって、その苦難に堪えてきた「民《たみ》（訓読著者）のちから」によってこそ、ようやく今こそは、「国の春」、との御慶びも、また民とのご一体感もとめどなく伝わ

る。とりわけ一首目の「風さゆる」ともつながり、二首目の「霜」は、昭和天皇が

折にふれて　三首（内一首）（括弧と括弧内著者）

風さむき霜夜の月を見てぞ思ふかへらぬ人のいかにあるかと

（昭和二十三年）

と表わされたとおり、第三章で記してきたシベリア抑留者への昭和天皇の究極の御悲痛を託された景であって、御慶《ぎょけい》の中には、今こそ自国に主権を回復した日本が、壮絶な苦痛に堪えた民の力に拠《よ》ることへの感謝にも近いお気持ちまでが想われよう。

そして三首目に続き、花水木《はなみずき》も紫はしどいも満開に咲き誇り芳香が漂う皇居の庭をご覧なされても思われる「世」へのご感慨が詠まれる。「花みづき」は白や淡紅色の苞片《ほうへん》の真中に緑黄色の小花を咲かせる彩《いろどり》豊かな北アメリカ原産の植物で、「むらさきはしどい」も紫・淡紫・青紫・白色などの美しい色々で多くの小花を咲かせながらエレガントな香りをかぐわせるヨーロッパ原生の花、昭和天皇はこれらの花々から欧米諸国へもお想いをはせられ、日本のみならず国際社会の「世」の平穏をまで思われたのであろうか。

しかし四首目では、寒く辛《つら》かった冬が過ぎて、菊桜が咲く春にはなったけれど、母后《ははきさいの》

宮《みや》様のお姿が見えないことのお悲しみが詠まれてゆく。先の大戦時からGHQによる占領時の厳冬の季節に、常に昭和天皇のお側にいらして共に強く〈国の平安〉と〈民《たみ》の幸い〉を願い続けた御母后宮様のお姿が見えない悲しさが、昭和二十六年九月に調印されたサンフランシスコ平和条約のわずか四か月程前に御崩御された貞明《ていめい》皇后をご追慕されて、御製では一層の悲しみが深まってゆく。

そうして最後、五首目に至っては、「世」の荒波はどの様《よう》にあるだろうと、その様子や将来を皇居に遊ぶ〈平和の象徴　鳩〉へとお思いをはせられてゆく。

御慶びもようやく果たされた御祈願への満ちるお心も、昭和天皇には「民《たみ》のちから」(訓読著者)とのお思いまで抱かれながら、やはり終局には、日本のみならず世界全体であろう「世」を思われ、鳩に象徴された〈平和への祈り〉へと高くご昇華されてゆく様に印象化される。

天皇となされての、御本来の御製と言えよう。

詞書に示される「平和条約」とはもちろん、「日本国との平和条約」である。

先の大戦敗戦後のGHQによる占領政策から主権を回復、国際社会の一国として独立国家となる日本にとって、歴史上至高となる条約であった。

昭和二十六年九月八日、先の大戦の対日講和条約として日本と連合国四十八か国との間でサンフランシスコにおいて調印され、日本代表としては時の首相吉田茂が調印し、昭和二十七年四月二十八日に発効した。

まさしく国際社会での「独立国家日本」の誕生であった。

ここに昭和二十六年九月七日、吉田茂がサンフランシスコ講和会議において首席全権として行なった「条約受諾演説」の冒頭を掲げておきたい。

吉田全権の条約受諾演説（九月七日）

ここに提示された平和条約は懲罰的な条項や報復的な条項を含まず、わが国民に恒久的な制限を課することもなく、日本に完全な主権と平和と自由とを回復し、日本を自由かつ平等の一員として国際社会へ迎えるものであります。この平和条約は復讐の条約ではなく、〝和解と信頼〟の文書であります。日本全権はこの公平寛大なる平和条約を欣然受諾いたします。過去数日にわたってこの会議の席上若干の代表国はこの条約に対して反対と苦情を表明されましたが、多数国間に於ける平和解決に当ってはすべての国を完全に満足させることは不可能であります。この平和条約を欣然受諾するわれわれ日本人すらも若干の点について苦悩と憂慮を感じることを否定できません。この条約は公正にしてかつ史上嘗て見ざる寛大なものであります。われわれは従って日本の置かれている地位を十分承知しておりますが、あえて数点につき全権各位の注意を促さざるを得ないのであります。これはわが国民に対する私の責任と存ずるからであります。
（『回想十年（中）』・吉田茂）(1)

「平和条約」が「〝和解と信頼〟」の文書として、「日本に完全な主権と平和と自由とを回復」させ、「日本を自由かつ平等の一員として国際社会へ迎えるもの」であることが高らかに謳《うた》われ、条約を「公正にしてかつ史上嘗て見ざる寛大なもの」と評している。

この演説ではまた続いて、吉田茂首相の「わが国民に対する私の責任と存ずる」所から、「あえて数点につき全権各位の注意を促さざるを得ない」こととして、

第一に「領土の処分の問題」(2)、第二には「経済に関する問題」(3)、また第三は「未引揚者の問題」(4)について述べてもいる。

そして吉田茂首相は「合衆国との間に安全保障条約を締結」する必要性を説き、「最後に過去を追憶し将来を展望」して

日本は歴史に新しいページを開きました。われわれは国際社会における新時代を待望し、国際連合憲章の前文にうたってあるような平和と協調の時代を待望するものであります。われわれは平和、正義、進歩、自由に向って邁進する国々の間に列し、これらの目的のために全力をささげることを誓うものであります。われわれは今後日本のみならず、全人類が協調と進歩との恵沢を享受せんことを祈るものであります。

（『回想十年（中）』・吉田茂[5]）

と結ぶ。

「日本國憲法公布記念式典において賜はつた勅語」[6]で昭和天皇が希望された〈自由と平和とを愛する文化国家〉日本が、今度は国際社会において「完全な主権と平和と自由とを回復」し、「自由かつ平等の一員として国際社会へ迎え」られた。

この時から、昭和四十五年に日本で初めて万国博覧会が開催され、昭和天皇が七十御賀《おんが》をお迎えになられる約二十年間の御製は、戦時下・占領下にあっての御苦悩から離れ、天皇となされての御本来へ向かってゆく様《よう》な御製が年を重ねて詠まれてゆく。

同年の、「古《いにしへ（訓読著者）》の文」を学びながら「新しきのり」（法《（表記著者）》）を知ってぞ国が安寧であることを詠み、新しい法のもとで文化国家として平穏な日本を望まれる、

古の文まなびつつ新しきのりをしりてぞ国はやすからむ

（昭和二十七年）

日本と日本人の生活の基本となる農業を中心とする多くの生業《なりわい》により、日本にも春が来たもので、さらには春の初めに芽を出し、春の深まりと共に満開に咲き匂う花となってゆ

く世こそが次には待たれるものとの、

折にふれて

なりはひに春はきにけりさきにほふ花になりゆく世こそ待たるれ

（昭和三十年）

射し昇る朝日の光が、どこの地へも隔てなく平等に、社会全体を照らすことこそが切なる願いと望まれる、

歌会始　光

さしのぼる朝日の光へだてなく世を照らさむぞわがねがひなる

（昭和三十五年）

戦後日本の復興を世界に印象付ける機会となった昭和三十九年十月十日から二十四日まで開かれた「オリンピック東京大会」に、ただ事なきをだけ、ただただ平穏無事に何事も起こらず開催され進行されることのみを祈られる、

オリンピック東京大会

この度のオリンピックにわれはただことなきをしも祈らむとする

（昭和三十九年）

そしてこの章の五節目に拝見させていただく昭和四十年「鳥」御製から喚起されるかと想われる「道」を、皇統を継がれた正しい在《あ》り方の「道」と確かめさせて下さる上、その正しさを求めて隠れている人の、聞こえない声をお聞きされようと求める、

歌会始　声

日日のこのわがゆく道を正さむとかくれたる人の声をもとむる

（昭和四十一年）

昭和四十三年十一月十四日に落成式を迎えた明治宮殿と全く異なる「威厳より親愛、荘重より平明」を理念とする皇居新宮殿、その新宮殿に人々の慶ぶ声が鳴り響いて聞こえる

宮殿竣工

新しく宮居成りたり人びとのよろこぶ声のとよもしきこゆ

（昭和四十三年）

新らしく改まる年を迎えて、新宮殿で初めてとなる一般参賀の、人々の声も賑《にぎ》わしい新宮殿の庭の様子を喜ばれる、

新宮殿初参賀

あらたまの年をむかへて人びとのこゑにぎはしき新宮の庭

（昭和四十四年）

そしていよいよ昭和四十五年に至り、世界の各国が産業・文化の発展を展示する国際的な博覧会、万国博覧会が日本で初めて開かれるに至っての御製となる、

万国博覧会

きのふよりふりいでし雪はやはれて万国博開会の時はいたりぬ

（昭和四十五年）

前日から降り出した雪も早々と晴れて、万国博覧会の「時はいたりぬ」と結ばれた結句には、まるで戦争時から占領下の日本の降雪状態も晴れ、今、ようやく、世界の国々が文化の成熟を共にする博覧会を日本で開催できる時にまで至った、との御感慨も込められる様には想われないだろうか。

そうして、「平和条約」発効から、この時までの昭和天皇の御集成とも窺える二首。

七十歳になりて　四首（内二首）（括弧と括弧内著者）

ななそぢを迎へたりけるこの朝も祈るはただに国のたひらぎ

よろこびもかなしみも民と共にして年はすぎゆきいまはななそぢ

（昭和四十五年）

七十御賀を迎えられたその日の朝も、祈ることはただただ御一心に、「国のたひらぎ」平安であること、また、喜びも悲しみも全て国の民《たみ》とひとつにされていらして、御年も過ぎゆき、「いまはななそぢ」（今は七十《ななそぢ》）におなりあそばされたことが詠まれよう。
「国の平和」を〈祈る〉こと、これこそは摂政宮に御就任なされて以来、天皇の御座に践《せん》祚《そ》なされてもこの時まで、併わせて日本が戦時下にあろうとも占領下にあろうとも国際社会で独立しようとも、一貫して何ら変わることのない昭和天皇の御心と在り方でいらした。

同様に、喜びも悲しみも、また幸いも苦しみも全て民《たみ》とひとつに共生してゆくことが戦前から戦後になっても、いや、むしろ戦後にあってこそ、日本に脈々と生きている本来の伝統と甦らせて、共に日本国を再生されていらした昭和天皇の御心と在り方と言える。

それこそが、昭和天皇が御即位の当日に公とされた「勅語」(7)で鮮明にされた「君民體《くんみんてい》ヲ一《いっ》ニス」る理念からの御心。

そうしてここに詠まれたその御心と在り方こそが、天皇が天皇としてこの日本に存在する本質となってゆくであろう普遍性につながってゆく真《まこと》と展望される。

❋

公にされている御製から、昭和天皇が御生涯に渡られて最もご尊重されたと考えられるひとつが、昭和二十六年九月八日調印「日本国との平和条約」であった。

この条約を機に、昭和天皇の御製も暗い雲が晴れた清々しい歌風に洗練されてゆき、御製に表わされるご志向も日本の歴史に本来となる天皇の御心へと、ご昇華されてゆくように感覚される。

この条約を首席全権として受諾、調印を行なった日本代表が、昭和二十一年五月二十二日から二十九年十二月十日まで通算七年以上に渡り総理を務めた吉田茂である。

吉田茂を詠まれた昭和天皇御製。

小田原に往復の折、
吉田茂元首相の家の前を通りて詠める

往きかへり枝折戸を見て思ひけりしばし相見ぬあるじいかにと

（昭和三十年）

詞書からは、昭和天皇が小田原を往復された折り、往きに帰りに何度も吉田茂元首相の家の前を通られて、かつては共に日本の戦後における再生から復興をひとつとなって成しながら、今は会えなくなってしまった元首相、その会えない吉田茂元首相を屋敷の外から懐慕されて詠まれたことが想われる。

そして御製に入り、皇居からお出ましされては往く折りにも帰る折りにも屋敷の「枝折戸」を見てご感慨を覚えた、しばらくお互いにお顔を合わせていないこの屋敷の「あるじ」（主）（表記著者）、その主は、今は、一体、どの様にしていることであろうか、とのお思い。そこには、前年までの年月に辛苦をひとつとされていらした時への懐旧から、それを一体となされてきた「あるじ」（主）への追慕までが情趣として漂う。

「枝折戸《しをりど》」とは、木の枝や竹などをそのまま用いて作った簡素な開き戸のことで、王朝和歌では「柴《しば》の戸をさすや日影《ひかげ》のなごりなく春暮れかかる山の端《は》の雲」（『新古今和歌集』・春・宮内卿《くないきやう》）の様に山家の暮春の夕暮時の哀れや、同じ勅撰和歌集《ちよくせんわかしゆう》に入る「夕づく日さすや庵《いほり》の柴の戸に寂しくもあるかひぐらしの声」（夏・前大納言忠良）のとおり夕陽やひぐらしが喚起する一日が終わろうとする時の寂しさを象徴してきた歌詞《うたことば》、また「主《あるじ》」も、「年を経《へ》て見し人もなき古里《ふるさと》に変はらぬ松ぞ主《あるじ》ならまし」（『後拾遺和歌集』・雑《ぞう》・左衛門督の北方）や、「山ざくら花を主《あるじ》と思はずは人を待つべき柴《しば》の庵《いほ》かは」（『千載和歌集』・雑・源定宗朝臣）などと、かつては互いに親しく交わりながら今は会えなくなってしまった大切な人を想い慕う和歌に、見えない対象を〈心で視《み》〉て象徴してきた表現であった。

これらの表現で詠まれた一首には、吉田茂への尽きせぬ慕情が余情となろう。

この御製を賜わられた折りを、御歌の「あるじ」吉田茂は次の様に残している。

私どもは天機奉伺の際、四季折々の賜物を頂戴し、時に葉巻を賜わったことがある。私のこれを好むことが御耳に達したためかと思えば誠に恐懼に堪えないことである。嘗て葉山御用邸に伺候の砌《みぎり》、侍従を以て、御歌を戴いたことがある。

御　歌

ゆきかへり枝折戸を見て思ひけり
しばし相見ぬあるじいかにと

聖恩微臣に及ぶ、真に涕泣言う所を知らずである。

（『回想十年（下）』・吉田茂[8]）


とめどない感涙に込めた思いが「真に涕泣言う所を知らず」に象徴される。

御製を賜わることは古来、帝《みかど》の大御心《おおみこころ》そのものを賜わる慶賀であり、君臣一体を伝統とする日本の象徴となることでもあった。

吉田茂の血統を引かれる麻生太郎氏（第九十二代内閣総理大臣）も、昭和天皇と吉田茂の〈君臣〉のつながりを、先の御製をひかれながら記している。

一九六四（昭和三十九）年、祖父は昭和天皇から大勲位菊花大綬章を授与され、翌年には鳩杖を賜っている。

鳩杖は中国において宮廷から老臣に賜ったという由来を持つ特別の杖である。ステッキの握りの部分が銀製で、そこに舞い立つ鳩と菊のご紋が精密に彫り込んであった。祖父の感激は、いかばかりであったろう。

また祖父は、

〈ゆきかへり枝折戸をみて思ひけり
　しばし相見ぬあるじいかにと〉

という皇太后様から頂いた御歌の色紙をとても大切にしていた。

終生を「臣茂」で生きた祖父の畏《かしこ》まった姿が、今も目に浮かぶ。

（『麻生太郎の原点　祖父・吉田茂の流儀』・麻生太郎）(9)

実は吉田茂と昭和天皇のえにしは、古く明治維新まで遡《さかのぼ》る歴史からなのであった。吉田茂の岳父は、明治維新の三傑と言われる元勲大久保利通公の次男、牧野伸顕《のぶあき》伯爵である。牧野伯爵は早く米国に留学し、十九歳にして外務省書記生となり英国駐在であった折りに伊藤博文公にその才を見出された。その後、文部次官、イタリー及びオーストリア公使を歴任して文部大臣から農商務大臣、外務大臣となり、大正十年に内大臣として宮中に入って以来、昭和十年まで十五年間近くもの長い年月を昭和天皇に仕えては、昭和天皇のもとで日本の歴史を創ってきた人物である。当時に准元老とも讃えられただけでなく、戦前に昭和天皇にとって〝重臣〟とは牧野伯爵ただ一人と言われるほどの歴史的君臣であった。

その牧野伸顕伯爵を岳父とする吉田茂は、「私の皇室観」の第一に「皇室と国民との不可分性」を説いている。

> 　日本民族の国民的観念として、皇室と国民とは一体不可分である、と私は信ずる。憲法に謂う「天皇は国民の象徴、国民統合の象徴」という字句は、皇室と国民の一体不可分性を明示していると、私は解する。父母を同じくするもの家をなし、祖先を同じくするもの集って民族をなし、国をなす。皇室の始祖はすなわち民族の先祖であり、皇室はわが民族の宗家というべきである。換言すれば、わが皇室を中心として、これを取り巻く家族の集団が、大和民族であり、日本国民であり、これが日本国家を構成しているのである。古くより、君臣一家のごとく相依り相扶《たす》けて、国をなし来たったというのが、日本の伝統であり、歴史である。この伝統、歴史によって、祖先崇拝の大義が生まれ、培われ、わが民族固有の特性にまで発展し、わが国体の拠って以て立つ大本をなすに至ったのである。かくの如く観ぜずして、皇室尊崇の国民的信念を解くことは不可能である。
>
> （『回想十年（下）』・吉田茂[10]）

続いて吉田茂は、日本の歴史が「祭政一致《さいせいいっち》」によって永く生き続けてきたこと、皇室の歴史が国家の歴史となることを述べてゆく。

いずれの国においても、歴史の古い国は、その初めには、祭政一致であった。日本の古代また然りである。しかもわが国では、祭政の中心は皇室であり、それが古代から近代に至る日本史に一貫して変らざる事実である。皇室を中心とする祭事と政事とは一体不可分であり、言わば皇室すなわち国家であり、従って皇室の歴史は国家の歴史であった。そして神道は皇室の宗教であるとともに、国民の宗教でもあったのである。長き歴史の期間においては、一時皇室でも仏教に帰依、信仰せられた事もあったが、その時でもなおかつ神道を本位とする宮中の儀式は終始継続されてきたのである。終戦後、占領時代において、祭政分離の政策がとられるに至ったが、宮中における祭事は、少しも変わるところなく、今日もつづけられている。

（『回想十年（下）』・吉田茂）[11]

日本における〈君臣の在り方〉〈歴史観〉〈国家観〉についてここに示される理念は、本著で御製から辿ってきた昭和天皇の御製に詠じられた民との在り方から、とりわけ第三章で記した歌詞《うたことば》〈国がら〉に象徴した昭和天皇が抱かれる理想と大きく重なってくる。

先の昭和三十年「往きかへり」御製からは、昭和六十三年に至っても尚、「やすらけき世を祈りしもいまだならずくやしくもあるかきざしみゆれど」と、御生涯に渡って理想の社会を祈り続けられながらも、未だ道途中にある口惜しさを詠まれた昭和天皇の、国創りへの理念を同じくした吉田茂が現職に存在しなくなってしまったことへの、昭和六十三年御製に通じる御心までも想われてはこないだろうか。

そしてこの、吉田茂の永眠に際し、昭和天皇は次の哀傷歌二首を詠まれる。

吉田茂追憶　二首

君のいさをけふも思ふかなこの秋はさびしくなりぬ大磯の里

外国《とつくに》の人とむつみし君はなし思へばかなしこのをりふしに

（昭和四十二年）

先の一首は、今となっては無常となってしまった故吉田茂の「いさを」（功績や勲功）を、悲しい知らせの後に毎日毎日思い続けている詠嘆から、さらに人の世の命の無常と共に季節も秋となり秋愁も重なっては、とりわけ今年の秋はその寂しさがとめどなく深まってゆくお思いを、故吉田茂の自邸がある地を表現した「大磯の里」に象徴し、二首目は、「外国《とつくに》の人」と睦《むつ》み交わして戦後日本の建設を成したあの、吉田茂、「君」は今はもういない、どれ程に心の中で追い求めようとも今となっては虚《むな》しいばかり、無常となった今の折り折りにその、君の不在を思っては悲しみばかりが尽きないことを詠まれよう。

深い悲しみの哀傷歌であると同時に、〈日本の歴史〉に故人を讃えて魂に向かう〈鎮魂《ちんこん》歌《か》〉とも言える。

一首目に詠まれた「君のいさを」とは、故吉田茂が戦後日本を創生し、新しい日本国家の将来への方向性となった数限りない礎《いしずえ》を築き上げたことであろう。「いさを」の語源となる『日本書紀』に描かれる勇ましい男性「大丈夫《ますらを》」のイメージも感じられようか。

それら吉田茂の「いさを」を列挙するにあまたあるが、御製の上からは、第一に本章冒頭に掲げた「日本国との平和条約」調印、次に第三章のやはり始まりで記した「日本国憲法」の制定がある。そうして御製には詠まれていないものの、昭和二十七年の国際連合加盟への申請もあろうか。

それらについての詳細は各々の章に譲るとして、昭和天皇御製との関係から「日本国憲法」と言えば、昭和天皇が御生涯に及び常に御祈願された〈平和〉の理念が高らかに謳《うた》われ、明治維新「五箇條《ごかでう》ノ御誓文《ごせいもん》」より、日本近代には既に存在していたと昭和天皇が明言なされた〈民主主義〉(12)が原理とされ、天皇が〈象徴〉となったことがあろう。

これらの理念によって、通史からの見地は第六章に述べることとして、七世紀天智《てんち》天皇が整えた天皇を中心とする律令制以来、日本の伝統となってきて昭和天皇が至高の理想となされた「君民體《くんみんてい》ヲ一《いつ》ニス」[13]、この理念も第二章と第三章で記してきたが、その「君民體《くんみんてい》ヲ一《いつ》ニス」と求めた在り方が、天皇と国民との本来の関係として取り戻され、日本の国の在り方として歴史の上に永遠となったことも考えられる。

何より、昭和天皇「平和条約」御製からも、昭和天皇が御生涯に渡られて最も御祈念された〈平和な日本〉を国際社会と約束し、〈平和な世界〉へ向けて日本が責任を果たしうる国家に独立したことが言えよう。事実、歴史上の大事の度毎《たびごと》に昭和天皇の御製は詠法から歌風まで大きく変化、変質してゆくが、御生涯の御製を通した時に最も大きく御製が一変する歴史こそ、「平和条約」、そのことなのである。この条約発効後の御製は、それまでの多様な御苦悩も消え、清々しく透明感ある詠風へと一変されてゆく様に窺われる。それは「大日本帝国憲法」に定める現人神《あらひとがみ》ではなく、天智天皇以来の律令制下における地上を超越した世界の、何らかの御存在に昇華されてゆかれるかの様な御製への、大きな飛翔となってゆくと言えるほどの歌風なのである。

昭和天皇御自身の理想社会への出発、昭和天皇の日本国における在り方、それが果たされたことによる昭和天皇の御魂《みたま》の本質に新しい息吹を甦らせた吉田茂の「いさを」（功績や勲功）と考えられよう。

二首目「外国《とつくに》の人とむつみし君」とは、昭和十一年六月から昭和十三年十月までの二年間の駐英特命全権大使であった時代[14]の外交官吉田茂の外交や先の大戦中の親英米派としての交流もあろうが、やはりここでの表現は、戦後の外交であり、焦点は占領時代にマッカーサーと「むつみ」（親しく睦み交わし）合って、日本の本質となる文化・思想を尊重しての制度につながる新しい国の姿を誕生させえたことと言えよう。

その、日本の本来の姿を理解した上でのマッカーサー元帥の占領政策について、吉田茂も「わが皇室の理解者としての元帥」[15]として、「元帥の功績の第一は、われわれ日本人からみれば、天皇制を今日の姿において保存維持する上に元帥の立場として許される最大の好意と支持とを与えてくれたこと」と記し、「わが皇室制度を擁護するために、新憲法の制定を始め、各種の遠謀深慮的措置を講じた苦心に対しては、今日われわれは多大の敬意と謝意とを表せざるを得ない」と残している。

そしてマッカーサーの政策の次の功績として、吉田茂は「連合軍の一つとしてのソ連軍による」「北海道の赤化を防いだ」[16]ことを掲げる。

次いで昭和天皇との関係についても、「天皇陛下とマ元帥」[17]として「元帥は、終戦も天皇の詔勅によってできたのであって、天皇が国民の尊崇の的である以上、天皇の了解と援助によらなければ、無用の血戦を重ねることになると考えたのだと思う。『一兵も殺さず、一発の銃声もなく、降伏を終らせた例が、世界のどこの戦史にあるか』と元帥が誇るのも無理からぬことだと思う」と、マッカーサー元帥が昭和天皇御自身を誇りとまで思っていたことを記している。

同様に昭和天皇ご自身も後年になってマッカーサー元帥との思い出を「戦後、マッカーサー元帥を訪問しましたが、元帥は常に秘密を守ることを約束しました。そのために、非常に自由に話ができてよかった」（昭和51年11月6日）[18]と語っている。

日本と皇室の在り方から、それを尊重しての国創りまで、これ程に共通する理念を抱いていた昭和天皇と吉田茂であった。

同時に、この理念の実現への方法においても、たとえば昭和天皇は、第一に憲法遵守を、第二に「国際親善」を政治の根本方針とされたこと（昭和十一年三月九日）[19]が、さらに現存する多くの記録[20]からも、昭和天皇が「軍事よりも外交」を優先方針とされていたことも明確であり、それは吉田茂も同様であった。

この、昭和天皇と吉田茂が同じくする国家創生への方法として、麻生太郎氏（第九十二代内閣総理大臣）も、吉田茂の「戦争で負けて、外交で勝った」政治信念を記している。

祖父の最大の功績は、国際緊張が高まり国論が真っ二つに分かれる中で、西側との多数講和を結び早期独立を回復したことであろう。

敗戦国の首相として祖父が貫いた政治姿勢は、「負けっぷり」をよくすることだった。

これは鈴木貫太郎海軍大将（首相）の助言によるものだった。潔く新しい支配者、連合国軍の占領政策に協力するが、時期を待って日本の国情にそぐわぬものは改めるという姿勢である。

幸運にも祖父は連合国軍総司令官のマッカーサーと波長が合ったということもあり、おおむねこれに成功した。

祖父は、甥にあたる武見太郎（元日本医師会会長）に首相をやる自信があるのかと尋ねられ、「戦争で負けて、外交で勝った歴史がある」と答えたという。

外交官出身の祖父にとっては、外交・貿易によって日本を立て直すことが政治信念であったと思う。当面金のかかる再軍備を拒否し、ひたすら貿易立国を目指した。こうした政策は功を奏し、経済復興は吉田茂の思惑通りに成功した。

その意味では「戦争で負けて、外交で勝った」と言えるように思える。

（『麻生太郎の原点　祖父・吉田茂の流儀』・麻生太郎）(21)

この政治信念が昭和天皇の昭和四十二年御製「吉田茂追憶」二首目に表現された「外国《とつくに》の人とむつみし君」を、ふり返っては一首目で讃えられた「君のいさを」を最も象徴しよう。

ところで吉田茂は、生涯を「臣茂」として通している。

この心を、「臣茂」への非難に対して、「私が『臣』と称したことが、民主主義思想に反するなどと考えること自体、民主主義の本質を弁《わきま》えざる生半可の考え方なり」と反論し、「わが国古来の歴史的観念、伝統的精神よりすれば、皇室がわが民族の始祖、宗家である。これは理論ではなく、事実であり伝統である」[22]と、吉田茂自らが記している。

同様に、麻生太郎氏（第九十二代内閣総理大臣）も、吉田茂について「終生を『臣茂』として生きて」と記す。

これについて祖父は、

「私は、あくまで、親子、君臣に関するわが国古来の伝統は、今後も永くわが日本の道徳の中心、国家秩序の根源たるべきものと確信する。その意味で、私が『臣』と称するを特に非難する精神こそ不可というべきである」と述べ、さらに「私は、私の信念に基づいて用意された原文にわざわざ『臣』の文字を加筆して奉読した」と言った。

そこに、祖父の強い意志が感じられる。

（『麻生太郎の原点　祖父・吉田茂の流儀』・麻生太郎[23]）

日本も国民も究極の絶望にありながら、そのことによっては同時に、日本と国民が〈自由で平和な文化国家〉として国際社会に独立してゆける可能性が無限に在った時代であった。この時代に将来の方向性を決定する理念・思想から心情までが、深く通じ合っていた吉田茂は、形の上では〈君と臣〉であったものの、昭和三十年御製一首・昭和四十二年御製二首からは、昭和天皇にとって形を遥かに超えた交わりであったとも窺われる。それは〝全幅のご信頼〟を寄せての人間的つながりから、さらには〝同志〟とも想われる結び付きであったろうことも想定されよう。ただひとりの君臣の永眠に際して、時の帝《みかど》が二首もの鎮魂歌で大御心《おおみこころ》を表象した歴史は、古来からの帝の和歌には仲々に発見し難く、昭和天皇の「吉田茂追憶」御製二首それ自体が何よりもそのつながりを象徴する。

実は、昭和天皇の御后でいらした香淳《こうじゅん》皇后は、ご生涯に渡り昭和天皇のお心に添われた御歌《みうた》、それらのほとんどがひとつの題や詞書に一首ずつ、時に二首を詠み続けて今に伝えている。ところが吉田茂の永眠に際しては、三首もの、しかも昭和天皇が天皇のお立場で表わしえなかった様なお心まで、ご一緒に詠まれるように表わしている。

その御歌三首。[24]

吉田茂の死をいたみて　三首

君をおもひ国をうれひて九十までありへしものをつひにはかなし

いとせめていつもこのみし薔薇の花そなへまほしと思ひしものを

とつくにの人もはせきて菊の花ともにささぐるはこころうれしき

一首目には、昭和天皇を思い国を憂いて九十歳までもの長寿に在ったものなのに、遂に儚《はかな》くなってしまった吉田茂の無常が詠まれており、吉田茂の〈昭和天皇を思っていた心〉や〈日本国への憂国の情〉の深さが余情にとめどなく広がっては、九十歳までもの長寿を全《まっと》うしていながら、とうとう現世からは空しくなってしまったお悲しみが結句「つひにはかなし」より無限となろう。

二首目では、和歌において非常に痛切な心を表わす伝統歌句《かく》「いとせめて」を初句に置き、初句から既にそのお心の表現で詠み始めては、吉田茂がいつも好み続けていた薔薇の花を供えたいと思っていたものなのに、と詠みなしてゆく、そしてこの、結句「思ひしものを」の逆接表現によって、「はかなし」となってしまった〈無常感〉が、より深く切なく余情となって悲しみを帯びて漂う。

吉田茂が薔薇を愛《め》でたことは、麻生太郎氏（第九十二代内閣総理大臣）も次の様に記す。

祖父、吉田茂は、バラが好きだった。「日本バラ会」の会長をしていたこともあり、バラ作りでも知られていた。

バラは英国を象徴する花である。英国の国花であり、英国の人々のバラに対する愛着は深い。英国びいきの祖父が、バラを愛《め》でたのは不思議でないかもしれない。……祖父は、…中でも白バラを好んだ。そして、バラに限っていえばヨーロッパ系の香りのあるものが好きだった。

「イギリスにいたころは、バラはもっと香りの強いものだと思っていたんだが、日本の花は香りがないね。日本は雨が多いから湿度のせいで香りがうすくなるんだろう」

祖父はこんな話をしていたが、花の季節ともなれば大磯の家の食堂から居間まですべてが立派なバラで埋められていた。

箱根に避暑に行くと、書生にわざわざ大磯から切りたてのバラを届けさせるほどの溺愛《できあい》ぶりだった。

今上《きんじょう》陛下ご成婚のとき、「プリンセスミチコ」と名付けられたバラがアメリカから献上された。祖父は感激して、丹精込めて自分のバラ園で栽培した。「プリンセスミチコ」は大磯の私邸から日本国内に広まったと聞いている。

今年もまた「プリンセスミチコ」は、日本各地で気品のある花を咲かせているはずである。

（『麻生太郎の原点　祖父・吉田茂の流儀』・麻生太郎）(25)

御歌からはこの、麻生氏が記述するとおりの、三句目「薔薇の花」に象徴した華やかさや吉田茂が愛でた心と共に、とめどない悲しみと空しさの中にではあるが、愛でた「白バラ」に囲まれている吉田茂のみ顔が典雅な香りの中から豪快に映る様ではないか。日本画を好まれていらした香淳皇后ならではの、絵画的で彩《いろどり》豊かな歌風と印象される。

そして三首目に入っては、昭和天皇の御製に「外国《とつくに》の人とむつみし君」と讃えられた吉田茂の「いさを」（昭和天皇昭和四十二年御製）を、香淳皇后もご一緒に讃える様に「とつくにの人もはせきて」（外国の人も急ぎ来て）と表わし、現世から旅立った方に捧げる花ではありながらも、日本の伝統的な美華「菊の花」を三句目に象徴的に明示しては、戦後の〈自由で平和な文化国家日本〉を表象するかの様な表現とも受けとめられる中に、そういう国家と、そういう国家を創った吉田茂への讃歌ともなってゆく調《しらべ》が流麗となろう、その絵画的歌風は、二首目から連作となってつながり絵巻物語の様に展開しながら、吉田茂への讃歌を結句「こころうれしき」に完結してゆく。

このとおり、香淳皇后の御歌《みうた》においても、「吉田茂の死をいたみて」の詞書で三首もの御歌が残されていて、そこに表象されたお心は、天皇のお立場ゆえに表わし尽くせなかった昭和天皇のお心に添われての、香淳皇后の表現と想われる。

ここに至り、再び「吉田茂追憶」の歌題による御製二首に立ち戻るならば、御製はひとりの臣への哀傷歌にはとどまりえない、日本国の再建から創生にあたって誰よりもご信頼を置かれた〝唯一の同志〟への魂の次元までに深められた〈魂鎮《たましず》め〉ともお窺いされる。

そして二首の深奥には、故吉田茂への鎮魂と融合して、戦後最ものご苦難を一体となされて越えてきた人物の喪失によって、ご自分の人生の一端までもが遠くへ消え去ってしまわれたかの様な昭和天皇のお寂しさもご悲哀も余情に漂う様であろう。

そうして昭和三十年御製から通して、昭和四十二年二首も併わせた御製三首は、昭和天皇の詠歌の方法から歌風、歌境までをも御生涯の中で最も大きく変質させた「平和条約」を成し遂げた吉田茂の、歴史上の功績から外交の方法を永く後世に讃え、次代の日本へひとつの啓示となって輝やきを放ちながら、永く生き続ける御製とお窺いされる。

この、吉田茂を同志とされての昭和天皇の国創りが、日本の歴史においてどの様《よう》な輝やきを放つかについてはまた、「終　章　天皇の永遠性　範となされた天智天皇　思慕された後鳥羽上皇」において、これまでの二千年の日本の歴史と未来へ生きる一千年の歴史の中で展望してゆきたく、そこにおいて吉田茂は、天智天皇と共に大化改新を成し遂げた藤原鎌足としての姿とも重なって、日本の歴史に永久に生き続けることが鮮明となろう。

「日本国憲法」が施行されようとも、「平和条約」が発効しようとも、しかしながら、昭和天皇の御胸の内には御生涯に渡って決して消えることのない御悲痛が生き続けていらしたとお窺いされる。

そしてそのお思いは、むしろ日本が、昭和天皇の理想とする〈自由と平和とを愛する文化国家〉として成熟すればするほどに深い御痛恨となられてゆく様に拝察される。

＊

那須にて　八月十五日

夢さめて旅寝の床に十とせてふむかし思へばむねせまりくる

（昭和三十年）

詞書「那須にて」から御製「旅寝の床」に入り、那須の旅枕での旅情と思われながら、しかし、特に記された右註「八月十五日」と結句「むねせまりくる」の表現からは、昭和天皇の並々ではない御悲痛が読みとれる。もちろん、終戦記念日に当たっての御悲痛となろう。眠りも浅くしかならなかった夢から覚めて、旅に出ての仮寝の床に昭和二十年終戦から十年と言うその昔を思うと、切なくも悲しくもお胸が迫られてくることが詠まれる。

初句に表現される「夢さめて」は、平安時代末期、式子内親王の和歌「ちたび打つ砧《きぬた》の音《おと》に夢さめてもの思ふ袖の露ぞくだくる」（『新古今和歌集』・秋）以来、もの思いのためにとめどなく涙が流れる尽きない悲しみを表わしてきた伝統表現、また、「旅寝の床」も「夜な夜なの旅寝《たびね》の床に風冴《さ》えて初雪降れる佐夜《さや》の中山」（『千載和歌集』・羇旅・八条前太政大臣）に見るとおり、旅にあっての仮寝の床の冴え渡る冷たさに旅に出ての孤愁も象徴してきた、これも伝統となる表現であった。

これらの伝統和歌による表現を背景としながら、さらに重ねての「むかし思へば」に表わされる懐旧から、昭和天皇が最も御悲痛を表わして御生涯に表現する独自の歌句《かく》「むねせまりくる」と結ばれては、終戦十年を経ての昭和三十年に至った八月十五日終戦記念日における昭和天皇の御痛恨は極限に達する様にお窺いされる。この後、昭和天皇は戦争への御痛恨、戦争によって命を無常とされ人生を失なわされた人々への御悲哀の究極を、この、「むねせまりくる」によって表わされ、それは御生涯に及び綿々と続いてゆく。

そして、その表現の御製が、「平和条約」発効後に日本が国際社会へ復帰してから、実は、公となっていらっしゃる御製ではこの一首から拝見され始めてゆく。

日本が昭和天皇の理想とされる国家へ再生し、出発し始めると同時に、今度は、逆に、戦争への御痛恨は深く重く御胸の内に沈まってゆくと言えよう。そうして昭和天皇は、国事に殉じられた全ての人々の霊を思われる御製を詠まれてゆく。

靖国神社九十年祭

ここのそぢへたる宮居の神がみの国にささげしいさををぞおもふ

（昭和三十四年）

靖国神社は明治二年、戊辰戦争で戦死した人々の招魂祭を行なった東京招魂社に由来を発し、安政の大獄以来の国事殉難者を祭っていた京都招魂社の祭神も合祀《ごうし》して、明治十二年に以後の戦死者を合祀する社《やしろ》となった。天皇が親拝する特別な神社で、この御製は明治二年の創建から九十年を経た「九十年祭」に際して九十年の間に国事に殉じ「宮居の神がみ」となった人々の、国に捧げた勇気による功績を思うことが詠まれよう。

同じ年、昭和天皇はさらに、国のために命を捧げた人々のことを思っての「胸せまりくる」御悲哀を詠まれる。

千鳥ヶ淵戦没者墓苑

国のため命ささげし人々のことを思へば胸せまりくる

（昭和三十四年）

「千鳥ヶ淵戦没者墓苑」も戦争によって命を絶たれた人々の墓苑であるが、無名の戦没者を祭る。が、無名の人々だからこそ、むしろ、昭和天皇の御胸の内には国のために命を捧げた人々へより強く「胸せまりくる」お思いを抱かれたのであろう。

そして昭和三十七年、日本遺族会創立十五周年にあたっては、戦争によって人生の絶望を余儀なくされた多くの人々への御悲痛を表わしてゆく。

日本遺族会創立十五周年

年あまたへにけるけふものこされしうから思へばむねせまりくる

（昭和三十七年）

戦争を終結させてから、幾年もの年月を経た今日であるが、その今日の日もまた、戦争で命も人生も絶たれてしまった人々から残された親族を思われての「むねせまりくる」お切

なさが伝わろう。また、

傷痍軍人のうへを思ひて　二首

国守《も》ると身をきずつけし人びとのうへをしおもふ朝に夕に

年あまたへにけるけふも国のため手きずおひたるますらをを思ふ

（昭和三十七年）

詞書のとおり戦争で負傷した軍人の人々のうえを思って詠まれた二首となる。国を守ろうと覚悟を定めて自分の身を傷つけた人々を朝に夕に思う御心、同じく、戦争から多くの年月を経た今日も、国のために手傷を負ってしまった「ますらを」（益荒男・大丈夫〈表記著者〉）、雄々しく立派な男性を思う御心が真直に伝わろう。そして、

遺族のうへを思ひて　二首

忘れめや戦《いくさ》の庭にたふれしは暮しささへしをのこなりしを

国のためたふれし人の魂《たま》をしもつねなぐさめよあかるく生きて

（昭和三十七年）

今度は戦争で逝ってしまった人々の遺族の身の上を思って、希望を願う御製となってくる。一首目では、あの、悲惨な戦場で倒れた人々は一家の暮しを支えた大黒柱の男性であったことを忘れることがあろうか、いや、決して忘れることはないとの御決心が初句「忘れめや」から打ち出されて表現される。そして二首目に入って今度は、遺族の人々へ、戦争で失なった人々は確かに一家を支えたであろう大事な男性であったろうが、それでも国のために倒れていった人の「魂《たま》」をこそ、いつもいつも慰霊しておくれよ、弔《とむら》う人々こそが明るく生きて戦死者の魂《たましい》をなぐさめてほしいと願う御製へとなってゆく。

昭和天皇から歴史上の戦争で無常となっていた全ての人々への尽きない〈鎮魂〉。

これら一連の御製と関連して、昭和天皇は人々へお心を伝える公の場においても、千鳥ヶ淵戦没者墓苑竣工追悼式では「さきの大戦で身を国家の危急に投じて倒れた多くの人々と遺族を思い、つねに哀痛の念にたえない。いま切々と胸に迫るものがあり、深く哀悼の意を表する」（昭和34年3月28日）[26]と、また、日本傷痍軍人会創立十周年記念全国大会でも、「いろいろの苦難に耐えながら、互に励まし助け合って更生し、世のためにつくしていることは、私の深く喜びとするところです。これからも不自由な身をいとい、相協力して、さらに国家社会に寄与するように希望します」(昭和37年10月16日)[27]と、御製に詠まれた「切々と胸に迫る」御胸の内を、ご発言されている。

この翌年、昭和三十八年八月十五日からは、政府主催の全国戦没者追悼式が日比谷公会堂で行なわれることとなり、その、「第一回全国戦没者追悼式」でも昭和天皇は、御製に詠まれた御悲痛なお胸の内をそのままに表わすかの様に、吐露なされた。

さきの大戦において戦陣に散り、戦火に倒れた数多くの人々をいたみ、またその遺族を思い、つねに胸のいたむのをおぼえる。終戦以来、全国民とともにわが国の復興発展と世界の平和を祈念してここに十有八年、本日親しくこの式典にのぞみ、万感胸に迫り、ここに深く追悼の意を表する。

(昭和38年8月15日)[28]

本、第四章の、この節の始めに掲げた「八月十五日」の一首から詠まれ始める「むねせまりくる」お思いは、「いま切々と胸に迫る」「万感胸に迫」るお思いとして、日本が国際社会への独立を果たした後に、むしろ、強い御痛恨となり、最晩年に至るまでも御生涯に渡って深く強く御胸に入ってゆき、また、昭和天皇はその御悲痛を御製に表わされてゆく。

先の五首を詠まれた昭和三十七年、昭和天皇は明治天皇五十年祭に際して京都・桃山御陵を御参拝されては、また「むねせまりくる」を表わす御製を表わされる。

桃山に参りしあさけつくづくとその御代を思ひむねせまりくる
（昭和三十七年）

桃山御陵　三首（内一首）（括弧と括弧内著者）

桃山御陵にご参拝された朝明《あさあ》けは、つくづくとその、明治の御代《みよ》を思い「むねせまりくる」お思いであることが詠まれる。この御詠の「むねせまりくる」の表現は様々に受けとめられようが、昭和天皇の御生涯に詠まれた御製の全体からは、この表現は戦争による悲惨からの御切迫感を表わすと解される歌句《かく》で、この御製から仮りに記すならば、一首には明治時代に起こった二十七年からの日清戦争、三十七年開戦の日露戦争などの大きな対外戦争と、それらによる当時の日本国民が受けた戦災全てへの御悲痛も想起されよう。そうして、明け方早く桃山御陵に御参拝された昭和天皇の御前に広がる「あさけ」の景には、太陽が昇ろうとする折りの光への祈りも余情に視《み》え感じられてはこないだろうか。

昭和天皇は御生涯に及び明治天皇を御崇敬なされていらっしゃり、とりわけ〈平和ご愛好のご精神〉と、日本にも既に明治の御代において民主主義が在ったとされる「五箇條《ごかでう》ノ御誓文《ごせいもん》」とを御尊重されていた所、明治天皇の創り上げた理想はそれとしてお大切にされつつも、しかし、歴史の上で今後ともに絶ってゆかなくてはならない事へも、ご自分の時代の悲惨さと同じ「むねせまりくる」お思いを抱かれた様にも受けとめられる。

〈戦争による悲惨〉はいつの時代のどの戦いであろうとも、昭和天皇には決してあってはならないものと御心深くお思いを定めておいでだったと窺われよう。

この間、昭和天皇は、昭和三十六年四月二十九日、六十御賀を迎えられる。

御製二首（三首の内）。

六十の賀　三首（内二首）（括弧と括弧内著者）

ゆかりよりむそぢの祝ひうけたれどわれかへりみて恥多きかな

むそとせをふりかへりみて思ひでのひとしほ深きヨーロッパの旅

（昭和三十六年）

先の御製は人間的つながりのある縁者から六十御賀の祝いをうけたけれども、ここに至るまでの六十年の人生をふり返って、恥の多いことを御感慨なさる。

ここで表わされた「恥」を御生涯で公となっている全ての御製や、昭和天皇が残されたお言葉から窺わせていただけるならば、ひとつとしては、戦争を喰い止められなかった事が想定されようか。

それは後の記者会見で昭和天皇は、「六十年生きてきて、何ひとつ立派なことができなかったことを悔いている。これから国民のために、できる限りのことをやっていきたいと思う。国際親善のためにも尽くし、世界の平和を願っている」（昭和38年8月29日）[29]と述べられ、御悔恨と「国際親善」とへのお思いを抱いていらっしゃり、この様な世界平和へのご希求の奥には、戦争の現実への大きな絶望が自然に想われてくるからである。

そして戦争責任についての貴重なお言葉も残っている。

「申すまでもないが、戦争はしてはならないものだ。こんどの戦争についても、どうかして戦争を避けようとして、私はおよそ考えられるだけは考え尽した。打てる手はことごとく打ってみた。

しかし、私の力の及ぶ限りのあらゆる努力も、ついに効をみず、戦争に突入してしまったことは、実に残念なことであった。ところで戦争に関して、この頃一般で申すそうだが、この戦争は私が止めさせたので終った。それが出来たくらいなら、なぜ開戦前に戦争を阻止しなかったのかという議論であるが、なるほどこの疑問には一応の筋は立っているようにみえる。如何にも尤《もっと》もと聞こえる。しかし、それはそうは出来なかった。

申すまでもないが、我国には厳として憲法があって、天皇はこの憲法の条規によって行動しなければならない。またこの憲法によって、国務上にちゃんと権限を委ねられ、責任をおわされた国務大臣がある。

この憲法上明記してある国務各大臣の責任の範囲内には、天皇はその意思によって勝手に容喙《ようかい》し干渉し、これを制肘することは許されない。
だから内治にしろ外交にしろ、憲法上の責任者が慎重に審議をつくして、ある方策をたて、これを規定に遵《したが》って提出して裁可を請われた場合には、私はそれが意に満ちても、意に満たなくても、よろしいと裁可する以外に執るべき道はない。」

「だが、戦争をやめた時のことは、開戦の時と事情が異なっている。あの時には終戦か、戦争継続か、両論に分れて対立し、議論が果しもないので、鈴木が最高戦争指導会議で、どちらに決すべきかと私に聞いた。

ここに私は、誰の責任にも触れず、権限をも侵さないで、自由に私の意見を述べ得る機会を、初めて与えられたのだ。だから、私は予《かね》て考えていた所信を述べて、戦争をやめさせたのである。」

（昭和二十一年二月）(30)

明治憲法下において、天皇は統治権の総攬《そうらん》者とはされていたものの、実際には行政権を持つ内閣、立法権を持つ議会、司法権を持つ裁判所、これら三権を有する機関が決定権を持っていた。それらの機関の決定に対して天皇は裁可権を持ってはいたが、それを使えば議会の意味を失なわせるために、実際には行使はされなかった。そのために、議会が決定した先の大戦の開戦を天皇が喰い止めることは不可能であったことを述べている。

しかし、終戦の決定の方法は違っていた。時の鈴木貫太郎内閣総理大臣が昭和天皇に終戦か戦争継続かの御聖断を仰いだことにより、誰の責任にも触れず権限も侵さないで御聖断を下すことが可能となったことであったとされる。

ここで、御製との関連において肝心なことは、戦争はしてはならないもの、先の大戦についても何とか戦争を回避しようと考えられる限り考え尽くし、手を打たれたこと、しかしついに戦争に突入してしまったことは実に残念なことでいらした、とのお考えである。昭和天皇には、開戦を喰い止めることができなかったことへのお思いは、御痛恨の極みとして御胸に残っていらしたことがお窺いされる。

また後の御製は、六十御賀を迎えられ、六十年をふり返ってみては、人生の中で思い出がひとしお深いことであった「ヨーロッパの旅」、このご旅行については第一章で記したが、そのお旅を詠まれる。

その後、昭和四十五年、七十御賀を迎えても昭和天皇は、その時には五十年以前となっていた西欧諸国への、その日にも忘れられないお旅へのご記憶を詠まれる。

七十歳になりて　四首（内一首）（括弧と括弧内著者）

ななそぢになりしけふなほ忘れえぬいそとせ前のとつ国のたび

（昭和四十五年）

これ程までに昭和天皇のご記憶となった大事とは、どの様《よう》なことだったのか。

第一章に記したとおり、昭和天皇はヨーロッパへご旅行なされた時の深いご印象を語っていらして（昭和45年9月16日）[31]、それこそが、英国のキング・ジョージ五世から直接に学ばれた「立憲君主制」における「君主の在り方」（昭和54年8月29日）[32]であったとされる。その中での君主とは、絶対君主制とは異なり、憲法で制限されて、憲法に従がい政治を行なう在り方とされる。

ジョージ五世から学ばれたこの、「立憲君主制」を御自《おんみずか》らの「君主の在り方」とされていた昭和天皇には、議会を通じて国民が統治権を行使する「君臨すれども統治せず」となる「在り方」を理想としていたことが考えられ、昭和二十一年二月に語られたとおり、当時の憲法下にあって先の大戦の開戦を拒否することは不可能であったと考えられよう。

　事実、昭和天皇は昭和二十一年二月のお言葉の中で、天皇のお心持ち次第で裁可や却下をすれば、憲法上の責任者として国政に責任をとることが出来なくなる例を述べられ、

「これは明白に天皇が、憲法を破壊するものである。専制政治国ならばいざ知らず、立憲国の君主として、私にはそんなことは出来ない」(33)

と、先の大戦を却下できなかったお考えを残している。

　同じく、昭和天皇は、第二章・第三章で記した様な日本古来の、民が治政の在り方を決め、その統治を天皇が承認することによって民の政治に正当性を持たせながら、どの時代にあっても天皇が民と共に国を治めてきた歴史が日本の「君《きみ》と民《たみ》との在り方」として伝統であると尊ばれていて、近代に入って言われる「君民同治」、とりわけ昭和天皇が理念となされた「君民同治」よりも高い次元と理解される〈君民體《くんみんてい》ヲ一《いつ》ニス〉(34)の考え方に共通する理想からは、議会が決定した先の大戦の開戦を拒否できなかったことは当然に考えられる。

　憲法下で正しい道を貫ぬかれた昭和天皇は、今度は、そのことから生じた戦争による日

本国民と日本国の究極の悲惨と絶望に、御生涯に及び「胸せまる」お思いを抱き続けられたことが、公となっている御製には表わされる。

そのお思いは、そして、「平和条約」によって、日本が昭和天皇の理想となさる〈自由と平和とを愛する文化国家〉に成熟してゆくに伴なって、今度は逆に御胸に芽生えては、その中で深くなってゆく様に御生涯の御製からは拝察される。

❀

「サンフランシスコ平和条約」調印後の昭和天皇は、GHQによる占領時にも増して、御視察や植樹祭にお力を入れてゆかれる。

戦後日本においての〈天皇三大行事〉と言われる行事に、〈植樹祭〉〈秋の国体〉〈八月十五日全国戦没者追悼式〉があって、先の二つの行事に詠まれた御製については第三章までにも記しており、最後の行事でお詠みの御製についても本章で先に深く記してきた。

そうして、それらの御製が詠まれた時期は「サンフランシスコ平和条約」が調印された年、昭和二十六年あたりから、朝鮮特需・神武景気・岩戸景気・いざなぎ景気によって日本が急激な高度成長を遂げ、いよいよ昭和四十三年にGNP世界第二位に達するばかりか、昭和三十九年のオリンピック東京大会・昭和四十五年の日本万国博覧会で経済のみならずスポーツ・文化においても日本が国際国家として国際社会の一翼を担ってゆくことが認められ、ようやく日本国民全ての人間の念願であった昭和四十六年六月十七日に「沖縄返還協定」が調印される時期を迎えた時代であった。

この間の御製は、とりわけ〈戦後天皇三大行事〉となる国民と一体になりうる場での御詠は、年を追う毎に、いや、一首を追う毎にそこに至った日本をお嬉しみ、雄々しくお思いになりながら、〈将来の日本〉のさらなる繁栄を望まれるお心で寿《ことほ》ぎ、一層の国の弥栄《いやさか》を〈祈る〉御心へ高く昇ってゆく様に感覚される。

それは昭和二十九年あたりを契機として、昭和三十三年からは明確に「いやさかゆ」（弥栄ゆ）・「代々をかさねて」・「ををしくも立ちなほりたり……いま」（雄々しくも立ち直りたり……今）との歌句《かく》で、ようやく、今こそ、日本が復興したことをお慶びになりながらさらなる繁栄を祈ってゆくお心の、直接的な表現となっている。

この時期の、そういうテーマを詠まれた御製は国民との一体感も感じられる様に容易な口語調で詠まれていて、そこからは清々しい高揚感までも伝わる。それら一首一首の御製を、御詠が高みへと導いてくれる様に伴なわれながら追ってゆきたい。

昭和二十七年（平和条約・安保条約発効の年）

東北地方視察の折に

福島県　（二首の内一首）（括弧と括弧内著者）

うちあぐる花火うつくし磐城なる阿武隈川の水にはえつつ

（福島県の阿武隈川の水面に映えながらの、打ち上げられる花火の美しさへの感動）

山形県　（二首の内一首）（括弧と括弧内著者）

豊年のしるしを見せてうちわたす田の面はるばるつづく稲づか

（日本の民の生活の基盤であり、文化・信仰の柱となる稲づかが、豊年のしるしを見せてはるばると続く山形県の風景が、視界全体に広がっている国見《くにみ》）

昭和二十八年（奄美群島が日本へ返還の年）

四国地方視察

四国の復興

戦《いくさ》のあとしるく見えしを今来ればいとををしくもたちなほりたり

（戦争の跡が著しく見えた荒廃の地を、今、来てみると大変に雄々しく立ち直った四国の復興の姿）

昭和二十九年（教育二法公布・自衛隊発足の年）

兵庫県植樹祭

人々とうゑし苗木よ年とともに山をよろひてさかえゆかなむ

（国民と共に植えた兵庫県の苗木に、年を追うごとに山を鎧《よろ》って栄えていってほしい願い）

岩手県　（二首の内一首（括弧と括弧内著者））

たへかぬる暑さなれども稲の穂の育ちを見ればうれしくもあるか

（岩手県の堪えかねる暑さではあるが、稲穂の成育を見ると、嬉しくも感動しては、稲穂を讃える慶び）

社会事業を

おほきなるめぐみによりてわび人もたのしくあれとわれ祈るなり

（社会事業の偉大な恵みによって、わび人も楽しくあることへの祈り）

洞爺丸遭難　二首（内一首）（括弧と括弧内著者）

そのしらせ悲しく聞きてわざはひをふせぐその道疾くとこそ祈れ

（北海道御巡幸の折りにご乗船された洞爺丸《とうやまる》が後に転覆、千百五十五名が死亡した事故、その知らせを悲しく聞いての哀傷と、水難事故の災いを防ぐ方法を早く完備してほしいとの未来への防災への祈り）

（昭和二十一年から始まった御巡幸はこの年の北海道への御巡幸で終了した）

昭和三十年（神武景気の時代）

相撲

久しくも見ざりし相撲《すまひ》ひとびとと手をたたきつつ見るがたのしさ

（昭和十二年七月以来、戦中戦後の十八年間にも及び久しく見なかった相撲を、国民と一緒に手をたたきながら見る楽しさ）

日本鋼管川崎製鉄所

新しきざえに学びて工場にはげむひとらをたのもしと見つ
（新しい技術を学び工場の仕事に励む人々を頼もしく「見」る国見）

浦島ヶ丘に立ちて

いくさのあといたましと見し横浜も今はうれしくたちなほりたり
（四国から続き、戦争の荒廃が痛ましいと見ていた横浜も今は嬉しい姿に立ち直ったお慶び）

昭和三十一年（日本が国際連合に加盟の年）

山口　岡山両県の旅

山口県植樹祭

木を植うるわざの年々さかゆくはうれしきことのきはみなりけり
（植樹祭で木を植える技が毎年毎年向上してゆくことは、嬉しいことの極み、至上の嬉しみであること）

関西の復興

いくさのあといたましかりし町々もわが訪ふごとに立ちなほりゆく
（四国・横浜と同じく、戦さで荒廃した跡も痛ましかった関西の町々も、わたくしが訪れる毎に立ち直ってゆく慶び）

大阪市立弘済院

世のなかをさびしく送る老人にたのしくあれとわれいのりけり
（昭和二十九年「わび人」へと同じ様に、人の世の中を寂しく送る老人たちに楽しくあってほしいと祈られた思い）

エチオピアの皇帝を迎へて

外国《とつくに》の君をむかへて空港にむつみかはしつ手をばにぎりて
（終戦から十年を経、戦後初めて国賓として来日したハイレ・セラシエ皇帝を迎えて、空港で手を固く握り合い睦み交わした感動）

農業技術研究所を見て

新しきざえに学びて田づくりのわざも日に日に進みゆくなり

（昭和三十年日本鋼管御視察と同じく農業技術研究所をご覧になって、新らしい技術を学んで日に日に進みゆく「田づくり」農業技術への慶び）

昭和三十二年（南極昭和基地設営の年）

歌会始　ともしび

港まつり光かがやく夜の舟にこたへてわれもともしびをふる

（神戸港まつりの光も輝やく夜の舟に、国民の歓喜に応じて昭和天皇も提灯を振られる一体感）

四十周年記念に際し全国民生委員に

さちうすき人の杖ともなりにけるいたつきを思ふけふのこの日に

（幸い薄い人の杖ともなってきた全国民生委員の設立以来四十年に及ぶ労苦を思う、今日その日の激励）

静岡県立三方原学園

親にかはるなさけに子らのすくすくとのびゆくさまを見ればたのもし

（親を失くしながらも、親に代わる愛情をうけて子供たちが元気に成長してゆく様子を目《ま》の当たりにご覧になられる頼もしさ）

浜松の宿にて

いくさのあといたましかりし此の市もほかげあかるくにぎはへる見ゆ

（四国・横浜・関西と同じく、敗戦による荒廃が痛ましかった浜松のこの市も火影《ほかげ》明るくにぎわっている姿を見る慶びの国見）

昭和三十三年（特急こだま号が運転開始・正田美智子様の皇太子妃御決定に国中がわいた年）

関門国道トンネルを見て

人の才《ざえ》を集めて成りし水底《みなそこ》の道にこの世はいやさかゆかむ

（人間の英智を集めて成った水底の道、その関門国道トンネルに、人間社会の成す才と技と、日本社会がさらに栄えようとの、弥栄《いやさか》を寿《ことほ》ぐ国見）

大分県植樹祭

美しく森を守らばこの国のまがもさけえむ代々をかさねて

（美しい森を守るならばこの日本の国の邪悪も避けられるであろう、いついつまでも歴史を重ねて、と、日本が災いなく永遠に平穏であることへの祈り）

九州復興

たびたびの禍《まが》にも堪へてををしくも立ちなほりたり筑紫路はいま

（昭和三十二年以降、九州西部は頻繁な豪雨などで五百人近い死者を出しながら、その禍《まが》にも堪えて雄々しくも復興した筑紫路の今、その時の姿への慶賀）

狩野川台風

思ひ出の多き川とてひとしほにその里人のいたましきかな

（思い出も多い川としてあった狩野川、その狩野川の台風二十二号で亡くなった三百人を越す伊豆の里人へのひとしおの痛ましい思いと哀傷）

富山市の復興

県庁の屋上にしてこの町の立ちなほりたる姿をぞ見る

（富山県庁の屋上に立ってこの町、富山市が、四国・横浜・関西から浜松へと続いて立ち直った姿をこそ見る慶び、復興への国見）

立山連峰

高だかとみねみね青く大空にそびえ立つ見ゆけふの朝けに

（大正十三年陸軍大演習で仰いだ霊山立山連峰の、高々と各々の峰が青く大空にそびえ立つ姿を、今日の朝明《あさあ》けに見た国見と山岳信仰）

社会福祉法人ルンビニ園

御ほとけにつかふる尼のはぐくみにたのしく遊ぶ子らの花園

（曹洞宗尼僧団が営む児童養護施設ルンビニ園で、御仏につかえる尼たちの育みに、楽しく遊ぶ子供たちへの花園に喩《たと》える楽しみ喜びと、御仏への感謝）

比国のガルシア大統領および
夫人を迎へて　三首

外国《とつくに》のをさをむかへついさかひを水にながして語らはむとて

戦《たたかひ》のいたでをうけし外国のをさをむかふるゆふぐれさむし

喜びて外国のをさかへるをば送るあしたは日もうららなり

（フィリピン国ガルシア大統領夫妻を迎えて、先の大戦での「いさかひ」（諍い）「を水にながして」語らおうとの思いで外国の元首をお迎えされたお心、そのお心から戦争で痛手を受けた外国の大統領を迎える夕暮が争い時を思う様に寒かった「さむし」感覚、が、その大統領が「喜び」の中で帰国することをこそ見送る朝の日の穏やかさと喜び、まで）

昭和三十四年（今上《きんじょう》陛下と皇后陛下の御成婚・岩戸景気の年）

埼玉県植樹祭　四首（内一首）（括弧と括弧内著者）

雨はれし武蔵の野辺はてもなく麦生《むぎふ》青あをとうちつづきたり

（雨が晴れた武蔵の野辺が果てもなく、日本人の食生活の基本ともなる麦畑が青々とどこまでも続いている美しさへの眺望）

愛知　三重　岐阜三県の風水害

たちなほり早くとぞ思ふ水のまがを三つの県の司に聞きて

（愛知・三重・岐阜三県の風水害による被害状況を三県の各知事に聞いて、三県の立ち直りが一日も早くと思われる願い）

昭和三十五年（日米新安保条約の調印・安保闘争高揚の年）

米沢市

国力《くにぢから》富まさむわざと励みつつ機織《はた》りすすむみちのくをとめ

（江戸時代の米沢藩主上杉鷹山が奨励して特産となった米沢織を行なう陸奥《みちのく》の乙女たちが、これこそは国力を富《ゆた》かにする技であると励みながら、機織りを進めていることへの奨励と、国力への祈願）

昭和三十六年（農業基本法が公布・昭和天皇の吹上御所が完成の年）

長崎復興

あれはてし長崎も今はたちなほり市の人びとによろこびの見ゆ

（四国・横浜・関西・浜松・富山から続いて、荒廃していた長崎も今はもう立

ち直り、市民の様子に喜びが見えることからの、同じく慶びと国見）

北海道植樹祭

モラップ山麓　二首（内一首）（括弧と括弧内著者）

ひとびととあかえぞ松の苗うゑて緑の森になれといのりつ

（北海道の植樹祭で、その地の人々と、その地に産するあかえぞ松の苗を植えて、民への災いを防ぎ国を守る緑の森になれよと祈られたこと）

昭和三十七年（テレビ受信契約数千万台突破の年）

福井県の復興

地震《なゐ》にゆられ火に焼かれても越《こし》の民よく堪へてここに立直《たちなほ》りたり

（昭和二十三年の福井大地震やその後の大火災が続きながらも、越前の民たちよ、よく堪えて今ここに立ち直ったとの感動と激励）

岡山国民体育大会

岡山のあがためぐりて国体にただしくきそふ若人を見つ

（岡山県をめぐってきて、国体で正しく競う若人を見た国見と奨励）

昭和三十八年（鶴見事故・三井三池炭鉱爆発事故が起こった年）

宮城　青森県の旅

仙台の復興

青葉しげる城より見れば仙台市たちなほりけり眺めもあらたに

（四国・横浜・関西・浜松・富山・長崎から、今度は東北仙台、青葉がしげっている城から見ると、何とも美しく眺めも新らしく仙台市が立ち直っている姿への国見と感慨）

青森県植樹祭

みちのくの国の守りになれよとぞ松植ゑてけるもろびとと ともに

（青森県の諸人と一緒に松を植えての、陸奥国への国の守りになれよとの祈願）

横須賀線および三池炭鉱の二大事故

大いなる禍《まが》のしらせにかかることとふたたびなかれとただ祈るなり

（合計六百名の死者を越える横須賀線と三池炭鉱との二大事故の大きな「禍《まが》」の知らせに、この様なことが二度と再び無い様にと御一心からの祈り）

昭和三十九年（東海道新幹線が開業・オリンピック東京大会が開催された年）

諏訪湖精密工場

みづうみの辺にたちならぶ工場のさかえゆかなむ日を経るごとに

（諏訪湖の辺りに立ち並ぶ精密工場の、日々栄えいってほしいとの祈願）

昭和四十年（中教審の「期待される人間像」中間草案が発表・べ平連のデモが初めて行なわれた年）

岡山　鳥取　島根　京都府県の旅

新幹線　二首（内一首）（括弧と括弧内著者）

四時間にてはや大阪に着きにけり新幹線はすべるがごとし

（昭和三十九年十月一日に東京・新大阪間が開通した新幹線では四時間で早くも大阪に着いてしまった感動と、その新幹線のすべる様な速さの〈科学の進歩〉への驚きと喜び）

昭和四十一年（いざなぎ景気の年）

愛媛県植樹祭

久谷村大久保　二首（内一首）（括弧と括弧内著者）

久谷村を緑にそむる時をしもたのしみにして杉うゑにけり

（愛媛県の大久保で久谷村全体を緑色に染める時をこそ楽しみにして杉を植えた慶びと、美しい風景や繁栄や村人の平安も楽しみに思われる願い）

昭和四十二年（初めての「建国記念の日」が実施・自動車保有台数千万台を超えた年）

民生委員制度五十周年にあたり

いそとせもへにけるものかこのうへもさちうすき人をたすけよといのる

（制度が整ってから五十年も経てしまったものとの民生委員制度への感慨と、今後も幸うすい人々を援助してほしいことへの祈念）

昭和四十三年（明治百年記念式典開催・ＧＮＰ世界第二位となった年）

秋田県田沢湖畔の植樹祭に臨みえざりしを

惜しと思ひて　二首（内一首）（括弧と括弧内著者）

鉢の土に秋田の杉を植ゑつつも国の守りになれといのりぬ

（秋田県の植樹祭に臨むことができなかったことを惜しく思われて、鉢の土に秋田杉を植えながらも、いつもの植樹祭と同様に、杉の木が育成されて国の守りになれよと祈った願い）

稚内公園

樺太に命をすてしたをやめのこころを思《も》へばむねせまりくる

（終戦後に千島列島からも侵攻したソ連軍は、八月二十日未明には北海道真岡にも砲撃を開始、戦闘に入った。その地、真岡郵便局の九人の若き交換手は最後まで職場を死守しながら、ソ連が踏み込む寸前に自決したと残る。この「九人の乙女の像」が、稚内《わっかない》の遥か樺太を望む「氷雪の門」（樺太島民慰霊碑）と共に立っている。その手弱女《たおやめ》たちの、樺太で命をすてた心を思われての苦しく切ない「むねせまりくる」お胸の内）

昭和四十四年（東名高速道路全通の年）

仁別森林公園にて

下草のしげれる森に年へたる直き姿の秋田杉を見つ

（下草がしげっている仁別森林公園の森に、年を経た「直き姿」（正しい形で真直に成長した姿）の秋田杉を見た国見と祈り）

昭和四十五年（日本万国博覧会が開幕・日米新安保条約が自動延長となった年）

福島県植樹祭

磐梯

松苗を天鏡台にうゑをへていなはしろ湖をなつかしみ見つ

（新婚御時に過ごされた猪苗代町の天鏡台に福島県植樹祭で松苗を植え終えて、猪苗代湖を懐かしく見た懐旧の情）

（昭和天皇御製では福島県福島市や猪苗代町にはひとしおのご感慨が詠まれていて、昭和五十九年も御結婚六十年を迎えられ、香淳皇后とご一緒に思い出の猪苗代湖畔にご旅行されては、「天鏡閣」題で、

むそぢ前に泊りし館の思出もほとときえぬ秋の日さびし

を詠まれている）

富士通株式会社会津工場にて

いたつきもみせぬ少女らの精こむるこまかき仕事つくづくと見つ

（苦労も見せない少女たちの、精魂をこめる細かい仕事をつくづくと見る、昭和三十五年「米沢市」御詠と重なる国見と奨励）

昭和四十六年（六月十七日に沖縄返還協定が調印された年）

広島・島根両県共催植樹祭

春たけて空はれわたる三瓶山《さんべさん》もろびとと共に松うゑにけり

（春も盛りとなって、空も晴れ渡る三瓶山、その春の山で国民たちと一緒にひとつになって国を守る松を植えた慶びと祈願）

「平和条約」発効後の、〈戦後天皇三大行事〉に入る植樹祭や国体を詠まれた御製からは、植樹祭において木を植える技が毎年向上してゆくことをお嬉しみ（昭和三十一年）、国の栄えや守りを祈り（昭和二十九・三十三・三十六・三十八・四十一・四十三・四十四・四十六年）、国体において正しい若人の姿を讃えられ（昭和三十七年）、また加えて御視察において四国（昭和二十八年）・横浜（昭和三十年）・関西（昭和三十一年）・浜松（昭和三十二年）・九州・富山（昭和三十三年）・長崎（昭和三十六年）・福井（昭和三十七年）・仙台（昭和三十八年）等各地の、御巡幸の度に戦争の荒廃から復興を増して美しい街の姿となってゆく推移をその度毎に慶ばれてゆく御心が明るく伝わる。折り折りには訪れた地の花火を美しく愛で（昭和二十七年）、民と共に港まつりの提灯の光にもお楽しみ（昭和三十二年）、その中で、稲づかや稲穂の美しさを讃え（昭和二十七・二十九・三十四年）、日本伝統となる農業や日本の優れた技術（昭和三十一年）、そして国力へとつながる機織り等を奨励し（昭和三十五年）、科学技術の進歩もご観察なさり（昭和三十・三十三・三十九・四十・四十五年）、多様な社会事業にもお心を寄せてゆく（昭和二十九・三十一・三十二・三十二・三十三・四十二年）お姿も窺える。同時に洞爺丸遭難（昭和二十九年）や狩野川台風（昭和三十三年）、また愛知 三重 岐阜の風水害（昭和三十四年）や横須賀線と三池炭鉱の事故（昭和三十八年）へは二度と再び民に同じ様な災いが起こらないことを祈り、稚内においてはまた「九人の乙女の像」に「むねせまりくる」お思いに掻き立てられる御製（昭和四十三年）も残される。しかし、戦後初めての国賓を迎え（昭和三十一年）、さらに先の大戦で「いさかひ」（諍い）を行なった国の大統領夫妻とご親交を深められ（昭和三十三年三首連作）ては、昭和十二年盧溝橋事件以来の十八年間も空白となった東京蔵前の国技館への大相撲観戦も楽しまれるところ（昭和三十年）となり、大正十三年の御新婚当時に一夏を過ごされた福島県猪苗代湖を望む「天鏡閣」にては往時を懐かしむ旅情まで詠まれる（昭和四十五年）ほどにお心がふくよかに抒情豊かになって御製を詠まれてゆくご様子が、一首一首の推移から読み手の心まで高揚する様に伝わってくる。

朝鮮特需・神武景気・岩戸景気・いざなぎ景気の中で急速に加速度を増してゆく日本の復興と再生を、昭和天皇は晴れやかになられるお心と共に一首毎の御製に表わしてゆく。

そこに至るには、国民が会する場に行幸なされ、新しい社会で、再びひとりひとりの民と、直接に結び付きを固めてゆかれた昭和天皇がいらしてのこと、御視察等の御製の動作全般に使われる「見る」と言う表現には、古代からの日本の伝統となる、赴かれた地を御自らご確認し、新しく直接に結び合った民と共に、新生日本をその各地から再生してゆこうとの〈国見〉――〈立山連峰　高だかとみねみね青く大空にそびえ立つ見ゆけふの朝けに〉（昭和三十三年）――に象徴される国見からの本質も生きていると言えよう。

そうして〝人間宣言〟をされた昭和天皇が、それでも御生涯に渡って全くお変わりなくいらした御心を、お慶びにお悲しみに、幸いに災難に、現在から将来までのことも、いかなる時も何につけても「民《たみ》と国」とを〈祈る〉、その御製にこそお窺いされるのである。

＊

この時代の昭和天皇の、天皇となされて最もの御本来へ向かわれていらっしゃると窺われる御製を辿ってゆきたい。

叙景歌である。

そして何より〈祭祀《さいし》〉を詠まれる大御歌《おおみうた》である。

国際国家に熟成してゆく日本の、この時代に入って、昭和天皇御製にも、時代の成熟と共に日本の歴史に生きる大御心《おおみこころ》がご鮮明に、また活き活きと透明感をもってまで表わされてゆく様に感覚されてゆく。

ここでも時代を追って昇華されてゆかれる様な、この時期の叙景歌と〈祭祀〉を詠まれた神祇歌《じんぎか》との本質を、一首毎に鮮明に追ってゆきたい。

昭和二十九年〈当時に皇太子でいらした今上陛下が満十九歳三か月のご年齢で英女王の戴冠式に御出席のため英国を御訪問、折りしも昭和天皇が皇太子時代に英国等の御訪欧をされたのも満十九歳十一か月のご年齢で、昭和天皇もご自分の御訪欧を重

ねていろいろお指し図をされたと報じられた、[35] その翌年)

舞子にて

見わたせば海をへだてて淡路島なつかしきまでのどかにかすむ

(第三章昭和二十五年御製で拝見して以来の『古事記』から伝わる日本国が生まれた地、淡路島を、海を隔てながら遠景に眺望して、なつかしい思いを抱かれるまでに、かすむのどやかさに御心ものどやかに余情溢れる叙景)

新穀　二首

ひと年のまことこめたるたなつもの捧ぐる田子にあふぞうれしき

新米《にひよね》を神にささぐる今日の日に深くもおもふ田子のいたつき

(古来、天皇の祭祀として最も重要な「新嘗祭《にいなめのまつり》《しんじょうさい》」に捧げる「新穀」、その「たなつもの」(穀物)を一年の真《まこと》をこめて育て上げ、神に捧げる農民に会うお嬉しみ、そしてその「新米《にひよね》」を神に捧げる今日のこの日に、実りまで育てた農民の労苦を深く思われる御心)

昭和三十年（昭和二十一年からの御巡幸も昭和二十九年で終了となった翌年）

歌会始　泉

みづならの林をゆけば谷かげの岩間に清水わきいづる見ゆ

（王朝以来、紀貫之の和歌「松をのみ常磐《ときは》と思ふに世と共に流す泉も緑なりけり」（『拾遺和歌集』・賀）のとおり、緑の林を行くと谷かげの岩間に清水が尽きせず湧き出でることをご覧になっての、歌会始《うたかいはじめ》にふさわしい普遍と永遠へのお慶びの国見）

神嘗祭に皇居の稲穂を

伊勢神宮に奉りて　二首

八束穂を内外《うちと》の宮にささげもてはるかにいのる朝すがすがし

わが庭の初穂ささげて来む年のみのりいのりつ五十鈴の宮に

（祝詞《のりと》にも「八束穂の茂《いか》し穂に、皇神等《すめがみたち》の依さしまつらば、初穂をば、千穎《ちかひ》八百穎に奉り置きて」（祈年祭）と、また『新古今《しんこきん》和歌集』にも大嘗祭《おおなめのまつり》《だいじょうさい》の賀歌として「神代《かみよ》より今日《けふ》のためとや八束穂《やつかほ》に長田《ながた》の稲《いね》のしなひ初《そ》めけむ」と伝わるとおり、八握りの長さの豊かな稲穂を伊勢神宮の内宮《ないくう》外宮《げくう》に奉られて、伊勢には遥か遠い皇居からお祈りされる朝の清々しさと、昭和四年以来、昭和天皇が皇居の中で御自身がお田植からお刈取までされた「初穂《はつほ》」を伊勢神宮に捧げられ、これも『日本書紀』天孫降臨《てんそんこうりん》段一書や垂仁《すいにん》天皇二十五年に五十鈴川《いすずがわ》の川上に鎮座したと伝わる伊勢神宮、五十鈴の御宮に、来る年の豊饒を御祈念される大御心）

昭和三十一年（義宮正仁親王殿下（現在の常陸宮正仁親王殿下）の御成年式・神武景気を迎えた翌年）

岡山県山陽町

見わたせば今を盛りに桃咲きて紅にほふ春の山畑

（遥か遠くを見渡すと、まさしく今を盛りに満開に咲き誇っている一面紅色に映る桃花の春の山畑の美景で、すぐに『万葉集』「春の苑紅《そのくれなゐ》にほふ桃の花下照る道に出《い》で立つ女乙《をとめ》」が想起される陽春にまぶしい桃色の景、そして御製に『万葉集』の春光に照り輝やく紅色の桃花の景を重ねながら、その「桃」をお印《しるし》とされた香淳皇后への昭和天皇からのお心も想われる華麗にも典雅な

紅色の彩《いろどり》の風景

昭和三十二年（日本が国際連合に加盟・戦後初の国賓を迎えた翌年）

葉山にて　三首（内一首）（括弧と括弧内著者）

ほのぼのとあけゆく空をみわたせばうす紫の雲ぞたなびく

（清少納言の『枕草子』第一段「春はあけぼの。やうやう白くなりゆく山ぎは、すこしあかりて、紫だちたる雲のほそくたなびきたる。」に描かれた春の曙《あけぼの》の時の徐々に光が射し始めて白くなってゆく空に紫がかった雲が細くすっとたなびいて麗しく流れゆく映像的叙景と、後鳥羽《ごとば》上皇の秀歌「ほのぼのと春こそ空に来《き》にけらし天《あま》の香具山《かぐやま》霞たなびく」（『新古今和歌集』・春）のほのぼのと推移する季節の中で霞《かすみ》がたなびいている淡い空の景がイメージの中で幾重にも深まる様な、眺望してはほのぼのと明けてゆく空にうす紫の雲がすっとたなびいて流れてゆく華やかにも優雅に流麗してゆく世界）

昭和三十三年（皇太子殿下、現在の御代の今上陛下と正田美智子様、現在の御代の皇后美智子様との御婚約発表により日本中にミッチーブームが華やいだ年）

別府の宿にて

桜花今を盛りと咲きみちて霞にまがふ宿の見わたし

（宿からの見渡しの、霞とも見まごう今を盛りの満開の桜花が咲き満ちて空全体を桜色に覆い尽くす景、「桜花」を一詞《ことば》で初句に詠む王朝和歌「桜花《さくらばな》咲きにけらしなあしひきの山のかひより見ゆる白雲」（春）による『古今和歌集』以来の伝統と、「立ち昇《のぼ》る煙をだにも見るべきに霞にまがふ春の曙」（『新古今和歌集』・哀傷・前左兵衛督惟方）で詠まれた霞が立っているかと見まごう春の曙の空を詠む彩《いろどり》の空間が奥深く漂う様な、華やかで優美な、今、絶頂の春の美景）

宇奈月の宿より黒部川を望む

紅に染め始めたる山あひを流るる水の清くもあるかな

（紅葉の彩《いろどり》の鮮やかに染め始めた山あいから流れる水の透明な清らかさに、聖なる斎川《ゆかわ》をも余情と想われる様なお心）

昭和三十五年（皇太子殿下、現在の御代の今上陛下と正田美智子様、現在の御代の皇后美智子

様の御成婚と、その御成婚パレードに日本中がわくと共に、岩戸景気を迎えた翌年）

伊豆大島の宿　二首（内一首）（括弧と括弧内著者）

見渡せば白波立てる海づらをへだてて遠く富士の嶺そびゆ

（第三章昭和二十三年に記したとおり、古来日本を象徴する霊山であると共に広く日本人の信仰の対象となってきた富士の嶺の景、その富士の嶺が白波が立っている伊豆の海面を隔てて遠く、どこまでも崇高に高くそびえている姿を眺望なされてのご志向、これは同年の次の御製の視点へと続いてゆく）

九州への空の旅

白雲のたなびきわたる大空に雪をいただく富士の嶺みゆ

（白雲がたなびいている大空の中に、その白雲と同じく真白に輝やいている雪をいただく富士の嶺、それは古来、日本人の信仰の対象と仰がれた富士の山、その山を見る祈りと国見）

昭和三十六年（昭和天皇には初めての皇長孫浩宮《ひろのみや》徳仁《なるひと》親王殿下、現在の御代の皇太子殿下が御

誕生なされ、国民所得倍増計画策定（高度経済成長政策）の翌年）

歌会始　若　（二首の内一首）（括弧と括弧内著者）

のどかなる春の光にもえいでてみどりあたらし野辺の若草

（『古今《こきん》和歌集』以来「百人一首」にも入る光孝《こうこう》天皇の名歌「君がため春の野にいでて若菜《わかな》摘《つ》むわが衣手《ころもで》に雪は降りつつ」（春）に込められる春の若草への慶賀が重なり、のどやかにも希望を感じる春の光の中に新しく萌え出ては、その緑色も新しい色相《いろあい》を映す野辺の若草の新鮮さを讃え、余情に皇長孫御誕生からの希望の光と、若き親王殿下への御慶賀も）

佐賀　長崎県の旅

日本航空富士号に乗りて

霞立つ春のそらにはめづらしく雪ののこれる富士の山見つ

（春も立って、霞も立つ春の空にはめずらしくも、まだ雪が残っている富士山を「見つ」（見た）ことによる、この時代に多く拝見される富士山への仰ぎの御心と国見）

昭和三十七年（三十五年には清宮貴子内親王殿下の御結婚・三十六年十一月二十七日には吹上御所御完成の翌年）

那智の滝

そのかみに熊野灘よりあふぎみし那智の大滝今日近く見つ

（古代より今に連綿と続く那智への信仰は、那智の滝を神聖化するところからのもの、かつて熊野灘より仰ぎ見たその那智の大滝、命を再生させる聖水とも信仰されていたその大滝を今日、近くに仰ぎ見るお慶びと祈り、そこには一の滝の上方の地で修行したと伝わる花山院へのお思いも想われようか）

昭和三十八年（昭和天皇の生物学ご研究をまとめられた『那須の植物』御出版の翌年）

弘前の宿

あかねさすゆふぐれ空にそびえたり紫ににほふ津軽の富士は

（第一章大正十二年御製のとおり、昭和天皇は各地方で名山とされる山々をその地の富士と讃えていらして、津軽もまた『日本書紀』斉明《さいめい》天皇元年の条に「津刈」と見えて以来の日本古来の名地、その地の岩木山を「津軽富士」と仰いで、古代より最も日本的で神の色とされる「茜色《あかね》」の夕陽さす夕暮空に、これもまた第三章昭和二十三年「富士の高嶺はむらさきに見ゆ」と同じ印象の瑞兆《ずいちょう》の折りや極楽浄土に導く紫雲も連想させる瑞祥の彩《いろどり》にそびえる「紫ににほふ津軽の富士」の美景に仰がれる天への導きの景）

昭和四十年（オリンピック東京大会開会式で昭和天皇が名誉総裁として開会を宣言なされた翌年）

歌会始　鳥

国のつとめはたさむとゆく道のした堀にここだも鴨は群れたり

（日本が高度成長を遂げ、国際国家の一員と成長してゆく御務《つとめ》を果たそうとゆく道の下堀に、その地こそと鴨たちが集まっている姿）

昭和四十一年（昭和四十年八月十五日、終戦二十年を迎えた翌年）

鳩　二首

国民《くにたみ》のさちあれかしといのる朝宮居の屋根に鳩はとまれり

静かなる世になれかしといのるなり宮居の鳩のなくあさぼらけ

（「国民《くにたみ》のさち」があるようにと祈る朝に、皇居の屋根に平和の象徴の鳩がとまっている風景と、静かな世になってほしいと祈る、その祈りの時、皇居の鳩が鳴く今の、まさに夜が明けようとする朝朗《あさぼらけ》の情景で、太陽神の光が射し始める頃の、〈平和の象徴・鳩〉と重なる「静かなる世」への〈祈念〉）

昭和四十二年（いざなぎ景気からの翌年）

歌会始　魚

わが船にとびあがりこし飛魚をさきはひとしき海を航《ゆ》きつつ

（天武天皇四年に仏教の理《ことわり》によって動物を食すことを禁じられた島国の日本人には、魚は食用としてのみならず、豊かなものを与えられた感謝としての神への捧げものの伝統（『延喜式《えんぎしき》』）であった、御自らのお船に飛び上がって来たその飛魚を「さきはひ」（幸）と迎えながら「海を航《ゆ》」くお慶び、そのお慶びに歌会始の祝意となる国と民への祈願を象徴）

昭和四十三年（国際的文化組織である国際ペンの日本支部となる日本ペンクラブが昭和十年に結成、戦後、日本ペンクラブの会長として国際ペン東京大会を開催した川端康

成が、ノーベル文学賞を受賞した年）

歌会始　川

岸ちかく烏城《うじやう》そびえて旭川ながれゆたかに春たけむとす

（岸近く黒塗りの天守をもつ岡山城が陽光にまぶしくそびえて、旭川の流れも豊かにおおらかにゆったりと流れてゆき、今、まさに、春もまた豊かにおおらかに盛りとなろうとしてゆく美景）

昭和四十四年（明治百年記念式典・皇居新宮殿落成式の翌年）

折にふれて

のどかなる春もなかばの新宮にいろとりどりのつばき花さく

（そののどやかな春の時季の只中の、前年に落成したばかりの皇居新宮殿に、彩《いろどり》豊かな椿の花々が咲く春も盛りの美景）

靖国神社百年祭

国のためいのちささげし人々をまつれる宮はももとせへたり

（明治二年に国事に殉じた人々の霊魂を祀《まつ》る招魂社として設立された御社《みやしろ》は、

百年の間に様々の歴史に会い、それらの歴史を経て、国のために命を捧げた人々を祀る靖国神社が百年を経たことへの御感慨）

昭和四十五年（昭和四十三年十一月十四日の皇居新宮殿の落成式、四十四年一月二日の新宮殿での初めての一般参賀・初めての皇孫内親王紀宮《のりのみや》清子《さやこ》殿下が御誕生の翌年）

平泉中尊寺

みちのくのむかしの力しのびつつまばゆきまでの金色堂に佇《た》つ

（平安時代に蝦夷《えみし》を統一し、清衡《きよひら》・基衡《もとひら》・秀衡《ひでひら》の藤原三代に渡り名馬・漆・砂金等の産出で独立国とも言える自治を行なえた陸奥国、その奥州の〈真中〉に〈尊く〉あって〈永遠の極楽浄土〉を現世に顕《あら》わした平泉中尊寺で、平安時代には中央の朝廷と並び立つほどに誇った陸奥国の昔の自治力や文化・経済等の力をしのびながら、二度と決して戦さを起こしてはならないとの祈念で建立され、戦死した人々の霊を浄土に導くためと記される中尊寺での、まばゆいまでの金色堂に立たれたご感慨）

昭和四十六年（七十御賀を迎えられ、昭和四十五年三月十四日、昭和天皇が日本万国博覧会開

会式において「人類の進歩と調和をテーマとする日本万国博覧会」と開会をお祝いなされ成功を祈られた翌年）

吹上にて

白たへの辛夷《こぶし》の花のさきにほふ岡のあたりにきぎすのあそぶ

夕さればたにうつぎの花はもも色のにほひにみてり春ふけむとす

春さりて日かげぬるめる堀の辺にむれゐる鴨のしづかにいこふ

（白く大きな辛夷《こぶし》の花が咲き誇っている岡の辺りに雉子《きぎす》の鳴き遊ぶ早春から、夕暮時になっては、紅色に咲く谷空木《たにうつぎ》の花が夕陽に映えてより一層に桃色の彩《いろどり》に満ちあふれ深まってゆこうとしている春へ、そして、日影も暖かくなる堀の辺に群れている鴨たちが静かに憩っている春が去った跡《あと》までへの、吹上の春ひと季《とき》の推移の一連の美景）

〈人間宣言〉から「サンフランシスコ平和条約」発効で日本が独立国家として新しい出発をすると、昭和天皇は、一年毎に成熟してゆく日本の姿から感受した御心を初めて人間らしいご感情で表わしてゆかれた。

その御心によって日本をご覧になる中で、昭和天皇のご感性に響かれた叙景は、〈国の繁栄〉と同様に〈おおらかで豊かに、そして彩《いろどり》までもが華やかに美しく在る姿〉、その日本の姿をまた昭和天皇は、時に王朝以来の歌詞《うたことば》で戦前から詠み続けていらした歌風となる帝王ぶりでお詠みになり、折りに一般の民と同じ口語も交じえながら一年毎に、一首毎に洗練されてゆく詠風に詠まれてゆかれる。

その〈叙景歌〉にはそして、確実に日本の伝統として生きてきた信仰が余情となっているが、それは戦前の様な歴史事実を背景にしての叙景歌の様な切迫なされた御祈念ではなく、日常の祈りにつながる平静な御心で、自然に向かわれる清明なお心でのご信仰と受けとめられる。この歌風においてこの時代の昭和天皇の叙景歌は透明感を帯び、より崇高になってゆく様にさえ感覚されよう。

最も象徴的な御製が、夜が明けてゆき光が白くなってゆく空を眺望なされては、太陽神を拝する御心も想われてくる空間に、これもまた瑞兆のある折りにたなびく「うす紫の雲」がすっとなびいてゆく風景と彩《いろどり》とを詠まれた「ほのぼのとあけゆく空をみわたせばうす紫の雲ぞたなびく」（昭和三十二年）で、そこには典雅な空間の中に、吉祥の慶賀も余情となりつつ、〈美〉と〈信仰〉が透明感の中で融合している。

美しさと崇高さの象徴的一首。

そしてこの詠風の歌境は、「しづみゆく夕日にはえてそそり立つ富士の高嶺はむらさきに見ゆ」（昭和二十三年・第三章）と共通してゆく「あかねさすゆふぐれ空にそびえたり紫ににほふ津軽の富士は」（昭和三十八年）にも象徴的である。

また「のどかなる春の光にもえいでてみどりあたらし野辺の若草」（昭和三十六年）御製にも、のどやかにきらめく春の景の中に平安王朝以来、宮中に伝わってきた春を寿《ことほ》ぎ慶ぶ「若菜摘《わかなつみ》」による祈りも慶賀や、その由来を伝承する理《ことわり》や、さらに清少納言『枕草子』に「七日、雪間《ゆきま》の若菜摘《つ》み青やかに、例《れい》は、さしも、さるもの目近《めぢか》からぬ所に、もてさわぎ、……をかし。」（三　正月一日は）と綴られる優美な雅《みやび》が生きている。

叙景に生きる宮中文化の雅に〈理〉から〈美〉と〈信仰〉までが融合する、これもまた象徴的一首。

そうして、この時代のこの様な叙景歌においてこそ、昭和天皇の、信仰を文化の中心柱としてきた日本古来の天皇となされての御本来となる大御心も鮮明となろう。

また、この時代の叙景歌と同質の歌風と大御心に、〈祭祀〉を詠まれた御製がある。

「新穀」を詠まれた御製二首（昭和二十九年）や、「神嘗祭に皇居の稲穂を伊勢神宮に奉りて」と詠まれた御製二首（昭和三十年）のとおり、稲作こそは日本人の生活から文化、さらに信仰までの根幹として日本の本来であった。戦争の時代を経、占領下の時代を終えて独立国家となっては、その稲作に従事して神へ捧げる新穀を実りとした民と直接に会うことをお嬉しまれ、ご自分でお田植から実らせた初穂を神嘗祭に奉る清々しさを感覚されてゆかれる。また『日本書紀』以来その川上に伊勢神宮が鎮座したと伝わる日本創生期からの五十鈴川《いすずがわ》、その五十鈴の宮に来る年の豊饒と日本国の永遠を祈られる。

俗世間の一切や邪悪なるものの全てから離れて純粋に民《たみ》と国の平安と、豊饒から千代《ちよ》までを御祈念されるからこそ、御製はより一層に尊厳を増してゆくと拝されよう。

それら多くの御製の中で、

鳩　二首

国民《くにたみ》のさちあれかしといのる朝宮居の屋根に鳩はとまれり

静かなる世になれかしといのるなり宮居の鳩のなくあさぼらけ

（昭和四十一年）

は、清明な大御心によって人間界を超えた天の聖なる存在に〈国民《くにたみ》の幸い〉と〈世界の平和〉を御祈念される様な、昭和天皇の尊さが静かに深く永く感じられる御製と言えよう。

同時に、その様な御志向で詠まれる祭祀の和歌こそが、日本に永く生き続けてきた天皇としての本質の表現であり、この時代の昭和天皇の祭祀を詠まれた御製には、それが新鮮に甦っていらっしゃる。

「平和条約」が発効となった後の御製には、確実に〈叙景歌〉と〈祭祀を詠まれた和歌〉において、日本古来の、伝統となる天皇本来の大御心が新しい生命を輝やかせ始められ、崇高に尊く美しさをきらめかせて感覚される。

❀

昭和天皇の御製は御生涯を通じて何度か歌風が大きく変化してゆく。

この変化は実は、歴史の重大な転換期を契機とし、それと全く時期を同じくしての歌風の変化となっていて、それはそのまま、歴史の変革が御製の変質を成していることを意味していると言えよう。

これら、ご生涯の御製全体の中でそして、最も大きな変質となるのが、昭和二十七年四月二十八日発効となる「日本国との平和条約」であった。

その「平和条約」を成し遂げた吉田茂に、昭和天皇は、偉大な功績を讃えつつ、また昭和天皇には〝唯一の同志〟ともお窺いされる人物の永遠に、あたかも御自分の中のある何かまでもが遥か遠くに去って行ってしまったかの様な深いお寂しさとお悲しみとを表わされていらっしゃる。

その御製こそは、戦後日本の国創りへの理念を同じくされた吉田茂への魂鎮めであると共に、相通じ合う理想によって創り上げた日本国の姿も象徴し、ひいては、昭和天皇御自身が求められた国際社会の中での〈外交〉による〈自由と平和とを愛する文化国家日本〉を啓示しながら、歴史的に至重の御製として永く生きてゆくことと尊ばれよう。

そうして条約発効後の御製は、本章第四章で詳細に辿ってきたとおり、ご生涯の中で最もの御慶びを謳《うた》われる「平和条約発効の日を迎へて」（昭和二十七年）五首から、ようやく国の春を迎えて「さきにほふ花になりゆく世」（昭和三十年）を待ち望まれ、「さしのぼる朝日の光」（昭和三十五年）に世界平和を願われ、日本が開催国となったオリンピック東京大会に「ただことなきをしも祈」（昭和三十九年）られながら、いよいよ、昭和四十五年に至っては、人類の文化の発展を祝す日本万国博覧会のわが国での開催に「時はいたりぬ」（昭和四十五年）、と、それまでの日本の道のりまでをも背景に喚起する様な表現で万感の思いを詠まれる。そして昭和四十五年、七十御賀を迎えられた日、その日も「この朝も祈るはただに国のたひらぎ」と御祈念なされ、そこまで至られた七十年の年月の重厚さの中で、お喜びもお悲しみも民《たみ》とひとつにあっての年月をご感慨なされる。

これらの御製に表わされるご待望もご祈願も、日本国へのお思いも、昭和天皇が摂政宮時代から一貫して詠まれていらした御製に込められる御心。しかしこれらの御製には既に、この時代以前の御製に窺えたご苦悩もご悲痛ももはや読みとれない。口語表現によって人間天皇の新鮮なご感情が直接に伝わる様な歌風が新しい。

そしてこれらの御製は、平和条約以後、日本万国博覧会までに成した高度成長期の日本の、新しいプロセスと、その間一年毎の、さらにひとつ毎の国創りの歴史記録と言える御詠であり、そこにおける昭和天皇の御心が生きる御製となろう。

こういう中にあって、摂政宮時代から変わることのない古代からの歌詞《うたことば》による詠法の〈帝王ぶり〉を継承する歌風の御製も生きている。

叙景歌と〈祭祀《さいし》〉とを詠む和歌である。

この和歌だけは、王朝以来の日本の伝統となる帝王ぶりの歌風となっている。

が、しかし、そこにも、もはやご苦悩が感じられる余情は消え去っている。終戦を契機に新しく生まれた純客観となる叙景の構成により、透明感を帯びる叙景歌の歌風がより洗練されて清新に感覚される。同時に、祭祀を詠まれる和歌においても、天皇のお立場に在って、本来に司《つかさ》どってきた祭祀を、御本来のお姿と御心で詠まれる清明な歌風が生成されている。実は、叙景歌や祭祀を司どる和歌においては、この歌風が日本の和歌伝統の本意《ほんい》として生きてきたものであったのに、昭和天皇が在られたご生涯の中では、この時代を迎えてようやく初めて、その歌風が清々しく輝やき始める様になる。

〈平和条約〉に至って初めて、昭和天皇は日本古来の伝統に在る天皇の大御心《おおみこころ》を表わしうる様になったと言えよう。

そうしてかつての叙景歌と神祇歌《じんぎか》とに秘められていた昭和天皇の御本質となる御心も、戦後に入って少しずつ洗練されてきた叙景歌に表わされつつ、ようやく国際社会で日本が独立を果たしてからこの時代を迎え、帝王ぶりの歌風と共に叙景歌と祭祀とを詠む和歌に鮮明に表わされる様になられたとお窺いされる。

しかし、この様に昇華してゆく歌風の御製にあって、あるひとつのお心を詠まれる御製だけは逆に全く反対の方向を示される。

〈戦争〉への御製である。

先の大戦による有名、無名を問わない無数となる戦死者の方々、負傷された方々、遺族の方々、そして何より〈戦争そのもの〉を詠まれた御製だけは、むしろ、日本の国際社会での独立への御慶びに反して昭和天皇の御胸の内に悲しい御痛恨となって入ってゆく様に伝わる。昭和三十年八月十五日、終戦十年目の日から詠まれ始める「むねせまりくる」（昭和三十年）表現歌句《かく》は、この後もご生涯に及ばれ何ら変わられることなく、いやむしろ、より深くなられて、昭和天皇の、歴史上全ての戦争への多様な御心痛を表わされて幾多の御製に詠み込まれてゆく。

日本の歴史において天皇が対外戦争に、たとえ国内においてであろうとも闘った歴史は、明治憲法下における天皇の特異性は第六章で述べるとして、その時代を除けば七世紀の天智《てんち》天皇がほとんど最後であったろうか、その天智天皇の白村江《はくそんこう》（白村江《はくすきのえ》）の戦いも朝鮮半島に当時存在していた国を救援しながら日本を防衛することまで想定していたと考えられる戦いで、対外的に戦さを余儀なくされた天皇は仲々に見出し難いのではないかと思われる。

この日本の歴史にあって、各々のテーマの御製に、摂政宮時代から秘めていた天皇となされての本来の御心、それは古来の日本に脈々と生きてきた天皇として在るべき大御心《おおみこころ》であったが、それがようやく昭和二十七年に発効した「平和条約」からは、御製に新鮮に生き始める様に感覚される。

が、第二章で記した御製に象徴される戦時中にあっての天皇の責任であった「政・まつりごと」が、真に日本伝統の本質に生きてきた「祭・まつり」と明確に表わされる「祀りごと・まつりごと」を象徴する御製となるのは、次の第五章で辿る昭和四十六年以降に入ってからのことと、公となっている御生涯の御製からは拝見される。

註

(1) 吉田茂『回想十年(中)』(中央公論新社・平成二十六年)
(2) 前掲(1)
(3) 前掲(1)
(4) 前掲(1)
(5) 前掲(1)
(6) 「日本國憲法公布記念式典において賜はつた勅語」(『官報　號外』・印刷局・昭和二十一年十一月三日)
(7) 「卽位禮當日紫宸殿ノ儀ニ於テ賜ハリタル勅語」(『官報　號外』・内閣印刷局・昭和三年十一月十日　土曜日)・(訓読は著者)
大礼記録編纂委員会『昭和大礼要録』(内閣印刷局・昭和六年)

(8) 吉田茂『回想十年（下）』（中央公論新社・平成二十七年）
(9) 麻生太郎『麻生太郎の原点　祖父・吉田茂の流儀』（徳間書店・平成十九年）
(10) 前掲（8）
(11) 前掲（8）
(12)「詔書」［人間宣言］（『官報　號外』・印刷局・昭和二十一年一月一日）・（訓読は著者）
(13) 前掲（7）
(14) 外務省外交史料館日本外交史辞典編纂委員会編『日本外交史辞典』（山川出版社・平成四年）
(15) 前掲（8）
(16) 前掲（8）
(17) 吉田茂『回想十年（上）』（中央公論新社・平成二十六年）
(18) 高橋紘編著『昭和天皇発言録』（小学館・平成元年）
(19) 原田熊雄『西園寺公と政局（第五巻）』（岩波書店・昭和二十六年）
(20) 東久邇稔彦『東久邇日記』（徳間書店・昭和四十三年）等
(21) 前掲（9）
(22) 前掲（8）

(23) 前掲(9)
(24) 木俣修編『天皇皇后両陛下御歌集　あけぼの集』(読売新聞社・昭和四十九年)
(25) 前掲(9)
(26) 前掲(18)
(27) 前掲(18)
(28) 前掲(18)
(29) 前掲(18)
(30) 藤田尚徳『侍従長の回想』(中央公論社・昭和六十二年)
(31) 前掲(18)
(32) 前掲(18)
(33) 前掲(30)
(34) 前掲(7)
(35) 「朝日新聞」(昭和二十八年三月二十八日)

付三　人間　昭和天皇

父君から日嗣皇子《ひつぎのみこ》へ、
「祖父《おほぢ》の君」からはじめての皇長孫へ、　いとおしみの和歌昭和天皇が日本と国際社会のために最も大切にされました〈平和条約〉が発効した昭和二十七年は、皇室の歴史でも大きな御代《おみよ》代わりがございました。

「人間　昭和天皇　母后宮様《ははきさいのみや》を恋うる和歌四首」で拝見致しました貞明《ていめい》皇后のご崩御でございます。昭和二十六年五月十七日のこと、狭心症によりました。

亡き母后宮様《ははきさいのみや》への昭和天皇の哀傷歌でございます。

母宮をおもふ　二首

母宮のめでてみましし薯畑《いもばたけ》ことしの夏はいかにかあるらむ

あつき日にこもりてふとも母宮のその畑をおもひうかべつ

（昭和二十七年）

母后宮様が愛《め》でてご覧になっていらした薯畑を想い、母后宮様の園の畑を想い浮かべられますお心に、どの家庭の子供も皆が無心に母を慕うのと同じ、昭和天皇の母后宮様をご思慕されますお心がしみじみと伝わりましょう。そして第四章で記しました公人となされましてのお悲しみの一首も表わされました。

しかし、歴史の運命でしょうか。

それとも、歴史の転換なのでしょうか。

この年、昭和二十七年、「人間　昭和天皇　お慶びの和歌一首」で記しました第一皇子継宮《つぐのみや》明仁《あきひと》親王殿下が十一月十日、成年式・立太子礼をお迎えになられたのです。

今上《きんじよう》陛下、当時の東宮殿下の御成年でございました。

その賀歌一首。

立太子礼

このよき日みこをば祝ふ諸人のあつきこころぞうれしかりける

（昭和二十七年）


昭和天皇にも皇室にもお大切な「皇子《みこ》」様、その皇子様をこそ、この立太子礼のよき日、唯おひとりにお祝い申す多くの人々の熱い心をこそお嬉しく思われます昭和天皇のお心が、初句「このよき日」と結句「うれしかりける」とに集約されています。

東宮殿下の立太子礼こそは皇統の永続からも至高の御慶賀、昭和天皇の、父君となされてのお慶《よろこ》びもいかばかりかと想われながら、一首からは東宮殿下の立太子礼を奉祝申す多くの人々の「あつきこころ」へのお嬉しみも熱く伝わりましょう。

そして立太子礼を挙げられた東宮殿下は翌昭和二十八年三月三十日、昭和天皇の御名代となされて英国エリザベス女王の戴冠式ご出席のため、欧米十五か国へご出発なさいました。新らしい「日本国憲法」下で「平和条約」を調印した再生日本の、新らしい日嗣皇子《ひつぎのみこ》様、次代の日本の象徴とおなりあそばされる御方による、新生日本の外交の始まりです。

この時の昭和天皇は、ご自身と同じお歳《とし》で同じ西洋にご出発の東宮殿下に、あれこれお心遣いをされたと残り(1)、父君となされましてのお嬉しみが想われる様でございましょう。

東宮殿下の欧米御訪問に際しまして昭和天皇は、「皇太子の海外旅行」の詞書《ことばがき》によります和歌十首（昭和二十八年）もお詠みなされました。

その内に、英国の人々が真《まこと》の心をもって皇子《みこ》を待っていましたことの東宮殿下からのお便りに英国の人々の真の心にも、それをお知らせなされた東宮殿下のお心にもお嬉しみなされ、かつて昭和天皇も訪れられました英国での昔を思われます、

ロンドンよりの便りを見て

あて人はまこともてみこを待ちきとのたよりうれしも昔を思ふ

（昭和二十八年）

また、日本へ御帰国なされた東宮殿下を、国民が旗を振って迎えるお姿がお映りのテレビの映像に、戦争の御悲痛を表現されて昭和天皇が御生涯に詠まれました「胸迫り来る」とは反対に、大きなお喜びや豊かなお嬉しみを象徴なさる様な歌句《かく》「こころ迫れり」との表現で、大きなご感動まで抱かれましての、

帰朝

皇太子《ひのみこ》を民の旗ふり迎ふるがうつるテレビにこころ迫れり

（昭和二十八年）

これら十首の最後に、御帰朝なされた東宮殿下の旅物語をお親族《うから》の方々と集まって聞かれ、その、時のたつのも忘れる楽しさを詠まれた和歌、

皇太子の旅ものがたりうからと集ひて聞きつ時を忘れて

（昭和二十八年）

には、父君昭和天皇から皇子東宮殿下へのお慈《いつく》しみも溢れながら、昭和天皇をご中心とされましてのご一家ご団欒のなごやかさまでも豊かに伝わります。

新らしく生まれ変わった日本で、皇室の歴史もこの様《よう》にお代わりになってゆかれます。

さて、日本の復興も、昭和天皇のお目にはっきりと、「いま」（今）「立ちなほりたり」（立ち直りたり）と映った日本が、初めてその表現で和歌に詠まれました昭和三十三年のこと、その、昭和三十三年、歴史を彩《いろど》る御慶賀がございました。

現在の御代《みよ》の今上陛下、当時東宮殿下と皇后陛下、当時正田美智子様の御婚約ご決定。

昭和天皇の和歌。


明仁と正田美智子の結婚内約　二首（内一首）（括弧と括弧内著者）

喜びはさもあらばあれこの先のからき思ひていよよはげまな

（昭和三十三年）

喜びはそれはそれとして、むしろこれから先の辛《つら》い務めを思っていよいよ励めよ、との、父君にあられてこそのご愛情の大きさと、お厳しいお諭しと想われます。

そして昭和三十四年。
世紀の御成婚となりました東宮殿下と東宮妃殿下におなりの方との御結婚。

皇太子結婚　二首

あなうれし神のみ前に皇太子《ひのみこ》のいもせの契りむすぶこの朝

皇太子の契り祝ひて人びとのよろこぶさまをテレビにて見る

（昭和三十四年）

「あなうれし」（ああ、何と、嬉しいことよ）と、その朝のお慶びを初句から大きく表わされて、神のみ前に東宮殿下が夫婦《めおと》の契りを結ばれますこの朝を慶ばれ、そのお嬉しみが朝の光の中に輝やく様でございましょう。そして東宮殿下の契りをお祝い申して人々が喜ぶ様子をテレビの放映でご覧になられます。昭和二十八年「帰朝」の和歌と併わせますと、天皇家の御慶賀を日本国中がひとつとなって奉祝する幸いこそが、昭和天皇にはさらなるお心のご高揚でございましたことに加えて、当時の日本にあっては科学の先端「テレビ」が過速度を増して、と言いますよりも一気に国内で普及をしたことの、科学進歩と経済発展、何よりも国民生活向上への強いお喜びも感じられます。

さらに御慶賀は続きました。

東宮殿下と東宮妃殿下の第一皇子、浩宮徳仁《ひろのみやなるひと》親王殿下、今の代の日嗣皇子様の御誕生でございます。

山百合の花咲く庭にいとし子を車にのせてその母はゆく

はじめての皇孫

（昭和三十五年）


山百合の咲く初夏になり、二月にお生まれになった親王様も乳母車に乗せられて美しい季節の自然にお出になられる様になり、芳香漂わせる白い山百合の花が咲く庭に、「いとし子」を乳母車に乗せて「その『母』」が押してゆくお姿。「その母」であります東宮妃美智子殿下の、お幸せでお美しいお姿が白い山百合の中に重なって髣髴《ほうふつ》となりましょう。

この清明に優雅な風景の中心に包まれていらっしゃいますお方こそが、浩宮様でした。もちろん詞書《ことばがき》「はじめての皇孫」には浩宮様が象徴されまして、そこに「祖父《おほぢ》の君」昭和天皇のお慶びも皇孫様へのご将来のお望みも託されましょう。

が、何よりの表現は「いとし子」。この歌詞《うたことば》に美智子様から浩宮様へのいとしさを表わされましたことはもちろんの上、同時に「祖父の君」から皇長孫への「いとおしさ」がどこまでも深くなりますこと。

どの家庭も祖父から初めての内孫へのお慶びやお可愛がりはひとしおのこと――昭和天皇にも全ての家庭に同じ皇長孫浩宮様への情愛「いとおしさ」が溢れます。

皇統は昇る陽光の中で確実に継承されてゆくのでございます。

註

（1）「朝日新聞」（昭和二十八年三月二十八日）

第五章

昭和天皇　御本来のお姿へ　〈大御心《おおみこころ》の普遍性〉

昭和46年6月17日―昭和60年12月31日
沖縄返還協定調印・両陛下欧州七か国御訪問から、男女雇用機会均等法成立を経て
東京サミットが開催される年へ至る一二年間に渡る時代まで

歌会始　祭り

わが庭の宮居に祭る神々に世の平らぎをいのる朝々

（昭和五十年）

皇居内の宮中三殿《きゅうちゅうさんでん》にお祭りする神々に、「世の平らぎ」を〈祈念〉なされる毎朝を詠まれた、昭和五十年の歌会始《うたかいはじめ》で披講された御製《ぎょせい》である。

皇居の中には賢所《かしこどころ》・東の神殿《しんでん》・西の皇霊殿《こうれいでん》の宮中三殿が造られており、その三殿に「祭る神々」は日本を創り護《まも》ってきた歴史上の全ての神々となる。温明殿《うんめいでん》とも言われる賢所には皇祖天照皇大神《あまてらすすめおおかみ》が祭られ、御神体を伊勢の皇大神宮《こうたいじんぐう》に祭られる三種の神器《じんぎ》の内の八咫《やた》の鏡《かがみ》の御分身と仰いでいる。神殿は天神地祇八百万《てんじんちぎやおよろず》の神々を、そして皇霊殿は第一代天皇の神武《じんむ》天皇から現在では第百二十四代昭和天皇に至るまでの歴代天皇の大御霊《おおみたま》と、歴代皇后、皇妃、皇親の御霊を祭っている。

天皇は一日たりとも欠かすことなく、御代拝も含めてこの宮中三殿に〈祈り〉を捧げられ、特に一日には毎月御親拝されながら、各月一日・十一日・二十一日の一の日には旬祭《じゅんさい》も執り行なわれて、祈られ続ける。

そして、御製に詠まれるとおり、その祈りは国民《くにたみ》の幸いから国の平穏へ、さらにはそう在《あ》る国々によって可能となる世界平和となってくる。

天皇の本来は〈祭祀《さいし》〉であり、その中で願いや感謝を〈祈る〉こと、その意味でこの昭和天皇の御製は、天皇となされて御本来を詠まれた大切な一首となろう。

とりわけ、この一首が昭和天皇にお大切となる理由は、摂政宮時代からも含め、践祚《せんそ》後から先の大戦終戦までの時代を制約した明治憲法下での歴史から、新憲法による新しい日本での天皇のお立場への歴史へ、その大きな変遷を表わされたことに他ならない。

明治憲法下で御即位なされた昭和天皇は、〈統治権〉と、軍隊への〈統帥権〉とを持たされていらして、その憲法下での御《おん》責務は「政《まつりごと》」、つまり政治と軍隊の統率であった。

第二章で記した

山色新

山山の色はあらたにみゆれどもわがまつりごといかにかあるらむ

（昭和三年）

の「わがまつりごと」とは、昭和天皇がお治めになられる政治に他ならず、遡《さかのぼ》って第一章の

旭光照波

世のなかもかくあらまほしおだやかに朝日にほへる大海の原

（大正十一年）

に望まれた「世のなか」も、

山色連天

立山の空に聳ゆるををしさにならへとぞ思ふみよのすがたも

（大正十四年）

で霊山立山にならうことを思われる「みよのすがた」も、摂政宮時代に昭和天皇の統治される政治のもとでの人の世から、時代における社会の様相であろう。

再び第二章に戻り践祚なされてからの御製に詠み込まれた、

社頭雪

ふる雪にこころきよめて安らけき世をこそいのれ神のひろまへ

（昭和六年）

との神の御前に祈られた「安らけき世」から

暁雞声

ゆめさめてわが世を思ふあかつきに長なきどりの声ぞきこゆる

（昭和七年）

で御苦悩なされる「わが世」ももちろん、そして

朝海

あめつちの神にぞいのる朝なぎの海のごとくに波たたぬ世を

（昭和八年）

にて天神地祇に祈られる「波たたぬ世」へ、さらに、

神苑朝

静かなる神のみそのの朝ぼらけ世のありさまもかかれとぞ思ふ

（昭和十三年）

に象徴される神前の静寂な朝ぼらけに託される「世のありさま」、

迎年祈世

西ひがしむつみかはして栄ゆかむ世をこそ祈れとしのはじめに

（昭和十五年）

で祈願される「栄ゆかむ世」、そして戦時中最後となった

社頭寒梅

風さむき霜夜の月に世をいのるひろまへきよく梅かをるなり

（昭和二十年）

と御神前の清浄に祈られる「世」まで、全て、御製に表わされた「政」も「世」も明治憲法下にあっては政治と切り離すことは不可能であったテーマ、と言うより、政治そのものと言っても過言ではないテーマであった。

もちろん昭和五十年御製で祈られた「世の平らぎ」も政治がもたらすところの民《たみ》の生活の安定と幸い、そういう民が創る民主国家の平安から、世界各国が志向してゆく国際社会の平和であって、その表現も最終的には政治と不可分ではあろう。が、治政者として政治そのものの在り方から、平和への手段のひとつとしての政治を祈られた明治憲法下での多くの御製と、新憲法のもと、〈象徴〉となりなされての人間天皇のお立場で表現された昭和五十年御製との、〈歌の心〉は大きく一線を画《かく》す。

そして、この、〈祭り〉こそが、実は、日本歴史の中では明治憲法下のみの天皇の在り方の〝特殊性〟から、日本古来の天皇が継承し、歴代天皇の中に生き続けてきた天皇となされての〝普遍性〟へ、昭和天皇が御本来へご昇華なさられたお姿と御心と窺える。

日本はその歴史が認識されて以来、天皇は民と共に治政を担う在り方が伝統となってきた。奈良時代においては皇親が、平安時代に入っては摂関家などが、平安時代末期に至り院が、さらに鎌倉時代から江戸時代の武家政権下では征夷大将軍が、天皇から承認されて国を治めてきた。現在の日本国憲法でも主権は国民が有し、国民の代表による国会が唯一最高の国権となっては、国会の指名に基づく内閣総理大臣が天皇の任命を受けて初めて、首相としての責に就くこととなる。天皇が承認をした為政者が天皇の親任を受けて政治を司《つかさ》どってきた日本伝統の治政の在り方と言えよう。

この永い日本の歴史において、天皇だけがなしえて、普《あまね》く日本国家に本質となって在り続けた伝統こそが〈祭祀〉と言える。

この、祭祀によって、日本から国際社会まで及ばれて民《たみ》が飢え凍えない様《よう》に、生活が安定する様《よう》に、民《たみ》が治める国家が平和である様《よう》に、天神地祇に〈祈る〉こと、それこそが天皇の至高の行為、そして同時に究極には、天皇が天皇として在るための本来と言えよう。

日本の伝統の中では、実は、詳細には第六章に記すが、明治憲法下における立場での天皇の在り方の方が特異な歴史と言える。この様な永い日本の歴史と、そこにおける天皇の伝統とからは、本第五章の冒頭に掲げた

歌会始　祭り

わが庭の宮居に祭る神々に世の平らぎをいのる朝々

（昭和五十年）

の和歌は、普遍性をもって生きてきた天皇の在り方からの一首となろう。
戦後三十年に至って詠まれた御製の中に、ようやく御本来を表現なさられることとおなりあそばされた昭和天皇のお姿と御心が表現される様にお窺いされる。

❋

日本が全てを失ないかねなかった敗戦から占領時代を経る中、「日本国憲法」公布と「日本国との平和条約」調印等を機に昭和天皇の御製は大きく詠法も歌風も変わり、日本国が高度経済成長を成し、オリンピック東京大会と日本万国博覧会で国際社会に参加、いよいよ昭和四十六年六月十七日には沖縄返還協定が調印となって翌四十七年五月十五日に沖縄の施政権が日本国へ返還されるまでの二十年の間には、御製も年を追い一首を追って活き活きと表わされる人間的感情によって、ご高揚されてゆかれる表現が鮮明となってゆく。
この壮絶な歴史を経てのことである。

昭和天皇の御製に、日本国存立の根幹に及ぶ大事への、本質的ご苦悩からの様々なご感情やお煩いがほとんど稀薄となってゆき、日本の伝統として生きてきた歴代天皇の御本来のお姿も御心も一首全体に清明となる様にお窺いされてくるのは。

そしてその様な御製は昭和四十六年九月二十七日から十月十四日までの西欧七か国御外遊を機にますます清清《せいせい》されてゆく。

このご訪問に先立ち、伊勢神宮を御参拝なされ、その日に「来て」は、両陛下おそろいでは初めてとなる外国ご訪問が平安にあってほしいと「五十鈴の宮に」〈祈る〉、

伊勢神宮参拝

外つ国の旅やすらけくあらしめとけふはきていのる五十鈴の宮に

（昭和四十六年）

をお詠みなされる。御製は『倭姫命世記《やまとひめのみことせいき》』に倭姫命が裳裾《もすそ》を濯《すす》いだと伝承される五十鈴川《いすずがわ》が流れる伊勢神宮内宮《ないくう》への祈りで、王朝和歌にも皇太后宮大夫俊成が五十鈴川の清澄な流れと千代《ちよ》の大神宮を長高《たけたか》く謳《うた》った「神風や五十鈴の川の宮柱幾《いく》千代すめと立てはじめけむ」（『新古今和歌集』・神祇）などの様に、古来の和歌歴史に生きてきた心である。

そしてこの時に至ってもう一首詠まれた御製が、七十歳になるその時もなお、先の大戦への開戦を喰いとめることがおできにならなかった口惜しさへの御悔恨の情なのである。

戦をとどめえざりしくちをしさななそぢになる今もなほおもふ

（昭和四十六年）

先の大戦で敵国として対峙《たいじ》した西欧各国へのご外遊を前に、今も消えることなく続いている開戦へのご痛恨をお思いになられたのであろう。

そして旅立たれ、ご訪問なされた英国に四首の御製を詠まれるが、その内の三首は、

イギリス

かはらざるイギリスをみて今更に五十年前の旅をししのぶ

戦果ててみそとせ近きになほうらむ人あるをわれはおもひかなしむ

さはあれど多くの人はあたたかくむかへくれしをうれしと思ふ

（昭和四十六年）

と、英国の変わらない姿に、今更ながら五十年前に訪れた折りのあの懐しい旅を偲ばれ、が、先の大戦も終わって三十年近くにも及ぶものなのに、それでもやはり日本の昭和天皇を恨む人々がいることを思ってお悲しみ、そうはあってもしかし多くの人は昭和天皇を暖かく迎えてくれたことをお嬉しむ思いが三首全体を流れてゆく。十月五日のバッキンガム宮殿へのパレードでは半世紀前と同じコースを、今度はジョージ五世の孫のエリザベス女王と並ばれて白馬引くオープンの儀装馬車に乗られ、金色に輝やくプラタナスの並木を眺められる。しかし、旧軍人や若者の抗議行動が目につき、ロンドン王立植物園で六日に植樹した日本の杉が、翌日に根元近くで切り倒され、根元には塩酸がかけられているのも発見された。そういう中でバッキンガム宮殿での晩餐会に昭和天皇は、即位を記念して昭和四年にジョージ五世から贈られ、先の大戦で一時勲章贈呈リストから御名が外されたものの、昭和三十六年に復権したガーター勲章をご着用されてご出席される。

　この時の英女王主催歓迎晩餐会での昭和天皇は、その時には五十年前からとなる英国の全く変わらない温情に触れ、当時のジョージ五世陛下からの愛情とおことばを胸中深く収められては、以来敬意を持ち続けられたことを御挨拶（昭和46年10月5日）[1]された。

この折りエリザベス女王は「過去において両国の関係は、常に平和と友好であったとはいえません。その経験のゆえに、二度と同じことが起こってはならないと、私どもを決心させています。」(2)と述べている。

「先の大戦」は、そこでの対立を克服し相互の国交を正常化した上でさらなる友好を深めるには、あまりに大きく決定的であって、長い長い時間を重ねての交流を要することであった。その長い長い道筋を昭和天皇は戦後日本の象徴となされて積み重ねてゆかれる。

昭和四十八年、伊勢神宮の第六十回式年遷宮に際しては、

式年遷宮

宮移りの神にささぐる御宝のわざのたくみさみておどろけり

秋さりてそのふの夜のしづけきに伊勢の大神をはるかをろがむ

（昭和四十八年）

にて、全て新らしく取り替える社殿の神様に捧げる新らしい御神宝・御装束をご覧なされ、遷宮の神に捧げる「御宝」を調した名人たちの当代随一の伝統の技《わざ》の見事さに感歎さ

れ、「みておどろけり」と表わされている。そして秋となって式年遷宮の当夜、神嘉殿《しんかでん》の庭上に御座なされて天照大神《あまてらすおおみかみ》がお出ましになり豊受大神《とようけのおおみかみ》がお出ましあそばすことを伏拝なされた祈りを、秋の園生《そのう》の夜の静寂に「伊勢の大神」を重々しい御心で拝されての「はるかをろがむ」と表わしてゆかれる。

この第六十回式年遷宮が行なわれた翌年の昭和四十九年も昭和天皇は十一月七日に、外《げ》宮《くう》へご参拝された後、内宮斎館《さいかん》で一夜を斎戒《さいかい》されて内宮にご参拝なされる。

神宮参拝　遷宮後の新宮に　十一月七日

みどりこき杉並木みちすすみきて外宮ををろがむ雨はれし夕

十一月八日

冬ながら朝暖かししづかなる五十鈴の宮にまうできつれば

（昭和四十九年）

一首目の情景からは、降った雨が晴れた跡《あと》の夕べ、水滴にぬれて一層鮮やかな杉の緑色の参道の空間が印象化され、その中をお進みゆかれては外宮を拝される昭和天皇のお姿が今にも映ってくる様であろう。二首目に入っては、冬の朝でも暖かで静かな内宮へ詣でられる時の、神々が鎮《しず》まる雰囲気が肌に伝わろう。この時はまた、昭和二十年から御動座《ごどうざ》のなかった宝剣《ほうけん》と神璽《しんじ》を奉じられての正式参拝となられた。

昭和天皇の天皇となされての日本歴史に生きてきた重儀は長い年月を経て再生されてゆかれ、その中で昭和天皇の、天皇で在られる御本来もひとつひとつ甦られてゆく。

この昭和四十九年はまた、先の大戦で最大の敵国であり、戦後の日本に占領と言う形ながら再生・復興への大きな指針国・援助国となった最大の国、米国の、現職大統領として初めてとなるフォード大統領の来日が実現する。十一月十八日であった。その御製。

迎賓館

たちなほれるこの建物に外つ国のまれびとを迎へむ時はきにけり

（昭和四十九年）

立ち直った日本のこの迎賓館に、ようやく外国からの賓客を迎える時は来た、その、今に至りいよいよとのお慶《よろこ》びが「時はきにけり」から溢れ出よう。

この時の、フォード米国大統領の歓迎宮中晩餐会で昭和天皇は、心からの歓迎の意を表され、ペリー提督の来航以来すでに百二十年にもなる日米関係を述べられた後に、このような友好的な両国の間にも、一時はまことに不幸な時代をもちましたことは遺憾なことでありました。しかしながら、戦後の日本は、ひたすら平和の理念に徹する国家の建設に邁進して今日にいたりました。その間、貴国政府の提唱と協力による対日平和条約が早期に締結され、また、終戦直後の混乱期において、貴国が我が国に対し、好意と援助を寄せられましたことにつき、この機会に、貴国の政府並びに国民に対し、厚く御礼を申し上げる次第であります。

（昭和49年11月19日）(3)

と結ばれて、米国が「提唱と協力」した「対日平和条約」と終戦直後の米国から日本への「好意と援助」に深い感謝を述べられた。そしてまた一首。

米国大統領の初の訪日

大統領は冬晴のあしたに立ちましぬむつみかはせしいく日《にち》を経て

（昭和四十九年）

昭和天皇はじめ皇族方から日本の人々までと、親しみ交わした日々を経て、冬晴れの朝に出立なされた大統領を詠まれながら、昭和天皇の晴れ晴れとされたお思いが「冬晴のあした」（朝《あした》）から清々しくも美しく広がってゆく。

そして両国間で長い年月に渡って懸案であった難航の問題も実現する。

昭和天皇・香淳《こうじゅん》皇后おそろいでのご訪米である。

昭和五十年九月三十日午前九時三十分、天皇・皇后両陛下は日航特別機で羽田空港をご出発、この日の太平洋は波も静かに晴れ広がっていたと言う。

昭和天皇は十月十四日までの十五日間にも及ぶ「北米合衆国の旅行」との詞書《ことばがき》（昭和五十年）にて三十八首もの御製を詠まれていて、その内、一首目の御製、

ながき年心にとどめしことなれば旅の喜びこの上もなし

（昭和五十年）

からは、両国間ばかりでなく昭和天皇ご自身におかれても長い年月にお心に留め置かれていらしたご念願となる米国への「旅の喜び」、そのお喜びが至上のものであるお心が溢れてこよう。また、「フォード大統領始め官民の歓迎」との詞書では、

あたたかき大統領夫妻のもてなしにはるばるときて心うたれぬ

（昭和五十年）

と、フォード大統領夫妻や官民の方々の「あたたかき」歓迎に、日本から「はるばると」来て「心うたれ」たことを表わされ、ホワイトハウスでの大統領夫妻主催の歓迎晩餐会では次の御詞《ことば》を述べられる。

私は多年、貴国訪問を念願にしておりましたが、もしそのことが叶えられた時には、次のことを是非貴国民にお伝えしたいと思っておりました。と申しますのは、私が深く悲しみとする、あの不幸な戦争の直後、貴国が、我が国の再建のために、温かい好意と援助の手をさし延べられたことに対し、貴国民に直接感謝の言葉を申し述べることでありました。当時を知らない新しい世代が、今日、日米それぞれの社会において過半数を占めようとしております。しかし、たとえ今後、時代は移り変わろうとも、この貴国民の寛容と善意とは、日本国民の間に、永く語り継がれて行くものと信じます。

（昭和50年10月2日）(4)

そして「アーリントン墓地にて」の詞書では、

この国の戦死将兵をかなしみて花環ささげて篤くいのりぬ

（昭和五十年）

と、敵国でありながら現在では最大の友好国となった米国の戦死将兵を悲しまれて、花環と共に深い鎮魂《ちんこん》の祈りを捧げられる。何よりの、「国連本部訪問」の詞書による、

日本よりおくりたる鐘永世のたひらぎのひびきつたへよと思ふ

（昭和五十年）

は、日本から国連本部へ贈った鐘へ、永遠の平和の響きを伝えることを思われ、〈永遠の世界平和〉を願われる。「鐘」「永世のたひらぎのひびき」からは昭和天皇が御深奥より御祈願なされた平和への響きが今にも聞こえてくる様ではないか。

そしてその鐘とは、以前昭和四十五年の日本万国博覧会で日本に里帰りをしてからの再会で、昭和天皇はその再びを、天皇の国見《くにみ》へもつながる「見」の表現で表わされる。

万国博に里かへりせし平和の鐘ここに再びわれは見にけり

（昭和五十年）

「永世のたひらぎのひびき」を放つ「鐘」が、「平和の鐘」と明確に、高らかに謳《うた》い上げられる二首となろう。

その後、帰途にハワイを訪れられては、「多くの日系人にあひて」の詞書にて、

幸得たる人にはあれどそのかみのいたつきを思へばむねせまりくる

（昭和五十年）

と、幸を得た人々ではあろうけれども、昔の移民をした時代から先の大戦中の苦労を思われては「むねせまりくる」とのご痛切なお思いを表わされる。昭和三十年八月十五日からの独創の歌句《かく》「むねせまりくる」には、昭和天皇の特別のお思いが込められていて、この時のハワイ日系人たちの歓迎行事でも昭和天皇は、「我が国の最初の移民の地として、ハワイには、多くの日本人が移住定着し、……さまざまな御苦労があったと思い、心から同情します。」と述べられた後に、子孫の人々が米国市民として「地域社会及び米国の繁栄と、日米両国の友好親善関係の発展に尽されていることに、深く敬意を払う」（昭和50年

10月11日）[5]と結ばれた。

昭和天皇がご念願であられた米国ご訪問と、ハワイ移住日系人たちとの交流はご満足で、かつ、日米にはさらに新らしい国交を深め、両国を結び付けてゆくものとなった。

ご帰国後の昭和天皇はそのご報告に再度、伊勢神宮へ参拝なさる。

米国の旅行を無事に終へて帰国せし報告のため伊勢神宮に参拝して

たからかに鶏《とり》のなく声ききにつつ豊受の宮を今日しをろがむ

（昭和五十年）

高らかに朝明けを告げる鶏の鳴く声を聞きながら、清々しくも洋々としたお気持ちで豊受の宮を今日の、この日こそ、拝まれる感謝と慶びが表わされよう。豊受大神宮《だいじんぐう》は衣食住の守護神となる豊受大神を祀《まつ》っていて、この外宮の風宮《かぜのみや》は奈良時代からの天皇家の氏神的性格から、中世に入っては次第に国家神としても高められて国難を救ってきたと信仰された歴史がある。その豊受大神宮の歴史に立たれてのご参拝には、究極の絶望から日本国が世界の文化・経済大国にまで成熟したことの〈救いへの感謝〉も感じられようか。

昭和五十一年、昭和天皇は御在位五十年を迎えられ、次の御製に御心を託される。

在位五十年

喜びも悲しみも皆国民とともに過《す》ぐしきぬこの五十年を

（昭和五十一年）

昭和天皇のお喜び、お悲しみ、何も、皆国民と共に「過《す》ぐしきぬ」お思い、その五十年の年月への深いご感慨が込められる。七十年御賀《おんが》をお迎えあそばされた折りの

七十歳になりて　四首（内一首）（括弧と括弧内著者）

よろこびもかなしみも民と共にして年はすぎゆきいまはななそぢ

（昭和四十五年）

から連綿と続く〈民《たみ》とひとつに〉〈歴史を積み上げ〉られての重み――
その年月の御在位五十年の重みが尊く気高い。
昭和天皇ご自身が御即位当日の勅語で宣《のたま》われた「君民體《くんみんてい》ヲ一《いつ》ニ」(6)なされながらの五十年

この時の「天皇陛下御在位五十年記念式典」での御詞《ことば》こそが次のお言葉である。

今ここに過去五十年の歳月を顧みるとき、多くの喜びと悲しみとが思い出されるのでありますが、何にもまして国民が幾多の苦難と試練を乗り越えて今日に至っていることに深い感慨を覚えます。しかしながら、さきの戦争により犠牲となった数多くの人々とその家族の上を思い、今に至ってもなお戦争の傷跡が残るのを見るとき、私は哀痛の念に堪えないのであります。

終戦以来ここに三十年、国民が廃虚の中から立ち上がりたゆまぬ努力を重ねて、我が国が経済的にも大きく発展し、また平和国家として国際社会に名誉ある地位を占めるに至ったことは、まことに感銘の深いものがあります。

しかし、……世界は刻々に変化し、我が国も今後多くの問題に対処せねばならないのでありますが、外に対しては広く諸外国と協調共栄を図りもって世界の平和に寄与し、内にあっては既往の推移を深く省み、全国民が英知と勇気を傾け相協力し相扶けて事に当たるならば、必ずやより豊かな未来を拓くことができると信じます。

（昭和51年11月10日）(7)

昭和天皇は御在位なされて五十年の歴史を常に、何も、国民とひとつにあられた。

そして今日《こんにち》の日本へつながる。

さらに未来の日本へ、将来の国際社会へと歴史は展開してゆこう。

御在位五十年をもって、昭和天皇の御心もあるご境地へゆかれた様にお窺いされる。それはこの時期に詠まれる御視察や植樹祭、また遺族会の式典など、国民と直接に結び合う場などをお詠みなされた御製が、以前の時期の御製とはお心や歌風がさらに変化・変質しているからである。

結城紬実演をみて

昔よりつたはりて来し結城紬おりゆくをみなのわざみごとなり

（昭和四十九年）

には、日本伝統工芸の「昔よりつたはりて来し」「結城紬」を織ってゆく女性の技にご感動するほどの大きなお心が「わざみごとなり」に結ばれ、歌会始で「祭り」題の御製を公にされた同年の植樹祭の御詠《ぎょえい》、

滋賀県植樹祭

金勝《こんぜ》山森の広場になれかしといのりはふかしひのき植ゑつつ

（昭和五十年）

では、琵琶湖南にそびえる金勝山で、ひのきを植えながら森の広場になってほしいと祈られ、そのますます深められた祈りのお心が「いのりはふかし」に込められる。そして、

日本遺族会創立三十年式典

みそとせをへにける今ものこされしうからの幸をただいのるなり

（昭和五十二年）

にも、敗戦から三十年を経た今もなお、家の大黒柱になったであろう家族を戦争で失なわされた遺族の人々へ、ただひたすらに「幸」を祈られるお心のご一念が「ただいのるなり」に表現なされてゆく。翌年の植樹祭での一首、

高知県植樹祭

甫喜《ほき》ヶ峯みどり茂りてわざはひをふせぐ守りになれとぞ思ふ

（昭和五十三年）

では、高知県甫喜ヶ峯に植樹をした樹々が緑を茂らせて、日本の民や国やの災いを防ぐ「守りになれ」との命令形の語調によっては、平安な国を望まれるご信念にも近い強いご意志が表われ、この御製のまた翌年にも、台風などの凶となる禍《まが》が無いことを祈られながら排水機場を「われは」「見たりき」と、ご姿勢を明確になさっての御製が詠まれる。

蟹江川排水機場を見て

台風のまがなきことをいのりつつ排水機場をわれは見たりき

（昭和五十四年）

古来の〈国見〉とは、天皇の御幸《みゆき》により、治める地にも民《たみ》にも、常に〈祈り〉続けている天皇からの聖なる清らかさや、天から伝わる人間界を超えた力が与えられるとも信じられていた伝統であった。

昭和天皇御製に動作として最も多く詠まれる「見る」「見つ」表現は、古代からの、天皇が特定の場に立ち、直接に自らの眼で確認し、その地とひとつになってゆく御心とも窺われる上に、この一首の、ご自分のご姿勢をはっきりと表わされる「われ」「見たりき」

には、〈国見〉の姿勢となされての強いご意志によるご使命感までが、この時代に至って初めて明確になった様に印象を受ける。

そうしてさらに翌年は、伊勢神宮にご参拝されて「人びとのさち」と「世のたひらぎ」、それを五月晴の美しい季節の中で〈祈る〉鮮明な御製が生まれてくる。

伊勢神宮に参拝して

五月晴内外の宮にいのりけり人びとのさちと世のたひらぎを

（昭和五十五年）

それはまたの翌々年、昭和五十七年に訪れた日本発祥の地、島根県出雲市においても畳み掛ける表現の御心で詠まれてゆく。

日御碕

秋の果の碕《みさき》の浜のみやしろにをろがみ祈る世のたひらぎを

（昭和五十七年）

「世のたひらぎ」（社会全体の平和）、それをこそ「をろがみ」（拝み）「祈る」御心。
「日御碕《ひのみさき》」とは島根半島の西端、出雲御埼山の尾にあたる地で、古く杵築之御崎《きづきのみさき》と言われ、南には丘陵の向こうに国譲り神話の舞台であった稲佐浜《いなさのはま》が続いている。この地に建つ日御碕神社は『出雲国風土記』にも美佐伎《みさき》社として記される、まさしく日本が生まれた国譲りの伝承の地なのである。

その日本の源の、碕の浜の御社《みやしろ》に、秋も終焉になる頃に「世のたひらぎ」を「をろがみ」（拝み）「祈る」御心には、日本の究極の絶望、敗戦を民《たみ》と共に御身とされ、御自身はどの様になろうとももとの御覚悟で、マイナスから国を生み、国を再建なされ、国創りを積み重ねていらした昭和天皇ならではの〈平和への祈り〉がどこまでも深く尊く実感として生きていると受けとめられる。

この時期の昭和天皇の御製には、民《たみ》との直接の結び合いによって果たされた新らしい一体化と、国の整えからさらに高く昇華されてゆき、地上の人間界を超えた天上の聖なる世界へ志向されてゆく御心もお強くなってくると拝見される。

そこに向かわれる御心こそはそうして、昭和天皇御自身が神になられようとのお思いではなく、御一念に神に〈祈願〉されてゆく大御心《おおみこころ》。
〈祈り〉に込められる願いも決して昭和天皇御自身についてのお思いではなく、「民《たみ》の幸い」と「国の平和」、さらには「世界の平和」なのである。

この在り方こそが古代から綿々と生きてきた〈本来の天皇の在り方〉、に他ならない。

それは現実空間での日本と世界への創建と、昭和天皇御自身の祈りの深まりだけでなく、非現実の時間での日本への志向でも同じ様に変化してゆく様に。

御在位五十年を経た頃からの御製には、古代の日本の誕生から奈良時代へ、天皇を中心として臣民がひとつに国を運営していた制度として整ってきた創生期へと、御心をはせられる御詠が目立たれて、昭和五十四年には五首もの御製となって生まれている。


掘りいでし風土記の岡の品々を見つつし思ふ遠き世の史《ふみ》

西都原《さいとばる》古墳群

（昭和五十四年）

まだ日本が朝鮮半島の高句麗・百済・新羅などの国々や中国大陸の宋国などとの外交により倭国《わこく》としての国体を整えようとしていた五、六世紀頃の成立かと推定される宮崎県西都原の、大小三百十一有余基もの古墳群での御詠。掘り出された風土記の岡の品々を〈見〉ながら、遥か遠い時代の歴史への感慨である。宮崎と言えば、九州山地の中央に位置する筑紫《つくし》の日向の高千穂《たかちほ》は『古事記』や『日本書紀』以来、瓊瓊杵尊《ににぎのみこと》が天照大神《あまてらすおおみかみ》の命を受けて高天原《たかまのはら》から降りてきた天孫降臨《てんそんこうりん》の神話が伝承される地。西都原古墳群にて遺された品々を「見つつ」（見ながら）昭和天皇が思われた「遠き世の史《ふみ》」（遠い時代の歴史）とは、いったいどれほどまで遥かな時空を超えた世界への歴史であったのであろうか。

そして「奈良県の旅行」の詞書で詠まれた四首の内、先に初めの二首。

正倉院

遠つおやのいつき給へるかずかずの正倉院のたからを見たり

冷々としたるゆふべに校倉のはなしをききつつ古《いにしへ》を思ふ

（昭和五十四年）

「正倉院」も聖武《しょうむ》天皇の没後に光明《こうみょう》皇后が遺愛品を中心に東大寺に献納した国際性豊かな伝来品「正倉院宝物《ほうもつ》」を納める宝庫。奈良時代、昭和天皇からは遥か何代も何十代も遡った時代の皇祖「遠つおや」となられる帝《みかど》方が神聖なお品として祭った数々の「斎《いつ》き物」、正倉院の宝を御覧になられた感慨から、二首目に移り、冷々とした夕べに古代の倉「校倉《あぜくら》造《づくり》」の建築様式についての話を聞かれながら「古《いにしへ》」（遥かなる昔）を思われてゆく。独特の造り方による通気性を良くした校倉造の建築方法で、当時にあって現代科学にも通じる方法が存在した話に、往時を思われ、「遠つおや」を思われてゆく。昭和天皇の歴史へはせるご感慨はどれ程に広く深くいらしたことであろう。

次に「甘樫丘」で朗詠された古歌を聞かれては、

甘樫丘にて　犬養孝古歌を朗詠す

丘に立ち歌をききつつ遠つおやのしろしめしたる世をししのびぬ

（昭和五十四年）

と、奈良県明日香村豊浦にある「甘樫丘《あまかしのおか》」に立たれて古歌の朗詠を聞きながら、「遠つおや」の領《し》ろし召《め》したる（御統治なされた）世をお偲びなされる。この地では五世紀前半に、仁徳《にんとく》天皇皇子の允恭《いんぎよう》天皇が、事の是非や正邪を決める際に神意をうかがう盟神探湯《くかたち》が行なわれたと『日本書紀』に伝わる。允恭天皇の治政の地ではありながら、昭和天皇はどこまで遥かな「遠つおや」方の、「しろしめしたる世」（お治めなさる代と社会）をお偲びなされたのであろうか。感慨は果てしなく広く永く無限でいらしたろうか。

最後、法隆寺を御覧になる。法隆寺こそは用明《ようめい》天皇の皇子聖徳太子の建立の寺院、十七条憲法によって仏教が日本を護ってゆくと言う鎮護国家《ちんごこっか》の礎《いしずえ》を固めての、日本の永い伝統を象徴する寺院である。七世紀の前半には建立されていたこの「法隆寺」に、昭和天皇は

過ぎし日に炎をうけし法隆寺たちなほれるをけふはきて見ぬ

法隆寺

（昭和五十四年）

と、世界最古の木造建物の金堂・塔・中門や創建当時の釈迦三尊・百済観音像・玉虫厨子《ずし》など、日本人の信仰の対象となって魂の源となってきた仏教を象徴する多くが保たれながら、過ぎし日、昭和二十四年の大火災で「炎をうけ」たことを詠まれる。この火災では、和銅年間以前に創作された金堂壁画の大半が焼失してしまったのであった。そして三十年を経た今、立ち直った姿を今日のこの日に来てご覧になられたことを、ここでもご確認のお慶びの国見の様に「けふはきて見ぬ」と結ばれる。

そして翌々年にも昭和天皇は、法隆寺へ込められたお思いと通じながら、さらに深い御祈念を込められた御製を詠まれてゆく。

大仏殿

いくたびか禍《まが》をうけたる大仏もたちなほりたり皆のさちとなれ

（昭和五十六年）

何度も「禍《まが》」を受けた大仏が立ち直ったことを慶ばれ、皆の幸《さち》となることを祈られる。

東大寺も、厚く仏教を信仰し、全国に国分寺を建立した八世紀の聖武天皇により建立され、当時にあって総国分寺とも称された。そこに安置された大仏（盧舎那仏像《るしやなぶつ》）は五年もの年月をかけて天平勝宝元年に完成、三年後に盛大な開眼供養《かいげんくよう》が行なわれた歴史上の仏像である。ところが治承四年の平家と東大寺との戦いで平重衡《しげひら》らが放った火が折りからの強風で広がり、仏像は甚大な損傷をうけ大仏殿まで焼失、鎌倉時代に再建されたもののまた南北朝の争乱で寺院は荒廃、さらに戦国時代に入って永禄十年の松永久秀と三好氏との戦闘で再度大仏殿以下の堂宇が焼失したのであった。元禄五年に現在の大仏殿は再建されたが、今度は明治政府の廃仏毀釈《きしやく》によりさらなる打撃を受け、戦後に至ってようやく大修理が加えられては、昭和五十五年十月十五日に落慶法要が行なわれるに至る。

御製に表わされる「禍《まが》」には軍事による戦さでの焼失から、六世紀に日本に入った仏教が鎮護国家の国家観のもとで国を守り続け、神仏習合《しんぶつしゅうごう》の宗教観によって神と共に日本人の信仰の対象であり続け、その〝仏教〟を象徴する大仏が近代新政府の廃仏毀釈などとの政策で荒廃させせられたまでの全ての歴史が表わされよう。その歴史の奥にはそして、幾度もその存在が危機となりながら、歴史の中の日本人たちによって再建され、信仰を集めてきた歴史もまた表裏一体となって広がってゆく。「たちなほりたり」には昭和天皇がご感慨された歴史に生きる日本人たち全ての者へのお想いが重なろう。そうしてそのお想いは結句の「皆のさちとなれ」との全ての民《たみ》への「幸」へのご「祈願」に結ばれてゆく。

神仏習合を伝統としてきた日本にあって昭和天皇は、地上を超えた〈天〉への〈祈り〉のみならず、〈仏教〉への〈祈り〉へもお心を広められてゆかれる。

そして晩年に次の一首を詠まれてゆく。

歌会始　旅

遠つおやのしろしめしたる大和路の歴史をしのびけふも旅ゆく

（昭和六十年）

実は「正倉院」「法隆寺」の御製を詠まれた昭和五十四年から、この御製の前年となる昭和五十九年まで昭和天皇はわずか六年間に三度も奈良、日本の歴史が発祥し日本の国の制度が整った時代となった地、奈良県下を御訪問されていらっしゃる。

奈良は古来日本の歴史が創生された地と言うばかりでなく、「大和の国」として日本人の郷愁を誘う精神的な古里となる地。

『万葉集』（巻一）にも

大和《やまと》には　群山《むらやま》あれど　とりよろふ　天《あま》の香具山《かぐやま》　のぼりたち　国見をすれば　国原《くにはら》は　煙《けぶり》立ちたつ　海原《うなはら》は　鷗《かまめ》立ちたつ　おもしろき国ぞ　秋津嶋《あきづしま》　大和《やまと》の国は

と謳《うた》われるとおり、その美しさゆえに永く日本の原風景と憧憬されてきた古里であった。

御製には、遥か古《いにしえ》の記紀による伝承の時代からこの大和の国を治めてきた「遠つおや」の、おひとりおひとりが治政をされた「大和路」に生きる歴史を偲ばれてお旅をゆかれた日々、その全てへのご感慨が詠み込められていよう。そこで詠まれた日々はそして、まるで映像の一齣《こま》一齣の様にもなって御製の奥にも旅を創り上げてゆかれる。

このお旅の中で昭和天皇がご覧になられたのは「大和の国」のひとつひとつの風景であろうし、そこで想われた「遠つおや」はその、ひとつひとつの風景の主人公となった帝《みかど》方であろう。そうして、この御製からさらに連想を濃くしてゆくと、そこには神武天皇から昭和天皇まで続いてきた歴代の天皇方、その天皇方が中心に在って民《たみ》と共に日本を創り生きてきた歴史、その中で普遍的に在った〈天皇となされての大御心〉などまでへも心は広がってゆこう。

この時代に至り、ようやく日本の歴史において〈政・まつりごと〉ではなく天皇の本来となる〈祭り・まつり〉の御製をお詠みになれる所へ至られた昭和天皇。その昭和天皇が、その後に赴かれては、「大和路」を「歴史をしのび」「旅ゆく」中で、お心に湧き上がっていらしたお思いとはいったいどの様なお思いでいらしたのであろうか。

そこでは確かに日本の伝統の中で生きていた、
〈天皇となされての在るべき御本来〉
のお姿も御心も、そこでひとつひとつを決定し創り上げていった「遠つおや」の
〈歴史の積み重ねから連続〉
へ、そうして成された
〈日本の国創り〉
も、遥かな時空を超えて、その彼方へお偲びなされていらしたのであろうと想いがはせられる。

✽

この本に扱ったのは、那須のうち西那須地方を含まない地域である。そこは植物分布上おもしろい所であるのに、従来まとまった植物誌の無いことを思い、……専門家でもないし、まことに不備なものではあるけれども出版することにした。

この著が植物学研究の資料になり、植物愛好者が一人でもふえ、また学生の植物観察の際などにも、広く利用されるようになったら望外のしあわせである。

…

昭和37年3月　　裕　仁

昭和天皇の御玉著『那須の植物』(8)の序文である。また二十余年を経て昭和天皇は、『那須の植物誌　続編』(9)でも、「那須の自然」の、動物も植物も「本来の生」を営むことができる「自然環境」の保全について、序文に記される。

那須に来ると、夜明け前に森の奥から鳥の声がひびいて、さわやかな朝を迎える。

遠く八溝の山すそまで広野が続いて、緑が一面に広がっている。幾年かの間に植生の変化が現われてきてはいるものの、那須の自然は新鮮で生き生きとしている。ここでは動物も植物もその本来の生を営むことができるような環境の中にある。私はこんな自然環境がいつまでも保たれてゆくことを願ってやまない。

…

昭和60年7月　那須にて　　　裕　仁

戦後十七年の『那須の植物』の序文には、生物学者となされての科学の進歩を望まれるお心で記されたご姿勢が窺われるが、この時代（昭和六十年）に至られての『那須の植物誌　続編』には、夜明け前から朝となってゆく時の流れの中に展開される鳥の声や昇る陽の光、それにより見え始めてくる風景など、視覚・触覚・聴覚からの美性が、感覚的文章の中に美化されている。そして科学者昭和天皇のお眼は、現象として形を成す物の本質となる「本来の生」までをも洞察され、命ある全ての生きものが相互に本来の生を尊重されて共生してゆける理想の「自然環境」をも、芸術性までを含む視野から記されてゆく。

海洋生物と植物の分類が昭和天皇のご趣味でいらしたが、その御学問は趣味の域を越えて、卓越された専門のご研究ともなられ、御高著も先の二冊以外に十冊以上にも及ばれてご出版されている。それらを列記させていただくと次のとおりとなる。

『相模湾産後鰓類図譜』（昭和二十四年）
『天草諸島のヒドロ虫類』（昭和四十四年）
『那須の植物誌』（昭和四十七年）
『相模湾産甲殻異尾類』（昭和五十三年）
『伊豆須崎の植物』（昭和五十五年）
『伊豆大島および新島のヒドロ虫類』（昭和五十八年）
『パナマ湾産の新ヒドロ虫』（昭和五十九年）
『相模湾産海胆類』（昭和六十一年）
『相模湾産海蜘蛛類』（昭和六十二年）
『相模湾産ヒドロ虫類』（昭和六十三年）

多岐に渡られての大変に専門性の高いご研究の集大成ばかり。

昭和天皇が生物学を選ばれた理由については、歴史学にも興味がおありでいらしたが、いろいろな人から利用されるおそれもあり、健康の方からお考えになられても（歴史研究は）坐禅的なもの（座学ということか）であったから、生物学の分野をご研究なさる様にお選びされた（昭和五十一年十一月六日）(10)と語られている。

この様に述べられた昭和天皇であるが、生物学を選択されたお考えには、天皇となされてのお姿と共通する御心が生きていらしたと窺われる。

先に掲げた『那須の植物誌　続編』(11)序文には、地上から天空に生きとし生けるもののひとつひとつの命はもちろんのこと、それを生かしめている無限な自然体までをお慈《いつく》しまれ、尊重なさり、その美に感応されては、お大切にされる御心が鮮明となっている。これこそが、国の民《たみ》ひとりひとりをお慈しまれ、お大切にされて共にひとつにあろうとされていらした大御心そのものではないだろうか。

昭和天皇がご研究の専門分野として生物学を選ばれたのは、実は、〝天皇ゆえのお立場から〟ではなく、〝天皇ゆえに育まれた御心によって〟と言えよう。

これについてはさらに、「雑草という草はない」とおっしゃられたことについて、理由を質問された折りの、昭和天皇のお言葉が残されている。

そのことについては、私は、植物を好んで観察するそのせいかもしれないが、どうもその名前は少し侮辱的なような感じがして、どうも好まないのです。それは、米や麦のような穀物、あるいは、カボチャのような野菜が作られている水田や畑に生ずるところの植物があって、これは多少栽培植物の生長を妨げるような感じがあります。

また、道端に雑然として咲いている植物を、どうも指すのではないかと考えています。さっきいったようにどうも侮辱したような感じがあって、非常に私は残念に思っています。

これらの道端の植物や、先にいった畑等の作物のうち、また、水田のうちにも綺麗な花が咲いたり、役に立つものもあるので、どうもおもしろくない名前だと私は思っています。

（昭和59年8月31日）(12)

まさしく民《たみ》ひとりひとりへの〝慈愛〟の御心そのものと言える。そして、戦時中は昭和天皇の御名で発見された新種は発表できなかったりとか、様々に制約を課せられていた生物学ご研究を、戦後になってからは次々と進められ体系化されていらした。

それらへのご姿勢は御製にも反映され、この時代に入ってからは、動植物を詠まれる御製が急激に多くなってくる。それらの中から特に、生物を対象とする御製の、とりわけ一輪の花、一本の木、一匹の動物の名前を詠み込まれて、それらへの昭和天皇のお慈しみが感じられる御詠を辿ってみたい。

本工場よりおくられし記念のシーラカンスの陶器

大いなるシーラカンスのするゑものを室にかざりぬ旅をおもひつつ

バッキンガム宮殿にやどりて

そのかみは庭に鳥を見ることもなかりしに

フラミンゴの遊べる庭は女王のみこころやさしく匂へるが如し

ロンドンの動物園

かねてよりの訪はむ思ひのかなひたりけふはロンドンに大パンダみつ

この園のボールニシキヘビおとなしくきさきの宮の手の上にあり

緑なる角もつカメレオンおもしろしわが手の中におとなしくゐて

アムステルダムの動物園

なつかしき園にフロリダのうみうしのおよぐを見ればこころうれしも

（以上、昭和四十六年）

マングローブの自生地にて

潮のさす浜にしげれるメヒルギとオヒルギを見つ暖国に来て

薩川湾にてグラスボートより

海底を覗き見たればイシサンゴのひまひまをゆくさまざまの魚

観光ホテルにて

朝なぎの名瀬の浜辺をみてあればまなかひななめにルリカケスとぶ

（以上、昭和四十七年）

宮崎県の旅行

滑走路を真下にみれば黄の色にキバナルピナス咲きつづくなり

上野動物園にて

ロンドンの旅おもひつつ大パンダ上野の園にけふ見つるかな

この園を十年《ととせ》の前に見しよりもペンギン鳥の種《しゆ》の増えにけり

アフリカにすむてふボンゴの珍しさかひなれしさまを見ておどろけり

今日ここにボールニシキヘビを見るにつけ今なほ忘れぬロンドンの旅

（以上、昭和四十八年）

よみうりランド水族館

オランダの旅思ひつつマナティーのおよぐすがたをまたここに見ぬ

（昭和四十九年）

サンディエゴ動物園にて

オカピーを現《うつ》つにみたるけふの日をわれのひと世のよろこびとせむ

濠洲よりユーカリの木をうつしうゑて飼ひならしたりこのコアラベアは

（昭和五十年）

宮崎国民体育大会

若人の競ふ広場を囲みたるカナリーヤシに南国を思ふ

（昭和五十四年）

昭和記念公園にて

秋ふかきカナールのほとりに色づける公孫樹並木の黄なるしづけさ

（昭和五十八年）

戦時下におかれては制約の多かった生物学ご研究も、戦後を迎え業績を積み重ねられ、この時代には科学者昭和天皇の観察・調査・分析が窺える御詠も生まれている。

昭和五十年の米国御訪問でも、時間のゆとりもない旅の一寸も惜しまれて、科学の進む米国のいくつかの研究所で御研鑽を重ねられるご様子が。

スミソニアン・インスティチューション、ウッズホール海

洋学研究所、ウッズホール海洋生物学研究所、ニューヨーク植物園、ラホヤのスクリップス海洋研究所を見る

数々の研究所訪ひてまなびたりいとまなき旅の時ををしみて

（昭和五十年）

御製からは先進科学を研究する多くの研究所で学ばれるお楽しみや充実感が満ちてこよう。そのお楽しさは次の御詠からも想われる。

在位五十年

夕餉をへ辞書をひきつつ子らと共にしらべものすればたのしくもあるか

（昭和五十一年）

御在位五十年の一首で、夕餉を終えられた後に、辞書をひかれながらお子様方とご一緒に調べものをなさることへの楽しさへの詠嘆を詠まれている。何の調べものかは表わされてはいないものの、御生涯に渡る御製全体の中でのこの時代の特徴からは、生物学の調べものであろうことが最もに想定されよう。また、このお楽しさは次の御製にも。

東宮御所の祝（在位五十年）

鮮かなるハタタテハゼ見つつうからららとかたるもたのししはすにつどひて

（昭和五十一年）

今上《きんじょう》陛下がまだ東宮殿下でいらした頃に昭和天皇の御在位五十年を、東宮御所でお祝をなされた折りの一首。琉球列島より南のサンゴと砂の混じる海底に生息する全体が淡黄色から乳白色、そして赤褐色のグラデーションとなっている色彩も鮮やかなハタタテハゼを見ながら、一年が終わろうとする師走に集まってご家族と語ることもまた楽しいこと、との、そのお楽しみが四句目に終止形となる「かたるもたのし」に明示されている。

そして皇孫方へも昭和天皇の生物学ご研究のご熱意は引き継がれてゆく。

皇居のベニセイヨウサンザシ

夏庭に紅の花さきたるをイギリスの浩宮も見たるなるべし

（昭和六十年）

昭和天皇がいらっしゃる日本の皇居、季節は夏となり、その皇居の夏庭に美しい彩《いろどり》を見せて紅色の花が咲いた同じ花を、日本からは遠い地にご留学中のイギリスにいらっしゃる浩宮《ひろのみや》様もきっと見たであろう、見たに違いない、との御詠である。

詞書に示される「ベニセイヨウサンザシ」とは、ヨーロッパ辺りから分布し英国で愛《め》でられる紅西洋山樝子の花、その「紅の花」を手立てとして、日本とイギリスとの遥かな距離を隔てながらも、昭和天皇と皇長孫が言葉に出さなくとも共通の理解をご信頼されていらっしゃるご確信が、「見たるなるべし」の強調表現に表わされよう。

生物学のご研究を昭和天皇は、この様《よう》に皇統をご継承される皇長孫へ日本伝統の導師の様に伝授なされただけではなく、同時に御自分の「遠つおや」を敬慕なされて遥か古《いにしえ》の歴史から生きる動植物へもお思いを寄せられる。

昭和五十九年、「遠つおや」がお治めになった「大和路の歴史」を偲ばれて日々行かれたお「旅」の中で、昭和天皇は十月十二日春日大社萬葉植物園を訪れていらっしゃる。そこで境内に密生している「なぎ」（梛）の樹木を御視察されて、大社内に神のお使いとして飼われる鹿がなぎの幼樹を食べないために、春日大社に育生している「なぎ」が美しく成長して御社を護っていることを思われる、そして次の御製へと。

奈良県の旅　万葉植物園にて

珍しきなぎの林をみておもふ人のあがむる宮のまもりと

（昭和五十九年）

一本一本の草木とひとりひとりの民へのご慈愛は、一種一種の樹木や植物の全てが美しく貴く成長してこの日本の民と国とを護ることとへの〈祈願〉へとなってゆく。

無限な宇宙に存在する一切の生命、目に見え耳に聞こえ鼻に香りが漂い手で触れえる有形な全てに、たとえ一つの山、一本の木、一輪の花にもそれらのありとあらゆるものに〈神が宿りおわす〉と言う思想が、日本と日本人の〈自然信仰〉の在り方であった。それこそが民《たみ》も君《きみ》も自然も常に、いかなる場でも、そこに降りて来られた神に護られながら、この日本の中でひとつになって生きる日本人と日本の在り方の伝統――

国創りを成され、天へご志向されながら、日本の歴史に向かわれ、ご自身の内に天皇となされての御本来を生かされてゆかれた様に受けとめられるこの時期の昭和天皇の御製は、この時代にご専門の生物学ご研究ともひとつとなっていらっしゃる。そのお心がこの時期に急増する生物を対象とした御製でも、ひとつひとつの生きものの「本来の生」を尊重されながら、その存在を貴び本性《ほんせい》を慈しまれる御心として、一首一首の生きものの名から光を放ってはきらきらと輝やいて感覚される。

「祭り」（昭和五十年）が詠まれる時代に至っては、また、「平和条約」以降に洗練されてきた叙景歌が、ますます洗練され透明感を帯び、神々しい境へご昇華なされてゆかれる様に印象化される。

＊

その表現はそして、摂政宮時代や践祚後の戦時下と同様の、『新古今和歌集《しんこきん》』に入る後《ご》鳥羽《とば》上皇御製からの歌詞《うたことば》・歌句《かく》ではありながら、しかし、かつての、王朝和歌を背景に、その叙景に治政のご苦悩を託されていた詠法とは異なってくる。むしろ今度は、後鳥羽上皇の表現も昭和天皇御自身の歌句とこなされて、そのご自分の表現とされた歌句で、王朝和歌に通じる華やかにも透き通る歌風で、独立した和歌世界を創り上げてゆかれる。

楽

豊年のにひなめまつりの夜はふけてしづけき庭に楽の音きこゆ

（昭和四十八年）

豊作となった慶びの年の「にひなめまつり」の夜は更けて、静かな庭に雅楽の音が聞こえてくる情景。稲作は紀元前に日本に入ってから日本人の生活の最もの基盤となるもの、そこから神々への祈りも自然への信仰も生み出されて、経済から文化・宗教にまで日本の中心柱として思想大系をも成してきたものである。そして五穀豊穣は日本人へ最もの幸いも精神的喜びももたらしてきた一年の実り。古来、新穀が収穫されるとそれは初めに神々と皇祖に供え、豊饒を感謝し、来たる年の豊作を祈っては天皇自らも食される最も神聖で大切な祭祀であった。この「新嘗祭《にいなめのまつり》《しんじやうさい》」は夜を徹して行なわれる儀式で、御製は深夜になっていった静けさの中で、神へ向かう雅楽の音が流れて聞こえる景を詠まれよう。

光もなく他の一切の雑音もなく、人の息さえも聞こえてくる様な闇と静寂の中、神と共に在られては無限に広がる空間に、楽の響きだけが澄み渡ってゆく。人間界を消し去った世界で響きに導かれ、時空共に浄化されて聖なる世界へ昇華されてゆく神々しさ——

この後に詠まれた「冬月」の御製。

須崎の冬の月

風さむく師走の月はさえわたり海をてらしてひかりかがやく

（昭和四十八年）

寒夜に突き刺す様な風が吹き、皓皓《こうこう》と冴え渡る月が海を照らして、海もひとつに輝やく冬月の景。冷たい風も透き通る様な感触に、海から空まで無限に真暗な空間に白々とした冬月だけが透明感をもって在りながら、空間全体を光によって透《す》く感に構成されている。

この冴える冬月が照らす澄清な景は、王朝和歌でも、「冬月といへる心をよめる」との詞書で詠まれた「夜をかさねむすぶ氷のしたにさへ心ふかくもやどる月かな」（『千載和歌集』・冬・平実重）の様に、院政期『千載《せんざい》和歌集』に至って到達された美観であって、それは同集では悟りの境も象徴して多様に詠まれた時代的趣向であった。また同集には月に対して祈る、「月よみの神し照《てら》さばあだ雲のかかる憂き世も晴れざらめやは」（神祇・大中臣為定）との和歌も入る。『日本書紀』に伊奘諾尊《いざなきのみこと》と伊奘冉尊《いざなみのみこと》との間に、天照大神《あまてらすおおみかみ》を姉とし、素戔嗚尊《すさのおのみこと》を弟として生まれた、夜の食国《おすくに》を統治する月読尊《つくよみのみこと》に、情景として在る「月」を掛けながら、「月よみの神」が照らす世の平安を祈る神祇歌《じんぎか》である。王朝和歌の伝統では『千載和歌集』において初めて澄む冬月と清らかな氷に月光を重ね交錯させた美しい透明感の中に信仰を究める和歌が生成され、美と智と霊が融合した境に入ってくる。

昭和天皇の「冬の月」の御製にも月読尊への信仰のお心が感覚されようか。

そして昭和天皇のこの様な空間全体に冴え渡る月光の景は、次の御製にも窺えよう。

新月

さえわたる伊豆の成宮屋根の上の夜空に遠くみかづきの光《て》る

（昭和五十二年）

本第五章初めに掲げた御製「祭り」が詠まれた昭和五十年に今度は、風景全体が闇の空間ではなく、茜《あかね》色の夕日に映える深い情景を構成した遠景の眺望の御製も生まれている。

賢島おつる夕日はあかあかと空に映りて秋ふかみゆく

（昭和五十年）

三重県賢島《かしこじま》に落ちてゆく夕日は、その色が大変に明るくも真赤に空に映って、まさしく秋の夕暮時の色の輝やきの中で、今まさに秋が深まってゆく情景である。「夕日」の色や「紅葉」の彩《いろどり》に「秋の色」を視《み》るのは、『新古今和歌集』「深山路《みやまぢ》やいつより秋の色ならむ見ざりし雲の夕暮の空」（秋・前大僧正慈円）や、同集で名高い秀歌とされている「三夕《さんせき》の歌」以来の伝統で、三夕の歌の歌人藤原定家は「夕月日向《ゆふづくひ》かひの岡のうす紅葉まだき寂しき秋の色かな」(『玉葉和歌集』・秋)も伝えている。御製からは、海から空まで無限に広がってゆく空間全体に、夕日が放つ日本古来の伝統色である茜色が映える情景で深まる秋の情趣がわき立つ様であろう。

この光景は昭和五十二年・五十三年の次の二首にもより鮮明となってゆく。

歌会始　海

はるばると利島《としま》のみゆる海原の朱《あけ》にかがやく日ののぼりきて

(昭和五十二年)

遥か彼方へと利島が見える海原から、朱色に輝やく朝日が昇ってきて、海面全体も朝日を受けて朱色に照り映えている景である。

昭和天皇は昭和四十六年に造営された須崎御用邸を大変に好まれて、昭和四十七年から六十三年までの毎年、冬や春に香淳皇后とおそろいで赴かれている。この地では、植物のご観察もご熱心に『伊豆須崎の植物』(13)(昭和五十五年)をご出版されている上、晩年の歌会始の御製六首の他に三十三首ものこの地を詠まれた御製を残されている。

一首はその須崎から、晴天の朝に眺望した伊豆七島の利島まで続いている大海原と、そこから無限に広がる空、そこに昇ってきた太陽の朝日によって海から空まで朱色に輝やく空間が構成されている、視界全体から遥か彼方まで朱色の光がきらめいて無限となる世界となろう。情景に描かれる昇る日には太陽神への、その光に輝やく海には海神への、またその孫となる神武天皇への祈りが秘められようし、何より空間全体を彩っている「朱」の、神の色こそが全ての自然神への崇敬が象徴される様に想われる。古代日本には山の神が白い鹿に化《な》るとか神が丹塗《にぬ》り矢になるとかの伝承があり、白や丹《に》・茜《あかね》は霊力の色として、「赤玉は緒《を》さへ光れど白玉の君が装《よそひ》し貴くありけり」（『古事記』）に伝わる尊貴の色と崇《あが》められていた。まさしく御製は神々の世界へ昇華される尊い一首と言える。

そしてこの神々の彩《いろどり》の世界は、今度は夕日に映る積雲の空間を詠まれた次の御製へと。

我が庭の秋の御空の積雲はあかねのいろにほのぼのにほふ

（昭和五十二年）

昭和天皇がいらした皇居の庭の秋のみ空の積雲が、夕陽に映えて「あかねのいろ」にほのかに彩られる風情がわき立つ。昭和五十年「夕日はあかあかと」、昭和五十二年「朱《あけ》にかがやく日」と共通する色、それをこの御製では「あかねのいろ」と明確な色目《いろめ》によって表わしているが、先の二首が光に輝やいての明るく鮮明な情景であったことに比して、この一首はほのやかな色彩が視界全体を穏やかに包む様《よう》な景となっていて、その色目の変化が表われている。いずれにしても、三首共に日本古来の色目である「茜色」が美しい。

この後、毎年の歌会始では昭和五十五年から五十八年まで、四年間連続して〈帝王ぶり〉となるおおらかで華やかに、そしてゆったりと流麗な時間が移りゆく典雅な御製が披講されてゆく。

紅のしだれざくらの大池にかげをうつして春ゆたかなり

歌会始　桜

（昭和五十五年）

木々を彩り空を染めるしだれ桜の紅色、その紅色のしだれ桜が大池に映っている春の豊かさである。地より低い水の色も地上の色も、果ては陽光に映える空までも桜色に染まる様な華やかな「紅色」の空間で、空間全体から優美で豊かな「春」が広がってゆく情趣。

このおおらかさと優雅さは、後鳥羽上皇の「桜咲く遠山鳥《とほやまどり》のしだり尾《を》のながながし日もあかぬ色かな」（『新古今和歌集』・春）とも通じる帝王ならではのゆったりとした春の典雅な豊かさに重なろう。

また次ののどやかな叙景歌も。

歌会始　音

伊豆の海のどかなりけり貝をとる海人の磯笛の音のきこえて

（昭和五十六年）

のどやかにゆったりとした伊豆の海、そののどかな中から聞こえる貝を採る海人《あま》の磯笛の音《おと》を詠まれる。暖かさとうららかさゆえに響く音《ね》だけが心に伝わってくる磯笛の音であろう。視覚の美ではなく、聴覚の美を感覚した御製である。また一首。

歌会始　橋

ふじのみね雲間に見えて富士川の橋わたる今の時のま惜しも

（昭和五十七年）

昭和天皇は公にされている限り、津軽富士の様にその土地ならではの名山を富士に見立てた御詠も含めて、御生涯で十首以上の「富士」を詠まれている。それらの富士御詠は主に第一章や第二章に時代の歌風を象徴していたが、この（昭和五十七年）御製は雲間の富士の峰を富士川の橋を渡る今の時の間も惜しみ見る御詠となる。富士の美しさに神々しさを覚えるのは一般の者も同じであろうし、その一瞬の姿さえもとらえたいと思うのもいつものことであろう。その様な一般の者にも通じる思いが「今の時のま惜しも」から伝わる。が、これまでの昭和天皇の富士山信仰のお心から、また「見る」ことが、天皇にとっての〈国見〉からつながる祈りであることから、この御製にも日本の伝統となる自然崇拝のお心が奥深く生きていらして、富士川の橋を渡る今の、その、時の間も惜しまれて祈られる御心が秘められる様な富士への崇敬がお窺いされよう。

そして新らしい趣向の叙景歌。

歌会始　島

凪ぎわたる朝明《あさけ》の海のかなたにはほのぼのかすむ伊豆の大島

（昭和五十八年）

どこまでも静かに波もなく穏やかに広がってゆく朝明の海の彼方には、ほのぼのと和《やわ》らかくかすむ伊豆の大島が横たわって見える景である。昭和五十二年御製「はるばると利島《としま》のみゆる海原の朱《あけ》にかがやく日ののぼりきて」に通じる荘厳さで、海から空までひとつにつながってゆく空間が朝明の陽光とその色に映る中に、ほのぼのとかすむ伊豆大島が見えて在る風景となろう。が、五十二年の御製が「朱」の色に輝やく光を放っている鮮明な明るさに対し、この「島」の御製は全体がほのやかにまるでベールがかかっている様な朦朧とした空間を表現した新らしさが趣向となっていて、その趣向こそがおおらかで典雅な、これまでの御製とはまた異なる情趣の帝王ぶりを成している様に窺われる。

この新らしい帝王ぶりの趣向ではさらに次の御製が華やかさとなってゆく。

春灯

ほのぼのと霞たなびき稲取のともしびはみゆ春の夜にして

（昭和六十年）

題の「春灯」から、暖かさがにじむやわらかい灯火に春の色や春の景へ想いがはせられてゆく。王朝和歌でも歌聖藤原定家が「山の端の月まつ空の匂ふより花にそむくる春のともし火」（『玉葉和歌集』・春）と詠むとおり、空のほのやかな色や花の彩《いろどり》の中に揺れるあわくも華やかな春の季節の灯が「春灯」のイメージである。

この題で御製も、春になって立つ霞《かすみ》がほのやかに空に立って空にたなびき、その、ベールがかかったかの様な透明感を帯びる空間の中に揺れる、これもまたぼんやりとした稲取の春の夜の灯の景を詠まれる。

梅の香りでも桃の神聖さでも、桜の華やぎでもない、色も形もはっきりと感知されることのない透いた感覚の、無限に広がる空間の雰囲気となろう。

この御製の初句・二句「ほのぼのと」「霞たなびき」そして結句の「春」によって共に想起される御製が、これまでも昭和天皇御製の多くに表現されてきた平安も末から中世の時代初めに生きた後鳥羽《ごとば》上皇の『新古今《しんこきん》和歌集』に入る巻頭二首目、

春のはじめの歌

ほのぼのと春こそ空に来《き》にけらし天《あま》の香具山《かぐやま》霞たなびく

の春の和歌。ほのやかに春が空に来た気配を感じられるゆったりとしたおおらかさ、春の慶び、立春と共に立つ霞が空に立ってたなびいている透明な感覚の空間美などが、昭和天

皇の六十年御製と重なろう。ただし後鳥羽上皇がたなびく霞の透明感を通して彼方に視《み》たのは「天の香具山」、天皇中心の律令制が日本の国の体制として整ってきた古代の歴史を象徴する香具山であるのに比して、昭和天皇御製は眼前の現実の景となる稲取を詠む方法が異なる。典雅でおおらかな帝王ぶりの歌風は二首共に共通するものの、先の点で、後鳥羽上皇の叙景歌が象徴性を帯びるのに対し、昭和天皇御製は純粋に遠景を眺望して構成された客観的叙景歌となっていると感覚されよう。

するとき昭和天皇（昭和六十年）御製は、後鳥羽院大御歌《おおみうた》の二句「ほのぼのと」「霞たなびき」と一詞《ことば》「春」の表現を摂取し、一首が構成する空間や情趣は後鳥羽院和歌につながりながらも、完結する和歌世界の本質は全く変化させた、本歌取《ほんかどり》の御製ともなろう。

この様な詠み方まで至られたこの時代の、これらの歌風の叙景歌ほど、公となっている昭和天皇の御製の中では、透明感を帯びる〈純客観的叙景歌〉はない様に拝見される。

その透明感は時に音によってのみ感知しうる闇の世界であったり、時に空と海との全体が月光によって構成される光景であったり、また時には地上から空へも地上から映る水へも幾重に重なる広大な空間であったりと、多感覚によって感知されて創られた世界。その中の彩《いろどり》も、浩々とした冷え感のある透明や、古代日本から神様の色と崇められてきた茜色の輝やきや、最も日本的風情として愛でられてきた桜色とその揺らぎの色などである。

しかし大切なことは、それらの中に和歌を生み出した〈美も智も霊〉も融合されてきているること、それが地上の人間界を超えた天空の世界へ昇華してゆく飛翔に、和歌の読み手までもが導かれてゆく様な歌境に至られておられる和歌世界となっていらっしゃること。その歌境においては、和歌をお生みなさる御魂《おんたましい》が神その方ではなく、神の世界へ向けて刻《とき》を追い一首を追ってお近づきになっていらっしゃる純化が視《み》える様であろう。〈祭り〉――古代日本から生きてきた天皇の御本来の御製をお詠みなさる所まで日本社会も復活しえたこの時代、御製をお詠みなされる御魂も時空を超え、日本に生きる本来の天皇の境地とひとつになられ、これら神聖にも美麗な、そして帝王ぶりとなる和歌をお生み出だされた様に憧憬されよう。

❀

ここに至りようやく昭和天皇御製にお窺いされるテーマと歌風。

それこそが昭和五十年「祭り」、昭和五十七年「日御碕」の御製に象徴されよう。

これら二首を頂点として、この時代の御製には、とりわけ「伊勢神宮」をご参拝なされた神祇歌には、「民《たみ》が飢え凍えない様に」「民《たみ》が日々の生活をつつがなく送れること」の

「幸い」から、「日本国の安寧」、そしてそういう人々と国々があってこそ創りえる「世界平和」への御祈念が詠まれてゆく。それは、これまでの御苦悩やお煩いからようやく解き放たれたかの様な自由と、国際社会に貢献できる日本まで成熟しえたことへのご達成感とから生まれたと想われる清新で透明感ある歌風の御製そのもの。

そういう御製には、そして地上の人間界を超えた天空の、最も気高く尊い世界の何かをご志向なされてゆかれる様な〈魂の飛翔〉も感覚される。

そして、御在位五十年をひとつの契機とされての「遠つおや」が「しろしめし」ていらした「大和路の歴史」のお旅は、日本の歴史に生き続けてきた天皇方に、時空を超えた〈永遠〉と〈普遍〉への希求のお旅の様にも想われる。

こういう中で御製も、〈永遠〉〈普遍〉につながってゆく天皇となされての在るべきお姿と御心を、以前の時代には詠まれなかった方法と新らしく洗練される歌風で顕《あら》わしてゆかれた様に想われる。

併わせて、この時代、昭和天皇ならではの御本性《ほんせい》を窺える御製も鮮明となる。

生物学者となされて、多くの生物の名を詠み込まれた御製である。そういう御製の深奥にはそして、全ての生命《いのち》あるものの「本来の生」を尊重されお慈しまれる御心が生きていてこその御詠。それこそが〈天皇ゆえに育まれた御心〉によって生まれた御詠であり、そこには、生物学者となされて目に見える現象の本質に輝やく「本来の生」を洞察なされる昭和天皇ならではの御本性も輝やいておられる。

そしてこの時代の、昭和天皇の何よりの独自な御製となされては〈叙景歌〉であろう。そこでの歌詞《うたことば》・歌句《かく》などの表現は摂政宮時代から一貫して変わることのない『新古今和歌集』後鳥羽上皇御製に拠《よ》る表現ではあるが、しかし、「日本国憲法」施行、「平和条約」発効、などの度毎《たびごと》に変質してきた詠法は、この時代に至って最も洗練され、透明感をもって、さらに地上を超越された永遠普遍な世界の神々への信仰が、純粋な客観的叙景歌を構成してゆく様になっていらっしゃる。

最後にもう一首。

嚶鳴亭の眺望

秋空の果ての遠山もよく見えて那須野が原のながめはひろし

（昭和六十年）

いつの季節よりも高くなってゆく秋の空、その秋の季節の高い空の果ての遠山までもよく見えて、那須野が原の眺めが果てしなく続いてゆく広さ、この広さそのものへのご感慨である。詞書に記される「眺望」は、古代より天皇が自らの治める地を「見」てそこに神からいただいた天上の力を鎮《しず》めてゆく〈国見〉につながる視座、この御心で『那須の植物誌　続編』(14)に表わされた「夜明け前に森の奥から鳥の声がひびいて、さわやかな朝を迎える。遠く八溝の山すそまで広野が続いて、緑が一面に広がっている」「〝美しい〟」（昭和63年9月2日）(15)自然ひとつひとつから全体へご感応なされ、無限に広がってゆく「秋空の果て」までの空間を、透明感ある秋空色の中で構成している。

天皇となされての普遍となる大御心と、昭和天皇ならではの科学者の知と、〝美しい〟世界を感受される美意識による美との、融合した結晶の一首――

〈和歌〉――天皇が何らの公的制約を受けることなく、自由に自らの本心を表わしうる唯一の表現において、この時代、日本も高度成長の後にますますの成熟を遂げ、昭和天皇ご自身もご念願の米国御訪問を果たされ、「遠つおや」の「しろしめしたる」「大和路の歴史」をお偲びなされるお「旅」をなされ、天皇の在るべき姿をご自身のお内に甦らせなされては、〈政・まつりごと〉ではなく〈祭・まつり〉にご本来を表象なさられるご境地に入られたとお窺いされる。

そのご境地からの御製こそは、永く日本の歴史に生きてきた〈天皇となされての普遍なる大御心〉と共に、昭和天皇ならではの、昭和天皇ご自身による〈知と美〉がさらに洗練されて美しく象徴され、まさしく帝王ぶり歌風に昭和天皇の大御心が未来の日本に向けて永遠に生き続けてゆかれる芸術であろうと感覚される。

註

(1) 高橋紘編著『昭和天皇発言録』(小学館・平成元年)
(2) 高橋紘『人間　昭和天皇(下)』(講談社・平成二十三年)
(3) 前掲(1)
(4) 前掲(1)
(5) 前掲(1)
(6) 「卽位禮當日紫宸殿ノ儀ニ於テ賜ハリタル勅語」(『官報　號外』・内閣印刷局・昭和三年十一月十日　土曜日)・(訓読は著者)
大礼記録編纂委員会『昭和大礼要録』(内閣印刷局・昭和六年)
(7) 前掲(1)
(8) 生物学御研究所編『那須の植物』(三省堂・昭和三十七年)

（9）生物学御研究所編『那須の植物誌　続編』（保育社・昭和六十年）
（10）前掲（2）
（11）前掲（9）
（12）前掲（1）
（13）生物学御研究所編『伊豆須崎の植物』（保育社・昭和五十五年）
（14）前掲（9）
（15）前掲（1）

付四　人間　昭和天皇

母后宮様《ははきさいのみや》との「夢」での逢瀬から、
「孫」宮様方へのいとおしみ、
そして明治天皇御製〈御心〉へのご思慕

第五章での御製《ぎょせい》を辿らせていただきましたこの時代に、昭和天皇が母后宮節子《ははきさいのみやさだこ》様を詠まれましては、大変に印象が深い一首がございます。

紫色好みましたる母宮をしみじみとみぬ夜明の夢に

夢

（昭和五十一年）

多彩なお色の中でも紫の色、その紫色をお好みなされました御母宮様を、しみじみと見たことですよ、夜明けの夢に、との一首。和歌からは紫色のお召しものをまとわれました母后宮様のお姿が、夢の中から印象も美しく迫ってくる様《よう》にイメージされて参ります。

「紫色」は禁色《きんじき》の一色であり、一位の方の当色《とうじき》として王朝以来、賛美されてきた高貴な色。とりわけ色に敏感でした感性の才女清少納言も、紫色の全ての彩《いろどり》を、目に映る衣装も花も糸も紙も全ての色目《いろめ》を愛《め》でています（『枕草子』九十二段）。併わせて「紫色」は、『伊勢物語』（一　初冠）に入る和歌「春日野《かすがの》の若紫の摺《す》り衣《ごろも》しのぶの乱れかぎりしられず」以来、歌詞《うたことば》としては初恋の乙女を象徴しながら、『古今《こきん》和歌集』「紫の色濃き時はめもはるに野なる草木ぞわかれざりける」（雑《ぞう》・業平朝臣《なりひらの》）などの和歌で大切な女性を表わしてゆく様になります。

和歌の中で「紫色」と表わされれば、この様な情趣をかもし出すのはもちろんのこと、紫草などで染める日本古来の色目の伝統も生かされました上で、詠《よ》み人にとりましての高貴で典雅な、何よりも、大切ないとおしい方を象徴したのです。昭和天皇のこの一首にも、初句からその様に多彩な意味あいも余情に浮上しましょう。

それは、その色をお好みなされました母后宮様を、「夜明の夢」に「しみじみと」ご覧になられましたことからもより深く重なる情趣。

実は、日本人にとって、眠りの中で見る「夢」は古来、神の諭《さと》しや霊告と考えられていたもの、そういう夢の中で、もし、ある人と逢えたならば、それは大切な人が「夢の通《かよ》ひ路《ぢ》」を通って夢を見た人に会いに来てくれたからと信じられていて、夢を見た人と夢にあらわれた人との契りの深さゆえと受けとめられていました。

ところでこの和歌が詠まれました昭和五十一年は、昭和天皇が御在位五十年をお迎えになり、昭和二十七年の「サンフランシスコ平和条約」発効から昭和四十五年に日本万国博覧会と昭和天皇が七十御賀《おんが》をお迎えになられますまでの時期の後に来た、昭和天皇ご本来のお姿やお心が和歌に表わされる様になりましての最も穏やかな時代の頂点の年。前年昭和五十年には「祭り」の一首を歌会始《うたかいはじめ》で披講されていらっしゃいます。

王朝以来の和歌伝統からは、その昭和天皇を御慶賀なされます貞明《ていめい》皇后の節子様と、これまでの昭和天皇の和歌からは童《わらべ》の様に母后宮様をご思慕されましてのお思いとの、「夢」での逢瀬の一首、それも最も華やかに高貴に彩られた逢瀬の和歌とも想われます。和歌ならではに感じられます人間昭和天皇のお心でございましょう。

そして母后宮様への昭和天皇の人間らしいお心は、今度は皇孫のお方々へも。

伊豆須崎の夏

夏の朝をさなき孫の紀宮も汐あみしつつあそびけるかな

（昭和四十八年）

きらきらと季節の朝日も輝やく夏の朝、その夏の陽光を受けてまだ幼ないお孫様の紀宮《のりのみや》様も海水を浴びながら遊ばれていらっしゃることへのご詠嘆です。第五章で記しましたとおり、この時期の昭和天皇は、昭和四十七年から六十三年の春までに毎年に后宮香淳《こうじゅん》皇后良子《ながこ》様と須崎へ赴かれ、透明感も神々しい多くの美しい叙景歌を詠まれていらっしゃいました。その、透明に清《すが》しい風景の中にいらっしゃいます紀宮清子《さやこ》内親王殿下。

夏の朝日に光る風景の中でお遊びなさるお孫様紀宮様への昭和天皇のまなざしに、祖父《おおじ》様となされてのお慈《いつく》しみ、お可愛がり様《よう》がお優しく込められましょう。

成年式

初春におとなとなれる浩宮のたちまさりゆくおひたちいのる

（昭和五十五年）

こちらは、春の初めを迎えた慶《よろこ》ばしいこの時に、成年となりました皇長孫浩宮《ひろのみや》様の、いよいよこれから先もなお一層に優れてゆかれるご成長をお祈りされるお心でございます。王朝和歌で「初春」は、改まった新らしい年の始めに次々と慶賀があれよかしと寿《ことほ》ぐ歌詞《うたことば》、とりわけ宮中においては「九重《ここのへ》や玉しく庭に紫の袖をつらぬる千代の初春」（『風雅和歌集』・春・皇太后宮大夫俊成）のとおり、「千代の初春」を祝す賀歌に生きてきた表現でした。もちろん、「成年式」との歌題そのものから、皇統の御将来を「晴の歌」とされてお慶びなさる「祖父《おほぢ》の君」、昭和天皇の公の御心も詠まれます。

そのお心と共に、日を追い年を重ねてご成長されては、今、この日、浩宮様がご成年となられますまでの様々なご感慨も二句目「おとなとなれる」には込められまして、それこそは祖父様から皇統を継がれます初めてのお孫様への、言葉に尽くせぬお慈しみ。

二首の和歌には、公には表わしえませんおじいさま昭和天皇の、おまごさま方への、どの家庭でも自然に溢れます日溜りの様な暖かく穏やかな人間らしさが感じられましょう。

それではこの時期におかれてこそ大切と思われます和歌を最後に一首。

鎮座六十年にあたり明治天皇を偲びまつりて

外つ国の人もたたふるおほみうたいまさらにおもふむそぢのまつりに

（昭和五十五年）

倭歌《やまとうた》を細やかに共感できることも仲々ではない外国の人々もご立派さを讃えます明治帝の大御歌《おおみうた》を、御鎮座六十年のまつりにあたりましては、今更に思いますこと、とのお心となりましょう。明治帝の御製は十万首とも申されており、一首はその、大御歌に生き続ける明治天皇の大御心《おおみこころ》を改めて思われましての和歌でございましょう。

この「おほみうた」に詠まれました「おほみこころ」を想像致しますに、主に次の二つが掲げられましょうか。

ひとつには、昭和十六年九月六日の御前会議におきまして昭和天皇が二度も朗詠されたと伝わります明治帝の「おほみうた」「よもの海みなはらからと思ふ世になど波風のたちさわぐらむ」(1)に込められました「おほみこころ」です。第二章で触れさせていただきました明治帝御製ですが、この「おほみこころ」に表象されました昭和天皇が理想とされます〈平和ご愛好のご精神〉がございましょう。

ふたつ目としては、和歌ではございませんが、これも第三章に述べました日本にも明治以来、民主主義が存在したことを示す「五箇條ノ御誓文《ごかでうノごせいもん》」がございましょう。

昭和天皇が理想とされた〈世界平和〉も、理念とされた〈民主主義〉も明治帝から生きる「おほみこころ」――

昭和天皇が明治帝「むそぢのまつり」に改めて思われました「おほみうた」に象徴されました「おほみこころ」とは、これら明治帝も多くの和歌に詠まれました〈世界平和〉と〈民主主義〉とを核とする多様な「大御心」と想われます。

そこにはこの和歌より約二十年前、「桃山御陵」の詞書《ことばがき》で昭和天皇が詠まれた三首の内、初めの一首

陵《みささぎ》も五十の年をへたるなり祖父《おほぢ》のみこころの忘れかねつも

（昭和三十七年）

からつながる昭和天皇には忘れることができない「祖父《おほぢ》のみこころ」も重ねられ、また祖父の君からお孫様でいらした昭和天皇が受けられたご愛情の思い出などまでもが想われましょうか。

そうして昭和天皇のご本来が、日本伝統の大御心と融合していらっしゃるこの時代には、明治の帝《みかど》からご継承されました「おほみこころ」も同じく、公《おおやけ》にも私《わたくし》にも昭和天皇の中で豊かに貫く結晶化されて皇長孫への祖父の御心ともされてゆかれたと想われます。

この時期に至りましては、「人間　昭和天皇の和歌」にも、日本伝統の天皇の「おほみこころ」と昭和天皇の「おこころ」とが融合されていらっしゃいます〈和歌の姿〉が窺えます様になってゆくのでした。

註

（1）　明治天皇・昭憲皇太后『明治天皇御集　昭憲皇太后御集』（内外書房・昭和四年）

第六章　昭和天皇　最晩年の御境地

祈りと御慶び

憂いと御無念

感性と美意識

昭和61年1月1日―昭和64年1月7日

最晩年

昭和六十二年四月二十九日、満八十六歳のお誕生日を迎えられた昭和天皇は、折りしもそのお誕生日のご祝宴にて午後一時十五分ごろ、お召し上がりものを吐かれた。八月後半、御静養中の那須御用邸でご体調の悪化を繰り返され、九月に入り二十二日の手術は慢性膵炎《すいえん》でいらした。二週間でご退院される。

年が明けた六十三年一月二日には新年一般参賀で「新年おめでとう」と国民へご祝意を示される。生物学のご研究も再開され香淳《こうじゅん》皇后とご一緒に須崎御用邸へもご静養に赴かれた上、国賓とのご会見や春の園遊会などの御公務も果たされた。

八月十五日、全国戦没者追悼式に昭和天皇は那須御用邸からヘリコプターで往復され、御生涯に渡る御責務《おおん》をご全《まっと》うなされたのである。

九月十九日夜、ご病気が再発され危険なご体調に陥いられる。九月二十二日、(当時の)皇太子殿下へ国事行為の臨時代行を全面的に委任することが閣議決定され、十二月には侍医団も「超低空飛行」と表現するほど危険なご病状となり、ご意識の昏濁が進みいく。昭和六十三年十二月三十一日が過ぎる時間から六十四年元旦にかけて大量のご出血があり、血圧は上がらず、腎機能に影響が出られ、尿毒症の御症状が見られていらした。

前年九月十九日のご再発から百十一日間のご闘病の後、一月七日午前六時三十三分御崩御。

侍医団の一人は「安らかなお顔で苦しまれた様子がなかった。」と述懐している。

この間九月二十二日からは、皇居・坂下門の他、京都事務所、各御用邸、陵墓監区事務所などの宮内庁関連施設十二か所に一般記帳所が設けられていた。

同じく日本国内には様々な公的行事から、個人の生活にまで「自粛」の気持ちが浸透し、それは（当時）皇太子殿下でいらした今上《きんじょう》陛下が「（陛下のことを）心配してくれるのはありがたいが、行き過ぎた自粛は陛下のお心に沿わないのではないか」(1)と自粛過剰をご心配されるほどに国民全体の心から自然に生まれ自然に広がっていた。

民《たみ》をお慈《いつく》しまれ民《たみ》と共に歩まれた昭和天皇への、今度は民《たみ》からの心の表われであった。

全ての国民がひとりひとりの胸の内で一日も早いご回復を願っていたことであろう。

しかし、昭和六十四年一月七日、静かに現世での生を終えられる様《よう》にお眠りにつかれ、昭和天皇は永遠の世界へゆかれた。

ここでは昭和天皇が最後のご境地を表わされたとお窺いされる歌境の御製《ぎょせい》が詠まれた昭和六十一年から六十四年一月七日までを昭和天皇の最晩年の時期とさせていただいて、その時代の御製から昭和天皇の最晩年のご歌境に迫りたい。

ここに至り昭和天皇が最後に至られた御製のご境地への理解のために、最も尊ばれた平和社会と、その理念を根幹から覆す軍事体制との、日本の歴史(2)を少しく遡《さかのぼ》りたい。

日本が、中国大陸で当時世界の先進国であった唐や、朝鮮半島にあった百済・高句麗・新羅などの国々に対して独立国家となれるには、七世紀、天智《てんち》天皇の出現を待たなければ実現しえなかったと言える。天智天皇によって歴史に残る大化改新（大化元年）がなされた後、天智七年制定と伝わる近江令が施行され、天皇を中心とする律令制による独立国家としての日本の国家体制は出発をする。その国創りは、大宝元年の令と翌年の律の施行による大宝律令《たいほうりつりょう》によって整えられ、この時期に生成された律令制は、日本伝統となる法律を指したばかりでなく、日本の社会体制を意味して永く国の姿の伝統ともなってゆく。

この体制にあった奈良時代から平安時代は、天皇を中心とする官僚体制にあり、宮廷に出仕する貴族たちは、後世に下って形骸化はあるが、現在の中央省庁官僚と同じく官吏登用の試験が課せられていて、現代の社会における行政官僚の性質から、国家運営を決定する立法の性格も、また荘園を経営する経済人としての役割も担っていた。さらに大切なことは、宮廷出仕の貴族たちが現在の文化人となる活動も行ない、公《おおやけ》の漢文記録日記から和歌も記し詠むなど、多彩な責務にその才能を発揮していたこと。

それでは天皇と言えば、奈良時代から平安時代は、この様《よう》な社会的役割を担う臣民に官位官職を与えて責務を遂行させながら、そのことにより臣民と共に国家の運営を担う立場にあったと言える。そして天皇にとって何よりも不可欠な使命は祭祀《さいし》を司《つかさ》どること、この、祭祀こそが、日本の歴史では他の何者もが代わりえない天皇の国と民《たみ》とへの使命となろう。むしろ天皇は、正当性を与えた臣民に政治を委任し、自らは祭祀の中で多彩な文化を生み、日本人の精神的安定性への役割を担うことが意義深いことであったと言える。日本では文化も宗教も、そこに生きてきた日本人の信仰も、天皇を中心とする律令体制の中にあってこそ生成され、熟成され、伝統となって生き続ける中で永遠普遍へとなってきたのである。

ここで平安時代について注目したいことは、天皇が直接に動かしうる大規模な軍も、国が民の命を奪いうる死刑も、実はこの時代だけは制度として存在していなかったこと。天皇を中心とする律令制が日本の体制の源とすれば、そこには国が直接に指令を下しうる大規模な軍と、国が民を死刑にする制度は存在しないのであった。

ところが、院政期頃から出現してきた武士集団は、武力、言わゆる軍事力によって日本国の政権を掌握してゆく。この様にして十二世紀に政権を掌握した鎌倉幕府の体制では、軍事力が全てから優先され、その力の代償となる土地を支配することで土着的制度を生んでいった。また、本来ならば人間社会で最も貴ばれなければならない人間の尊厳は軍事力に圧制されてしまう。とりわけ女性たちは、軍事力には第一に必要な体力について勝るとする男性たちよりも軍事体制の中では下位とされて、人間としての尊さまでも下位に引き下ろされて家制度の中に組み込まれてしまう。これらの体質をより堅固にした徳川幕府は、徳川氏独自の儒教解釈によってさらに家制度を強固にし、鎌倉幕府時代からの土着的体質も強固としていった。

この時代から続く明治時代であった。

実は維新などとは言うものの、明治とは、鎌倉時代から江戸時代までの軍事体制の延長となるさらなる軍事力強化の体制、天皇へ軍隊の統帥権を持たせた上、現人神《あらひとがみ》とするなど、むしろ鎌倉から江戸の軍事政権時代も越えた古代国家日本への回帰ともなる歴史の後退であった。およそ日本の歴史において、天皇が直接に軍隊を有し、論理に拠《よ》らない神格化によって、政治を総攬《そうらん》する立場に在《あ》った時代は、古代に既に終了した後に存在したであろうか。明治体制は、天皇の在り方からは、日本の歴史で稀有な神格化と一体の軍国体制での立場であったと言える。

そしてようやく迎えた先の大戦の終戦と、新しい「日本国憲法」との公布であった。マッカーサー(3)が特に土地改革と女性の自由な社会活動とを可能にする新らしい制度に積極的であったことから、日本の土着的体質やそこに根付く家制度、そこで押し込められていた女性を下位とする体質が一歩ずつ改められた。たとえば、GHQ占領下で行なわれた農地改革や婦人参政権の行使などは、そのひとつの政策となろう。

この歴史を経て「男女雇用機会均等法」が成立となった昭和六十年と、日本も昭和五十年の第一回会議から参加している国際経済協調から、最近では資源や環境についてまで地球的規模での議論へ広がっている先進国首脳会議が日本で開催された昭和六十一年とへ渡る時期を、昭和天皇御在位中におかれては、日本が新らしい国際社会で新らしく貢献できる国へさらに変化拡大してゆく最後の時代区分の年代と考えたい。それはもちろん、これまでの昭和天皇御製が、詠法・歌風ともに大きく変化・変質する時期と、社会的な大事による歴史の変革がそのまま一致してきたことによる章立てと同じ理由により、〈平和社会〉を御生涯に渡られて理想となされご祈念されていらした昭和天皇の最晩年のご境地の御製が、昭和六十年代に入ってより鮮明に窺える様になるからである。

それでは、昭和六十一年からのご歌境の御製を辿ってゆきたい。

❀

歌会始　水

須崎なる岡をながるる桜川の水清くして海に入るなり

（昭和六十一年）

昭和四十七年から六十三年の春まで、香淳《こうじゅん》皇后とご一緒に毎年続いてご静養に赴かれた須崎の地での遠景。そこの岡を流れてゆく桜川は、水も清らかにあって清らかな流水のままに地上を進み海に入ってゆく、その、海に入る清水《せいすい》の流れをテーマとされる。川は、『古事記』に須佐之男命《すさのおのみこと》が大蛇退治の際、「出雲《いづも》国の肥《ひ》の河上」に降《くだ》られて河上を見はるかした様《よう》に、古来、千変万化するその流れの清らかさに神聖さを崇《あが》めたもの。

王朝和歌に伝わる「松をのみときはと思ふに世とともに流す泉も緑なりけり」(『拾遺和歌集』・賀・紀貫之)は、松だけでなく世の推移と共に流れ出る泉の不変を、「鏡にも影みたらしの水の面《おも》に映るばかりの心とを知れ」(『新古今和歌集』・神祇)は社頭の流水である御手洗《みたらし》川の、鏡とも同様に神の姿が映る清明さを表わしてきた和歌。とりわけ同じく『新《しん》古今《こきん》和歌集』に入集《にっしゅう》する前大僧正慈円の「やはらぐる光に余る影なれや五十鈴《いすず》川原の秋の夜の月」(神祇)こそは、日本を象徴する伊勢内宮《ないくう》の五十鈴川《いすずがわ》の清らかな月の光を映す清澄な流れを詠む神祇歌《じんぎか》、まさしく神聖さを豊麗にする「斎川《ゆかわ》」を象徴する一首である。

眺められた広大な遠景の中に、清き水の流れが海へと続いてゆく視座や構成は、第一章

広き野をながれゆけども最上川海に入るまでにごらざりけり

（大正十五年）

から既に窺えるが、大正十五年御製が、海に入るまでの長い流れのどこにおいても濁らない、との発想から、昭和六十一年御製の川は水が清く、その清いままで海へ入るとの、清らかさそれ自体をそのままの直接表現「水清くして」で詠む発想へは大きな転換がある。それこそが「サンフランシスコ平和条約」発効後の御製で深化してきた透明な感覚をより一層とぎ澄まされ、洗練された表現に詠みなされた、ここに至られての歌風となろう。

日本に古《いにしえ》より生きる「聖《せい》なる斎川《ゆかわ》」への信仰も込められる様にも想われては、この時期に入れられて完結ともなされた〈美と信仰〉の結晶の一首と言える御製であろう。

また、翌年の歌会始《うたかいはじめ》で披露された御製。

歌会始　木

わが国のたちなほり来し年々にあけぼのすぎの木はのびにけり

（昭和六十二年）

毎年毎年、年を追い成長してきた「あけぼのすぎの木」、その、年毎に成長してきた「あけぼのすぎの木」と同じく、「わが国」〈日本〉も、あの敗戦から年毎に立ち直ってきたことへの深いご感慨が実感として伝わりながら、「わが国」〈日本〉へのお慶《よろこ》びが美しい。

この「あけぼのすぎ」については、昭和天皇御自身が最後の御玉著となった『皇居の植物』[4]「序文」に記されている。それ等に拠れば、すでに絶滅して化石としてのみ知られていたメタセコイアと言う植物が中国で発見され、日本の学者が和名の「あけぼのすぎ」と命名、その苗と種子を米国の学者が昭和二十四年に昭和天皇へ献上したと残る。そして四十年の間に年毎に成長したあけぼのすぎは二十メートルを越える大樹になっていた。

御製の「あけぼのすぎ」には、先の大戦で闘った中国と日本、日本と米国との科学がひとつとなり、昭和天皇のご研究分野で人類全体の遺産とした生物学の進歩が、また、献上された昭和二十四年には三十八センチメートルほどの苗でしかなかった木が、四十年程の間に少しずつ毎日生長して二十メートルを越える大樹となったことが象徴されよう。

御在位六十年を迎えられた昭和天皇は、ご感想とされて「この六十年の間に、一番辛いことは、何といっても第二次大戦の関係のこと」と、また「最もうれしく感じましたことは、国民の努力によって、戦後の復興が立派に建てなおり、今日の繁栄を築き上げたこと」（昭和61年4月15日）[5]と、お言葉を残していらっしゃる。

昭和天皇には敗戦からの「わが国」の「たちなほり」、これこそが御人生の中心を貫ぬかれたご信念とご責務でいらしたことが御製からも強く伝わると共に、その「たちなほり」をお慶び、「あけぼのすぎ」に弥栄《いやさか》をご祈念されるお心までが尊く輝やいてこよう。

この御製もまた、ようやくこの時代の日本を見届けられてお詠みなされた〈美・知・祈念〉が融合してひとつとなった一首となろう。

❋

八月十五日

この年のこの日にもまた靖国のみやしろのことにうれひはふかし

（昭和六十一年）

思はざる病となりぬ沖縄をたづねて果さむつとめありしを

（昭和六十二年）

全国戦没者追悼式

八月十五日

やすらけき世を祈りしもいまだならずくやしくもあるかきざしみゆれど

（昭和六十三年）

最晩年となられた昭和六十一年・六十二年・六十三年の、戦争と関連した三首である。昭和六十一年御製は、終戦から四十年を経る間に靖国神社は幾多の変遷を余儀なくされてきたが、昭和六十一年に至ってのこの年の、終戦記念日となっている八月十五日のこの日にもまた、これまでの四十年の八月十五日この日と同じく、靖国の御社《みやしろ》のことに「憂い」が深い御苦悩を詠まれる。

ここで昭和天皇が表わされた「憂い」については多くの論が見られる。それらの中で平成十八年七月二十日付『日本経済新聞』（朝刊）で報じられたA級戦犯靖国合祀《ごうし》により昭和天皇がご参拝を中止なされたとの記事に基づき、昭和五十三年に先の大戦へのA級戦犯十四柱がひそかに合祀されたことからの問題が考えられようか。しかし、ご生涯全体の中からさらに詳細に御製を窺わせていただくと、それだけではない様にも考えられよう。公とされている全ての御製からは、昭和天皇は御生涯に渡り外交を第一とする日本と世界の平和を何よりも願われたことが明確となってきた。靖国神社へは新憲法下において昭和二十六年十月十八日に吉田茂首相が内閣総理大臣として参拝して以来、二人を除いて歴代首相は相次いで参拝したが、昭和五十年に政教分離の原則に反する疑がいの議論が起こり首相は正式参拝の形をとらなくなる。その後に昭和六十年八月十五日、中曾根首相が公式参拝をすると中国と韓国から批難が発せられてきた。

昭和天皇の靖国神社ご参拝は昭和五十年が最後であり、「憂い」の御製が詠まれた昭和六十一年は、日本国首相の公式参拝へ海外諸国からの批難が出た翌年となる。

〈外交〉による〈平和日本〉と〈平和世界〉をご祈願されていらした昭和天皇には、平和外交への障害となる議論が大きくなること、そういう状況それ自体もご苦慮されたと想われて、昭和六十一年御製は、国際社会において約束した外交によって成されるべき平和国家に反して、昭和五十年あたりから起こってきた議論等の現実に「憂い」を深められたとも考えられてはくるが。

最晩年に入られて昭和天皇の御心に新しく生じられてきた御苦悩の一首と言えよう。

昭和六十二年御製は、思いもかけなかった予期せぬ病となってしまった、沖縄を訪ねて果たそうと思っていたつとめがあったものなのに、何と言うことであろうか、との、ご無念が倒置表現の方法の中で強く打ち出されている。

沖縄県は明治十二年、明治政府により琉球国から日本国へ編入されて設置された。先の大戦末期には地上戦の戦場となり、県民が戦闘に巻き込まれ、四人に一人が命を落としている。戦後も日本の施政権から分離されて米国の直接統治とされ、ようやく、終戦から三十年近くの昭和四十七年五月十五日に施政権が日本に返還されて沖縄県が復活した。しかし日本国の施政権が回復したのにも係わらず、沖縄県の広大な米軍基地は未だ温存されていて、平成二十七年の現在もその問題は、安全も平穏も地方自治についても、他の都道府県と同じく尊重されるべき沖縄県と日本に大きな社会問題となっている。

昭和天皇がこの沖縄をご訪問されて果たされたかった責務について、ご訪問前に語られたお言葉が次のとおりである。

念願の沖縄訪問が実現することになりましたならば、戦没者の霊を慰め、長年県民が味わってきた苦労をねぎらいたいと思っています。また、できるだけ県内の実情を見てまわりたいと思います。そうして、これからも県民が力を合わせ困難を乗り越えて、県の発展と県民の幸福のために努めてくれるよう励ましたいと思っています。

（昭和62年4月21日）(6)

しかし「思はざる病」のために手術をされることとなり、目的は果たされなかった。そのお思いをご名代としてご出席なされた（当時）皇太子殿下（現在の御代《みよ》の今上陛下）が、昭和天皇のお言葉をご代読なされた。

さきの大戦で戦場となった沖縄が、島々の姿をも変える甚大な被害を蒙り、一般住民を含む数多《あまた》の尊い犠牲者を出したことに加え、戦後も永らく多大の苦労を余儀なくされてきたことを思うとき、深い悲しみと痛みを覚えます。

ここに、改めて、戦陣に散り、戦禍にたおれた数多くの人々やその遺族に対し、哀悼の意を表するとともに、戦後の復興に尽力した人々の労苦を心からねぎらいたいと思います。

終戦以来すでに四十二年の歳月を数え、今日この地で親しく沖縄の現状と県民の姿に接することを念願していましたが、思わぬ病のため今回沖縄訪問を断念しなければならなくなったことは、誠に残念でなりません。

健康が回復したら、できるだけ早い機会に訪問したいと思います。

（昭和62年10月24日）(7)

まさしく御製の御心そのものであろう。

それから半年、昭和天皇は満八十七歳の御誕生日を前にされても沖縄訪問中止への残念なお思いを語られている（昭和63年4月25日）(8)。

昭和六十二年十月二十四日に今上陛下がご代読された中に残された「さきの大戦で戦場」となった沖縄の「甚大な被害」と、「一般住民を含む数多《あまた》の尊い犠牲者」の方々へ、また「戦後」永らくの「多大の苦労」に、「深い悲しみと痛み」から「哀悼の意」を手向けられ、「心から」「ねぎら」うこと、それが、昭和天皇が直接に沖縄をご訪問なさられて御自《おんみずか》ら果たされたかったお「つとめ」と言える。

御製は昭和天皇の長年のご念願が昭和六十二年になってようやく叶われると思われた矢先の、実現不可能となってしまったことへの強いご無念の一首となろう。

ところで昭和天皇の御製の中に、沖縄を詠まれる御詠《ぎょえい》は公になっている限りでは仲々に見出し難い。そういう中でも、まだ施政権が復帰する前、

四国地方視察
松山国民体育大会

沖縄の人もまじりていさましく広場をすすむすがたうれしき

（昭和二十八年）

との、国民体育大会で「沖縄」の人々も日本の人々とまじって勇ましく広場を行進する姿をお嬉しく思われた御詠が残されている。これは体育大会の会場で昭和天皇が人々と一堂に会し、直接に一体感を持たれたであろう折りの御製である。

ご生涯の御製からは、戦後に国の民《たみ》と新しい結び合いを創られながら、新しい日本を再

建されてゆく中で、昭和天皇には、その地に赴かれ、その地の民《たみ》と同じ場でお心をひとつにされることを大切にされたと窺えて、沖縄についても同じことがご念頭にあったのではないだろうかとも想われる。昭和四十七年五月十五日の沖縄復帰に際する記念式典は、残念ながら現地ではなく東京都で行なわれているのであるから。

ここでもう一度、昭和六十二年御製に戻る時、初句・二句に打ち出された「思はざる病となりぬ」と五句に結ばれた「つとめありしを」とに表わされた〈何と、予期しなかったことか、思いもしない病気になってしまった〉ご驚愕から、〈つとめがあったものなのに、その大事なつとめが果たせなくなってしまった〉ご無念の強さ深さがより強く深く感じられてくる。

御生涯の御念願への御痛恨もお窺いできる一首となろう。

昭和六十三年、御崩御前年の、昭和天皇には最後の全国戦没者追悼式へのご出席となられた折りの御製に入る。

平安に穏やかな世を祈ってきたが、その理想は未だ成らず、それが何とも悔しくもあることであろうか、祈り続けてきた平安な世の理想への兆《きざ》しは見えるのに、との、〈祈念〉と〈口惜しさ〉が詠まれよう。

初句・二句で表わされる「やすらけき世を祈りし」は、本著で第一章から第五章まで辿ってきた〈平和への祈念〉に他ならない。

昭和天皇が御生涯を貫ぬかれて抱かれた理念は〈平和〉、そして、昭和天皇はその社会の実現を御生涯に渡られて〈祈り〉続けられた。御崩御前年のこの一首に至るまでの、御生涯に及ばれての〈平和への祈念〉の御製を再び辿ってみたい。

摂政宮時代に詠まれた第一章での一首。

旭光照波

世のなかもかくあらまほしおだやかに朝日にほへる大海の原

（大正十一年）

践祚《せんそ》後から先の大戦中に詠まれた第二章の六首。

社頭雪

ふる雪にこころきよめて安らけき世をこそいのれ神のひろまへ

（昭和六年）

朝海

あめつちの神にぞいのる朝なぎの海のごとくに波たたぬ世を

（昭和八年）

神苑朝

静かなる神のみそのの朝ぼらけ世のありさまもかかれとぞ思ふ

（昭和十三年）

迎年祈世

西ひがしむつみかはして栄ゆかむ世をこそ祈れとしのはじめに

（昭和十五年）

連峰雲

峰つづきおほふむら雲ふく風のはやくはらへとただいのるなり

（昭和十七年）

海上日出

つはものは舟にとりでにをろがまむ大海の原に日はのぼるなり

（昭和十九年）

ＧＨＱ占領下に詠まれた第三章の一首。

広島

ああ広島平和の鐘も鳴りはじめたちなほる見えてうれしかりけり

（昭和二十二年）

「平和条約」発効後、昭和天皇が七十御賀《おんが》を迎えられるまでの時代の第四章での十首。

兵庫県植樹祭

人々とうゑし苗木よ年とともに山をよろひてさかえゆかなむ

（昭和二十九年）

折にふれて

なりはひに春はきにけりさきにほふ花になりゆく世こそ待たるれ
（昭和三十年）

大分県植樹祭

美しく森を守らばこの国のまがもさけえむ代々をかさねて
（昭和三十三年）

歌会始　光

さしのぼる朝日の光へだてなく世を照らさむぞわがねがひなる
（昭和三十五年）

北海道植樹祭
モラップ山麓　二首（内一首）（括弧と括弧内著者）

ひとびととあかえぞ松の苗うゑて緑の森になれといのりつ
（昭和三十六年）

青森県植樹祭

みちのくの国の守りになれよとぞ松植ゑてけるもろびとともに

（昭和三十八年）

鳩　二首

国民《くにたみ》のさちあれかしといのる朝宮居の屋根に鳩はとまれり

静かなる世になれかしといのるなり宮居の鳩のなくあさぼらけ

（昭和四十一年）

秋田県田沢湖畔の植樹祭に臨みえざりしを惜しと思ひて　二首（内一首）（括弧と括弧内著者）

鉢の土に秋田の杉を植ゑつつも国の守りになれといのりぬ

（昭和四十三年）

七十歳になりて　四首（内一首）（括弧と括弧内著者）

ななそぢを迎へたりけるこの朝も祈るはただに国のたひらぎ
（昭和四十五年）

昭和四十六年、欧州七か国御訪問より、昭和六十年の「遠つおや」がお治めなさった「大和路の歴史」を偲ばれるお「旅」まで、第五章で辿った八首。

歌会始　祭り

わが庭の宮居に祭る神々に世の平らぎをいのる朝々
（昭和五十年）

滋賀県植樹祭

金勝《こんぜ》山森の広場になれかしといのりはふかしひのき植ゑつつ
（昭和五十年）

国連本部訪問

日本よりおくりたる鐘永世のたひらぎのひびきつたへよと思ふ

万国博に里かへりせし平和の鐘ここに再びわれは見にけり

（昭和五十年）

高知県植樹祭

甫喜《ほき》ヶ峯みどり茂りてわざはひをふせぐ守りになれとぞ思ふ

（昭和五十三年）

伊勢神宮に参拝して

五月晴内外の宮にいのりけり人びとのさちと世のたひらぎを

（昭和五十五年）

大仏殿

いくたびか禍《まが》をうけたる大仏もたちなほりたり皆のさちとなれ

（昭和五十六年）

日御碕

秋の果の碕《みさき》の浜のみやしろにをろがみ祈る世のたひらぎを

（昭和五十七年）

以上のとおり、昭和天皇は常に「人びとのさち」と「世の平らぎ」（昭和五十・五十五・五十七年）とを〈祈り〉続けていらした。

昭和六十三年の一首は「全国戦没者追悼式」に臨まれての八月十五日の御製であり、初句「やすらけき世」に象徴された「世」とは戦争のない〈平和な日本〉、ひいては、近代の戦争は対内ではなく、対外戦争となっていて、歴史からも〈平和な世界〉までを象徴することは明らかであろう。

御生涯をかけて〈祈り〉続けていらした〈世界平和〉、しかし、その一生を通されて希求された理想社会は、昭和天皇の現世での肉体の営みがそれまでと変化してきた今に至られてもまだ完成していないことへの口惜しさが、四句目「くやしくもあるか」から振り絞られる様に滲み出て参る。

〈世界平和を祈念〉なされた昭和天皇の御一生の〈真実〉と、生に直面なされての〈口惜しさ〉とが御製の中心を貫ぬいて生きる一首と言えよう。

❋

沼原にからくも咲けるやなぎらんの紅の花をはじめて見たり

（昭和六十一年）

沼原にかろうじて咲いているやなぎらんの、紅《くれない》の色の花を初めてご覧になられた感動。

昭和天皇は第五章で詳細に記したとおり、生物学者としても卓越されていらして、十冊以上の御研究書を公とされている。そしてそこには、科学者とされてのご姿勢と共に、〈天皇ゆえにこそ育まれた〉生命あるもの全てをひとつひとつお慈しまれるお心と、叙景歌への視点に通じる研ぎ澄まされた美的感性が生きていらしてのことであった。

一首には、その様《よう》な昭和天皇でいらしてさえも、最晩年に至られて「初めて」新らしい花を発見されたお喜びやお嬉しみが溢れている。

しかも発見された花は、本州以北の山地帯の草地などに分布する貴重な「柳蘭」、淡紅色から紅色、濃紫色までのグラデーションの彩《いろどり》で咲く美しい花で、可憐に生きる草花を愛《め》でられる生物学者となされて、美麗を誇る紅色に感応される感受性を磨かれた昭和天皇その御方とされて、湿原にこの花を御覧になられた瞬間のときめきはいかばかりでいらしたろう。しかもこの花は、裸地などにいち早く芽生えても、土壌が安定すると他の植物から絶やされてしまうこともある儚《はかな》くも生命力が定まりにくい花、その様なたゆたう花の、細い糸でつながれた様な命への、美的感性による昭和天皇のお慈しみが想われる。

昭和天皇が最後の夏となられた昭和六十三年、那須の夏について「七月末からは夏らしくなり植物を深く知ることができて楽しかった。」と、そして香淳皇后が「（記者会が見舞いに贈った花束を）〝美しい〟と言って喜んでいる」と語られて（昭和63年9月2日）(9)いる。

第五章で記した様な透明感ある清々しい風景の中でご静養なされていらした昭和天皇の、最後の夏に初めての発見をされた生物学者となされての「植物を深く知る」〈知〉と、香淳皇后と語り合われたであろう「〝美しい〟」ものへ感応された〈美〉と、何よりも、天皇ならではのお慈しみ溢れる〈仁〉とが「からくも咲けるやなぎらんの紅の花」に結晶となった紅の彩《いろどり》の一首である。

風車　　　　三月六日

いにしへの唐の国よりわたりこしかざぐるまこそうるはしきもの

はるかかなた古《いにしえ》の御代《みよ》の
かつては世界的国際国家であった唐の国から
遠い道のりを経てこの倭《やまと》の国へ渡って来た
〈風車《かざぐるま》〉
その風車こそは
吹く風にくるくると回り
可憐な音を響かせながら
唐の栄華を想わせ
わが日本の王朝の雅《みやび》へ いざない
永い歴史を感じさせて
何と
風車は
〈美麗なものよ〉

（昭和六十一年）

と、まるで五・七・五・七・七、一首の各句で、一行ずつの詩に綴ってゆけるかの様な表現形式の詠法と象徴性である。

それは、

あてなるもの（高貴で優美なもの）
薄色《うすいろ》に白襲《しらがさね》の汗衫《かざみ》。（薄紫色の夏の着物に白襲の透《す》け感ある上着を重ねてうす紫色が透けて見える色の重ねた色目《いろめ》の着物）
削《けづ》り氷《ひ》の甘葛《あまづら》に入《い》りて、（透き通る削り氷がとろみのある甘葛のシロップに入って、）
あたらしき鋺《かなまり》に入れたる。（輝やく新らしい金属性の碗に入れてある冷感の輝やき）
梅の花に雪の降りたる。（紅色の梅花に白色の雪が降った彩《いろどり》のコントラスト）
いみじううつくしきちごのいちご食《く》ひたる。（大変にかわいらしい色白の幼児が小さい赤いいちごを食べている姿の、小さなもの同士とが、白色赤色の彩《いろどり》の対比するかわいらしさ）
かりのこ割りたるも。（鳥の卵を割って透明な白味の中にきらきらしている黄味とのコントラストも）
水晶《すいしやう》の数珠《ずず》。（最もは、透明な水晶がつながって流麗に動く中できらきらと四方に光を

放つ数珠）

（『枕草子』・四九　あてなるもの）

の、清少納言が自らの美性に感応した〈美〉を、『枕草子』に、最も適格な美的判断を表わす詞《ことば》で価値基準を示す表現方法と、象徴性そのもの。

この他にも『枕草子』には、「二九　心ときめきするもの」等の五つの段から、平安時代に最も上品で最も優雅な美を表わした「九三　なまめかしきもの」へ、さらに「一一一　はるかなるもの」「一二三　あはれなるもの」や、「一五五　うつくしきもの」「二七四　きらきらしきもの」等の九つの段に平安王朝において様々な視点から愛でられた雅《みやび》が綴られ、多彩に成熟した美を表わす詞《ことば》でその世界が展開されてゆく。

まさしく〈感性の才女清少納言〉の表現の方法と、その方法で歴史に稀有な美的感性に感受した美を韻文にも散文にも入らない独創の表現手段で表わし、平安時代に熟成した多様な美への価値を示す詞《ことば》で評価を鮮明にしてゆく〈美〉の世界――

昭和天皇の昭和六十一年御製「風車」も、結句を体言止で表現し、王朝以来のつやつやとして光沢ある端麗な美を称讃する「うるはし」を使った「うるはしきもの」を象徴しては、そこに表象する美も風車も鮮明にして、和歌の余韻にその象徴された内容を印象化する表現方法。この結句に至るまでも、初句「いにしへ」から連体格助詞「の」で修飾して

「唐の国」へ、そして唐の国を起点として「より」「わたりこし」と続いては、下句に入って「かざぐるま」を「こそ」と強調しながら、その美を「うるはし」と見て「うるはしきもの」と体言止で完結してゆく。絶切れることのない流麗な詞《ことば》つづき。

この時期に至られて昭和天皇の内にも、御自らの感性に響かれた美なるものを、流麗な詞調《ことばしらべ》で綴り、あらゆる美への様々な美的基準を発達させた平安時代の美的判断の形容詞「うるはし」（麗し・美し）に象徴して体言止とし、余韻にご自分の美的世界を印象化してゆく初めての和歌が生み出された様に印象をうける。

最晩年に入られて初めて感覚される昭和天皇の表現方法と美的感性と感覚されよう。

昭和天皇〈王朝雅〉の一首である。

とうとう最後の春となってしまわれた、しかし摂政宮時代からの眺望による遠景が、究極に洗練され透明化された叙景歌へ。

伊豆須崎

みわたせば春の夜の海うつくしくいかつり舟の光かがやく

（昭和六十三年）

遥か彼方を見渡すと、この伊豆須崎から眺め渡す「春の夜の海」はあまりにも美しく、そこにはまた海から空まで広がってゆく闇の中でいかつり舟の光だけが輝やき、丸に球に海をも照らしながら、さらに無限な闇の空間に光そのものも丸に球に灯ってはゆらゆらと揺れ動きながら光を放っている光景の美しさ、その景が詠まれている。

初句「みわたせば」はまた、摂政宮時代から昭和天皇が多くの御製に摂《と》られてきた後鳥《ごと》羽《ば》上皇の伝統的秀歌からの表現。その秀歌とは、

をのこども詩をつくりて歌に合《あは》せ侍《はべ》りしに、水郷《すいきやうノ》春望《しゆんばう》といふことを
見わたせば山もとかすむ水無瀬川《みなせがは》夕べは秋となに思ひけむ
（『新古今和歌集』・春）

との、遥か遠景を見渡すと、彼方には山の麓《ふもと》が春の霞と川霧によって、さらにかすむ日が沈みかかっている夕暮の景、そのあまりの美しさに夕暮は秋が最もと思っていたが、春の夕暮の景も日本美の典型であると発見した王朝和歌、昭和六十三年御製からはこの和歌の、眺望の視座から、そこに見出された美景への感動を詠むご姿勢がお窺いされよう。

二句「春の夜の海」も、後鳥羽上皇院宣による『新古今和歌集《しんこきん》』の時代になって急激に

好まれた「春の夜の…」との成句に倣う表現で、「空はなほかすみもやらず風冴《さ》えて雪げに曇る春の夜の月」（春・摂政太政大臣（藤原良経《ふじわらのよしつね》））や、「大空は梅《むめ》のにほひにかすみつつ曇《くも》りもはてぬ春の夜の月」（春・藤原定家朝臣）の様に、霞や雪げによる朦朧とした視覚の景や、闇の中でも臭覚によって梅の匂いが交錯する感覚の世界を表象した歌句《かく》表現。

昭和六十三年昭和天皇御製には、これら王朝以来の伝統和歌で日本美の典型となってきた「春」の、視界も定まらない光景や、闇の中で感覚する美感を幾重にも奥深くして、見渡しては茫洋と広がる春の夜の海から空まで無限な空間の闇と、その闇の中に輝やく光と、それら闇と光とが交錯する感覚の世界が深遠となろう。

昭和天皇が、摂政宮時代から視座・表現・歌風・一首が構成する和歌世界において、憧憬を抱かれ、御製の歌風の多くを摂取していらした後鳥羽上皇和歌と、後鳥羽院親撰と言われる『新古今和歌集』が完成した歌詞《うたことば》で表現する和歌が構築する芸術世界、それらの伝統を生かしつつも、「サンフランシスコ平和条約」発効後に洗練されてくる昭和天皇の叙景歌の、究極まで感覚化された最後の美意識の一首と言えよう。

昭和天皇の最晩年となられる昭和六十一年からの三年間には、日本が国際社会に独立を果たしてから、年を追って洗練されてくる歌風がますます透明感を帯びて、叙景歌ながら日本国への〈祈願〉や〈慶賀〉が生きる御製が輝やき、しかし、そのお慶びに反して、戦争から生じている〈憂い〉や〈御無念〉も決して消えることなく深く胸を打つ。

そしてそれらの御製に生きる〈祈願〉〈慶賀〉と、〈憂い〉〈御無念〉こそは、昭和天皇が御生涯に及ばれて示されていらした御心でありお胸の内であって、まさしく昭和天皇御製にお窺いされる〈天皇となされての大御心《おおみこころ》〉とも、とりわけに、時代ゆえの御人生の昭和天皇ならではのご痛恨とも拝察されよう。しかし戦争に対するそれらの御製に表わされたお胸の内もまた、この後の終章で記してゆくとおり、日本の永い歴史にあった〈天皇となされての大御心〉と鮮明になろう。

この三年間の御製こそは、本著で初めから辿ってきた昭和天皇の御心もお胸の内も、さらには美意識や御信仰までの全てがひとつに統合されて〈結晶〉となる和歌――

さらにその中の、特に美的感性や芸術的意識までもがより一層に研ぎ澄まされての、感覚的発想、表現、構成による、ほとんど詞《ことば》の芸術の世界とも感覚させていただける様な御製までもが、最終には詠み出だされていらしたことが、今、共感させていただけた。

註

（1）高橋紘編著『昭和天皇発言録』（小学館・平成元年）
（2）特に律令制については、大津透『日本史リブレット73　律令制とはなにか』（山川出版社・平成二十五年）に拠る。
（3）袖井林二郎『マッカーサーの二千日』（中央公論新社・平成十六年）
（4）生物学御研究所編『皇居の植物』（保育社・平成元年）
（5）前掲（1）
（6）前掲（1）
（7）前掲（1）
（8）前掲（1）
（9）前掲（1）

付五　人間　昭和天皇

「兄弟のうへ」を詠める和歌一首

本著では「人間　昭和天皇」の各章で、人間となされてどこの誰しもが同じく抱かれましょう昭和天皇の〝人間らしさ〟が、とりわけに想われる和歌も感じて参りました。

昭和天皇のご生涯の御製《ぎよせい》の内に、ふと思わず心が暖まり微笑が溢れます様《よう》に感じられます和歌が、ふり返りますとその様なご家族から皇族の皆様方への和歌でございました。

しかしながら、まだ弟宮様方への和歌には触れておりませず、最晩年に至られまして昭和天皇が弟宮様方への様々なお思いを詠まれました一首も窺えました。

その一首から、昭和天皇の弟宮様方へのお思いを感じて参りましょう。

しるしの木にたぐへて兄弟のうへをよめる

わが庭の竹の林にみどりこき杉は生ふれど松梅はなき

（昭和六十二年）

詞書《ことばがき》より、お印《しるし》の木に添えてご兄弟のうえを詠まれましたことが意図されます。和歌にはそして、わたくしの庭の竹の林に緑色の濃い杉の木は生長しているけれど、松の木と梅の木はないことへの感慨が漂います。

「竹の林」とは「竹の園生《そのふ》」からつながる表現で皇族を、そして何より、その中心に主上《おかみ》としていらっしゃる「若竹」をお印とされました昭和天皇ご自身を象徴されましょう。

「杉」は大正天皇と貞明《ていめい》皇后との第四皇子でいらっしゃいます澄宮崇仁《すみのみやたかひと》親王殿下のお印「若杉」からの表現ですので、「みどりこき杉」にはお元気にご活躍の崇仁親王様が象徴されましょう。崇仁親王様は大正四年十二月二日にご誕生され、昭和十年十二月二日に三笠宮家を創立されました。本年平成二十七年一月もお元気で新年の一般参賀にお出ましでいらっしゃいます。三笠宮様は多くのご公務をおつとめになりながら、オリエント学のご研究も重ねられ学会の名誉会長としても学問発展にご尽力の上、多くのご研究やご高著も公とされていらっしゃいます。その三笠宮家第一皇子は寛仁《ともひと》親王殿下で、友愛十字会や日本職業スキー教師協会などの多様な団体の総裁もお務めになりました所、平成二十四年六月六日に御薨去なされました。妃殿下に吉田茂のお孫様にあたられます麻生太賀吉氏と和子氏との第三女信子様がご入内《じゅだい》されていらっしゃり、寛仁親王妃信子殿下は癌をはじめとしてのご病気が長かった親王殿下に献身的にご看護され、その折りに創作されたお料理についてのご著書も記されていらっしゃいます。寛仁親王様と信子様との第一女王彬子《あきこ》殿下は、英国オックスフォード大学マートン・コレッジにご留学され日本美術史をご専攻、女性皇族とされて初めての博士号を取得、本年に『赤と青のガウン　オックスフォード留学記』[1]もご出版されました。またご自身が一般社団法人心游舎を立ち上げられて、日本文化の教育・普及活動を熱心に、積極的にされておいでございます。三笠宮様から今に至ります親王様や女王様方まで広く続いていらっしゃいますご繁栄が、昭和天皇御製の「みどりこき杉」に表わされました枝葉を広げてより美しく色濃い緑色の杉の印象と重なりましょう。

「松梅」は大正天皇第二皇子淳宮《あつのみや》雍仁《やすひと》親王殿下と、第三皇子光宮《てるのみや》宣仁《のぶひと》親王殿下とのお印「若松」と「若梅」とを表わされ、御二方の宮様方を象徴されましょう。

「若松」をお印とされました第二皇子雍仁親王様は明治三十五年六月二十五日にご誕生、大正十一年のご成年にともない宮家を創立され秩父宮の宮号をうけられました。陸軍士官学校本科をご卒業の後に、イギリスにご留学され帰国後は陸軍の参謀本部などのおつとめまで果たされて、昭和二十年には陸軍少将となっていらっしゃいました。妃殿下とおなりなされました勢津子様は、親英米派、穏健派の代表的人物として知られ、外交官から宮内大臣を務めた松平《まつだいら》恒雄《つねお》氏の第一女でございます。

秩父宮様は、昭和天皇ご誕生の翌年のお生まれ、大正時代には皇位継承第二位のお立場でしたので、昭和天皇の御名代とされて多くの御公務を果たされました。

良く知られますのは、昭和十二年五月十二日、勢津子妃殿下とご一緒に英国王ジョージ六世の戴冠式にご出席されたご訪欧の折りのお話しでございましょうか。その時に駐英大使でいらした吉田茂夫人の吉田雪子氏は、昭和天皇ご名代としてジョージ六世戴冠式にご出席された秩父宮両殿下が、世界の王族のご出席の方々よりも最初にご入場されたご立派さを日本の誉《ほまれ》と讃美されて「他の外国の王族の先頭に立って、秩父宮殿下と妃殿下が寺院の西側の扉から入っておいでになり、敬意をこめた沈着な物腰で、ゆっくり歩を進めてこられました。合唱隊の歌う国歌でその場の厳粛な雰囲気が最高潮に達したとき、国王陛下と皇后陛下が西側の扉から列を組んで堂々と入ってこられました。いよいよ壮大な儀式の始まりです。国王陛下が四方に向かって会釈なさったとき、それに答えて一同が声高らかに『ゴッド・セイブ・キング・ジョージ』と斉唱したのが強く印象に残りました。(2)」と綴り、この瞬間の印象を和歌(3)に詠まれるのです。

我が秩父宮両殿下、外国皇族の第一位として御入場あり

御足どりいともしづかにおごそかに我が両殿下進ませたまふ

詞書《ことばがき》「我が秩父宮両殿下」「第一位として」から雪子氏の日本人らしいお慶《よろこ》びが溢れ、一首に入っての「いともしづかにおごそかに」には、戴冠式の別世界の様な荘厳さがその重厚な雰囲気の中よりイメージされましょう。

その後も秩父宮様は御生涯に及びお元気でご公務を果たされましたものの、ご無理が重なり、昭和十五年六月二十一日には「気管支炎の御徴あり」(4)と判明されて、長いご闘病のご生活に入られました。そして昭和二十八年一月四日、御薨去されました。

もうお一方の弟宮様で、「若梅」をお印とされた第三皇子宣仁親王様は明治三十八年一月三日にご誕生、大正二年の有栖川宮威仁《たけひと》親王殿下の危篤に臨まれ、大正天皇より有栖川宮家の旧称高松宮の宮号をうけられて、七月六日に高松宮家を再興されました。有栖川宮とは、高松宮と称しました十七世紀後陽成天皇の第七皇子好仁《よしひと》親王を祖とする宮家、世襲親王家のひとつで、二代は後《ご》水尾《みずのお》天皇の皇子でしたが、歴史の中で断絶に瀕《ひん》していた宮家を、大正天皇の特旨で高松宮を与えられました。その上に、妃殿下とおなりなされました喜久子様が徳川慶久氏の第二女で、母君が有栖川宮家のお生まれでいらしたこともあり、高松宮家は有栖川宮家の祭祀《さいし》も引き継がれました。この宣仁親王様は昭和十七年に海軍大佐にご就任され、先の大戦の末期には終戦の促進にご尽力されたのでございます。

戦後に入られて高松宮様は芸術分野の総裁や名誉総裁をお務めされたばかりでなく、国際社会全体での文化芸術の普及向上に寄与されたいとのご意志を示され、ご夫妻様おそろいで大きなお力を尽くされました。そして高松宮様が総裁をお務めになっていらした財団法人日本美術協会が協会設立百周年を記念し、文化芸術の分野でノーベル賞を補完する目的の高松宮殿下記念世界文化賞を創立したのです。この賞はノーベル賞に入っている文学部門を除く「絵画」「彫刻」「建築」「音楽」「演劇・映像」の五部門の芸術家に授与されて、まさしく、日本から世界へ発信してゆく国際的な文化芸術の創造へのご活動と言えましょう。現在は日本美術協会の総裁を引き継がれました常陸宮正仁《まさひと》親王殿下と華子妃殿下がご出席の上、授賞式が行なわれています。この様《よう》に国際的ご活動を遺されまして、高松宮様は昭和六十二年二月三日に八十年を越えるご人生の終焉を迎えられました。

ところで昭和天皇は、明治天皇の御崩御によりまして東宮殿下とおなりの上は、独立されて弟宮様方とは別々にお住まいになられました。この時のご兄弟の別れを秩父宮様がおひとりになられる兄上を思われ、ご兄弟のお別れの日が一日も遅いようにと祈ったことが残されています。(5)

昭和四十七年六月二十三日には歴代天皇の中で御在位日数が最も長く、昭和六十年七月十三日には歴代天皇の最もの御長寿となられる三万七百五十七日を過ごされました昭和天皇でいらっしゃいましたが、その間には父帝《ちちみかど》や母后宮《ははきさいのみや》様はもちろん、ご自身よりも年齢がお若く晩年まで共に睦《むつ》み合われたでしょう弟宮様方のお二人方ともがお先に御薨去なされまして、残されたお思いはどの様《よう》でございましたでしょうか。

昭和六十二年「兄弟のうへをよめる」和歌は、主上とされて皇室をご覧なされては、若竹をお印とされる昭和天皇が上《おかみ》とおわす皇族の中に、ご繁栄で若杉をお印とされる三笠宮様は親王様・女王様方までご成長なされていらっしゃいますけれども、それに比して若松をお印とされた秩父宮様と若梅をお印とされた高松宮様とはいらっしゃらないことを詠まれ、結びの第五句「松梅はなき」の体言止の表現には、ご両親のお慈《いつく》しみをご一緒に受けられまして、ご幼少時に共にお遊びお学びされ、無限の思い出もございましたでしょう弟宮様方の、〈ご不在〉の現実が鮮明にされます。そうしてその中に〝人間　昭和天皇〟のとめどない寂寞《せきばく》感も余情とされましょう。

誰もが皆、同じ様に抱いておりましょう兄弟との思い出や肉親愛ゆえに、誰もがみな同じ様に感じたことのあります自分より年齢を若くする弟達に先立たれての〝孤独〟までが悲しく伝わりましょう一首でございました。

註

（1）彬子女王『赤と青のガウン　オックスフォード留学記』（ＰＨＰ研究所・平成二十七年）

(2) 吉田雪子著・長岡祥三編訳『ジョージ六世戴冠式と秩父宮』(新人物往来社・平成八年)
(3) 吉田雪子『雪子歌集』(前掲(2)所収)
(4) 秩父宮家『雍仁親王実紀』(吉川弘文館・昭和四十七年)
(5) 秩父宮雍仁「天皇家の人々―はじめて世に出る皇族の自叙傳」(『文藝春秋』・昭和二十六年六月特別號)

終　章　天皇の永遠性

範となされた天智天皇
思慕された後鳥羽上皇

夏はきぬ波路の末の隠岐の島靄にくもりて見れども見えず

（昭和四十年）

赤間神宮ならびに安徳天皇陵に詣でて

水底に沈みたまひし遠つ祖《おや》をかなしとぞおもふ書《ふみ》見るたびに

（昭和三十三年）

佐渡の宿

ほととぎすゆふべききつつこの島にいにしへ思へば胸せまりくる

（昭和三十九年）

一首目は寿永二年に践祚《せんそ》をした後鳥羽《ごとば》天皇、後の後鳥羽院、二首目は治承四年即位の安《あん》徳《とく》天皇、三首目が後に順徳《じゅんとく》院となる承元四年即位となった順徳天皇、以上の三天皇についての、昭和天皇の御製《ぎょせい》三首である。

共に、平安末期から中世の鎌倉初めにかけて、日本で初めての国を挙げた戦乱時に遭遇してはその時代を生きた三天皇であり、歴代天皇の中でもとりわけに日本が最初に直面した歴史の転換期にあって、天皇としての〈生〉も〈魂〉も貫ぬいた帝方《みかど》であった。

その帝方を詠まれた昭和天皇の御製には、昭和天皇が歴史上の三人の天皇に寄せられた深いご思慕が表わされると同時に、三人の帝の在《あ》り方や生涯には、昭和天皇が求められた姿も大御心《おおみこころ》も共通に生きていると言える帝方である。

御製三首に、昭和天皇がお心を寄せていらした天皇の姿や大御心を求めてみたい。

❋

「隠岐の島」を詠まれた和歌は、夏は来た、季節も全く夏となったある日、遥か彼方まで茫洋と広がり続く波路の末にあるはずの隠岐の島、その隠岐の島を見たく思い目を凝らすものの、切望する隠岐の島は靄にくもっていて、どれ程に見ようとしてもその姿が靄の中に入って見えない、その残念さが三句目を句切る「隠岐の島」と動詞「見る」を一句の中に二回も使って「……ども……ず」と打ち消しで結ぶ表現とから滲み出てくる。

昭和四十年「岡山　鳥取　島根　京都府県の旅」で詠まれた十一首の内の一首で、この御製の一首前には「鳥取の宿にて」との詞書《ことばがき》による御詠《ぎょえい》が配列[1]されていることから、昭和天皇が鳥取でご滞在されたお宿からご覧になられた景の一首と想われる。

御製は「隠岐の島」を対象に詠まれた一首であるが、この終章で明かしてゆく三首と共にお窺いする時、この御製の面影には後鳥羽院の姿がくっきりと浮上してくるのである。

昭和天皇が御製における遠景への眺望となる視座、それを御製に構成してゆく発想から、その視座に拠《よ》る発想を表現する歌詞《うたことば》も歌句《かく》も、そうして詠み上げられた一首の歌風が完結する帝王ぶりも、既に摂政宮時代から最晩年に至るまで、御生涯に渡られて後鳥羽院を思慕されていらしたことは、本著第一章から第六章までの御製の表現や歌風に、とりわけ叙景歌の帝王ぶりにこれまで辿ってきたとおりであった。

そしてこの、御製に窺える歌風と併わせて、本章冒頭の三首を共に拝見致す時、「隠岐の島」と共に浮かび上がってくる姿の後鳥羽院は、より鮮明にくっきりとなってくる。

後鳥羽上皇――――、第八十二代天皇で、名は尊成《たかなり》、父を高倉天皇、母を藤原信隆の女七条院殖子とする。平安時代の末期、治承四年に生まれ、寿永二年八月二十日、わずか三歳で践祚を行なっては、翌元暦元年七月二十八日に即位式が行なわれた天皇である。

そして、この即位それ自体が歴史上で稀有な二帝擁立となってしまう即位であった。後鳥羽院の誕生の頃は平清盛率いる平家全盛の時代で、後鳥羽院の父帝高倉天皇も、清盛によって清盛の大姫徳子が中宮に入内《じゆだい》して出産した安徳天皇への譲位を余儀なくされ、短かくも二十年の生涯を閉じた天皇であった。しかし歴史の運命であろう。その安徳天皇も養和元年に清盛が死去して二年、清盛死去後わずか二年にして平家一門の都落ちと共に母后建礼門院徳子、祖母平時子（二位尼《にいのあま》）はじめ一門に奉じられて共に都を落ちていった。

　そのため、平家追討の院宣を下した後鳥羽院祖父の後白河法皇は、京の都で勅命を下せる天皇を即位させる必要に迫られて後鳥羽天皇を即位させる。幼少時の後鳥羽院の器量の大きさを示す語りと記録とが『平家物語』（延慶本）や『愚管抄《ぐかんしょう》』に残っている。それらによると、後白河法皇は、安徳天皇の都落ち以後の内裏《だいり》で、次に践祚させる皇子として高倉天皇の第三皇子惟明《これあき》と第四皇子尊成とを考えていた。が、二人の皇子を招いて会ったところ、三の宮は法皇を大変に怖がって泣いたのに対して、四の宮尊成はすぐに法皇の膝の上に抱かれたことから法皇はその度量を認め、これこそが我が孫と愛《め》でて践祚させ、次年に即位させたとある。三歳にして「治天の君」の器量をそなえた後鳥羽上皇であった。

　ところが、後鳥羽院の即位には本質的な問題も孕まれていた。

　三種神器《じんぎ》の問題である。

　三種神器は、平家一門が安徳天皇を奉じ、高倉天皇の中宮であった建礼門院徳子も共に都落ちした際に安徳天皇に帯されて平家側に在った。そのため、後鳥羽天皇の即位は三種神器のないままとならざるをえなくなってしまう。後に平家一門が壇の浦に沈む際、三種神器は安徳天皇と共に一度は西海に沈むこととなってしまった、何とか三種神器の内の内《ない》侍所《しどころ》・八咫鏡《やたのかがみ》と神璽《しんじ》・八坂瓊曲玉《やさかにのまがたま》は引き上げて京へ戻されたのである。が、宝剣《ほうけん》・草薙《くさなぎの》剣《つるぎ》だけは永遠に安徳天皇と平家一門に奉じられて海の都に座してしまった。

この形で践祚・即位をした後鳥羽天皇ではあったが、万事に果断な才能を発揮され、本著で昭和天皇御製に大きな系譜となった和歌はもちろん、連歌・作文《さくもん》などの文学芸術においても、また、音楽芸術の琵琶・琴・笛にも、さらに蹴鞠《けまり》・笠懸《かさかけ》・狩猟・水練などの武芸でも文武両道の才を発揮した。この後鳥羽天皇は自らのお印《しるし》であった十六葉八重表菊形を代々の天皇に継承させて、それが今も天皇の御紋章につながったとも伝わっている。

この、十六葉八重表菊形の紋章についてはまた、とりわけに院が御所内に番鍛冶を置き、菊花銘入りの太刀を製作させたのみならず、院自らも「御所焼き」「菊御作」と言われる菊花銘入りの太刀を創ったと『承久記』には記される。多芸多才な上のさらなる刀剣への思い入れはそうして、三種神器なくして即位したことへの剣《つるぎ》への愛着とも、擡頭《たいとう》してきた武士集団からの国家守護を果たそうとする強い意志とも言われている。

そしてさらに、後鳥羽院の国家守護の思想の象徴として欠かせないことがある。

「熊野御幸」である。

熊野は『日本書紀』以来、神々の郷として伝わっていた聖地、日本古来の自然崇拝と古代祭祀《さいし》への信仰により、奈良時代から平安時代には山岳修行の舞台となり、平安時代の

『延喜式《えんぎしき》』で熊野の地と伊勢神宮の母神との一体化が定められると、熊野信仰は一層の発展をし、院政期には熊野詣が準国家的行事として定着していた。白河上皇以来の上皇方は幾多の数の参籠を繰り返していて、その中で後白河法皇の満願三十三回、後鳥羽上皇の二十三年間での二十八回もの御幸は、歴代天皇の中でも特記する回数であった。

後鳥羽上皇の熊野御幸が莫大な荘園からの豊かな財力によって可能であったことは当然であろうが、やはりそれこそは、後鳥羽上皇の並々ではない熊野信仰と、厳格な潔斎によることに他ならない。加えて、参詣の途次で幾多も催された和歌会と、そこで詠まれた和歌を認《したた》めて神々へ法楽供養した熊野懐紙とからは、後鳥羽上皇親撰ともなる『新古今《しんこきん》和歌集』編纂への強い祈願も明確となる。

後白河法皇治政の代に、源氏頼朝の京都進出や義経挙兵事件にも頼朝との協調の方針をとり、それらの混乱を越えて朝廷と幕府との共存の道が開かれていた。その政策をうけて後鳥羽上皇の時代にも、三代将軍源実朝の妻に外戚坊門信清《ぼうもんのぶきよ》の女を送っては公武の融和に努めた後鳥羽院であった。が、実朝暗殺後に皇子を将軍に迎えたいと申し入れてきた幕府に対して承久の乱を起こした後鳥羽院――

後鳥羽上皇熊野詣の真意は、熊野信仰、まずそれが絶対の価値としてあり、関連して神々への法楽供養としての歌会、自ら院宣を下し撰歌をし配列をして完成を見る『新古今《しんこきん》和歌集』への願望は確かであった。それと同時に、朝廷の権威権力を保っての国家守護こそが、後鳥羽上皇にとっては必然の願いであったはずである。
『新古今和歌集』に入集《にっしゅう》する後鳥羽院の、熊野御幸に関連する和歌。

熊野《くまの》に参りて奉《たてまつ》り侍《はべ》りし
岩にむす苔《こけ》踏《ふ》みならすみ熊野《くまの》の山のかひある行末もがな
（神祇）

熊野の苦しい山道をたどるひたむきな心に、熊野権現に将来を祈念し、また、

熊野の本宮《ほんぐう》焼けて、年の内に遷宮《せんぐう》侍りしに参りて
契《ちぎ》りあればうれしきかかる折《をり》に逢《あ》ひぬ忘るな神も行末の空
（神祇）

熊野の本宮が焼けても年の内に遷宮の儀を実現した満足感に神との宿縁を慶《よろこ》び、重ねての祈念をする。さらに、政治が和歌に表われる指標と言われる後鳥羽院の著名な一首、

住吉歌合《すみよしのうたあはせ》に、山を
奥山《おくやま》のおどろが下も踏《ふ》み分《わ》けて道ある世《よ》ぞと人に知らせむ
（『新古今和歌集』・雑《ぞう》）

治政者の決意を「山」に託し、「道ある世」（正しい政道）を広く万民に、もちろん公卿や鎌倉幕府の三代将軍実朝から東国の武士集団全てに、この日本の全ての者に知らせようとの強い所信、天皇の責任の第一の抱負が込められる和歌と評する説もある一首となる。

後鳥羽上皇には、熊野御幸、『新古今和歌集』、承久の乱は、信仰・芸術・国家守護とにおいて、魂と美と理想が統合すること、そこには上皇ならではの理念が結晶していた。

そして承久の乱に敗れた後鳥羽上皇であった。御身は配流《はいる》となり隠岐の島へと。

しかし後鳥羽院の理念は何ら変わることはなかった。


われこそは新島守よ隠岐の海のあらき波風こころして吹け

院が配流となって隠岐へ赴いた後に詠み上げた「遠島百首」の中の一首で、『増鏡』（第二）「新島守《にひしまもり》」に入る和歌となる。

自分こそが新らしい、この隠岐島の島守《しまもり》であるよ、隠岐の海の荒い波風よ、今、我こそが守るこの島にはよくよく心して吹け、との心。『増鏡』には須磨・明石へ流謫《るたく》された光源氏の描写も記されるが、歴史上にたぐいのない「流離の貴種」となった悲哀は和歌には表わされず、むしろ「新島守」となった「我」を初句から「こそ」の強調表現で打ち出し、その島守に在る自分のいる所なのだから、京の都では感じたことのない程の荒い波風も、新島守の我が守るこの島には「こころして吹け」と命令形で、これも強く結ぶ。

いかなる立場に置かれても、どういう場の、どの様《よう》な状況であっても、自らのいる地を守りぬく意志、これは大御心《おおみこころ》につながる御製の心そのものと言える。

時代を経て明治に入ると、新政府は神霊を洛北大原の御陵に迎え、昭和に入っての十四年には壮麗な隠岐神社も建立された。

後鳥羽院は隠岐に配流された後も『隠岐本新古今集』を成し、歌集『後鳥羽院御集』の他に、歌論書『後鳥羽院御口伝』や秀歌撰『時代不同歌合』などの編著書も残している。『新古今和歌集』を尊重した王朝の歌人たちから後世の歌人たち、とりわけ連歌の宗匠であった宗祇は、院がこよなく愛《め》でた水無瀬離宮のあった水無瀬を訪れ、院の名歌「見渡せば山もと霞む水無瀬川夕は秋となに思ひけむ」（『新古今和歌集』・春）から、「雪ながら山もと霞む夕べかな」を発句とする『水無瀬三吟何人百韻《さんぎんなにひとひゃくいん》』を宗長《そうちょう》・肖柏《しょうはく》と共に巻く。
国家守護は記すに及ばず、芸術においても、それらの全てを可能にするための信仰においても、ひとつになった魂が強く美しく、精彩を放って華麗に、日本の歴史上で確実に在り、そして日本に生かし続けてきた後鳥羽院。

何よりの肝心は、天皇・上皇の立場に在っても、軍事力に敗北して配流の身に置かれても、その魂は全く変わることなく一貫して同じく在り続けたこと。

天皇の使命の第一は国家の守護、そこに生きる民《たみ》の幸いへの治政、それを自らの力のみに依らず地上の人間界を超《こ》えた天空の存在、それが「神」と言う名で表わされるのであれば「神」へ〈祈り続けること〉で、より可能性を実現化してゆくことにあった。そこにおいて、〈神との交信〉の方法として、天皇が天皇として在るためには、〈和歌〉こそが唯一であると同時に、天皇にとっての絶対の表現手段であったことが鮮明となろう。

そこに大御心の在り方が浮上してくると言えようか。

昭和天皇御生涯の御製に、この後鳥羽院の和歌が存在していたことは本著第一章から辿ってきており、すると、その後鳥羽院を通して、昭和天皇が、日本の伝統に生き続けてきた〈天皇の在り方〉と〈大御心〉を視《み》ていらしたであろうことは、自然に想われてくる。

二首目は詞書「赤間神宮ならびに安徳天皇陵に詣でて」から、安徳天皇をお詠みにならられた御製であることが示されてゆく。一首に入っては、水の底にお沈みなされた遠い祖先の安徳様を、何とも哀しいものと思うことよ、安徳様を語られる書を見るたびに、何と哀しい、そういう昭和天皇のお思いが切々と伝わってくる。

安徳天皇と言えば、先に後鳥羽院について記した中で関係していた高倉天皇の第一皇子、後鳥羽上皇の異母兄となる天皇である。名を言仁《ときひと》とする。生母が清盛と正室時子の大姫徳子であったため、中宮徳子の皇子としては平家一門の権勢により誕生から一か月の後に皇太子に立てられ、三歳で即位をした。この、歴史にたぐいない即位は『平家物語』（覚一本）（巻第一）にも「東宮立《とうぐうだち》」として語られている。しかし即位三年後にして安徳帝は母后建礼門院徳子や祖母平時子（二位尼）と共に、平家一門に奉じられて三種神器を帯し内裏を出たのであった。この様子が『平家物語』（覚一本）（巻第七）「主上都落《しゆしやうのみやこおち》」に「主上《しゆしやう》は今年《こんねん》六歳、いまだいとけなうましませば、なに心もなう召されけり。」（天皇は今年六歳、いまだ幼なくおわしあそばすので、何のお心もなく（御輿《みこし》に）お乗りになった。）と語られる。そうして一の谷から屋島へ、ついに壇の浦へ逃げ落ちてゆく間の悲惨さを、『平家物語』（覚一本）（灌頂巻）「六道之沙汰《ろくだうのさた》」には仏教で説く六道の世界、即ち「天上《てんじやう》」「人間《にんげん》」「餓鬼《がき》」「修羅《しゆら》」「地獄《ぢごく》」「畜生《ちくしやう》」の全ての世界を建礼門院徳子がこの世で生きながら巡った自己語りとして語られる。その語りの中で、安徳帝の悲惨さも想われる世界が、人が生き苦しみ病を患って死にゆく四苦と愛する人に別れ憎む人に会う四苦との「人間界」四苦八苦、浪の上で食べ物どころか飲み水もなく飢餓の中でさらに渇きをもよおす塩水ばかりに漂う「餓鬼道《がきどう》」、帝釈天《たいしやくてん》と阿修羅王《あしゆらおう》との闘い以上の闘いが毎日毎日繰り返され続ける「修羅道《しゆらどう》」であった。

幼帝の最期が（巻第十一）「先帝身投《せんていみなげ》」に語られる。源氏の軍兵たちは掟破りに走り、次々に平家の船に乗り移り平家方の水手《すいしゆ》たちをも射殺して迫ってくる。そして、遂に、二位尼は覚悟をする。二位尼は濃いにぶ色（ねずみ色）の二枚重ねを頭にかぶり三種神器の神璽を脇にかかえ、宝剣を腰にさして主上をお抱き申し上げた。そして言ったことは、わが身は女なりとも敵の手にはかからない、天皇のお供に参る、君に対して志を捧げようと君を深くお思い申し上げる人々よ急いでわたくしの後について来なさい、との号令。天皇は八歳におなりあそばされているが、お年の頃よりはるかに大人びておられて、御顔かたちが端麗で美しさはあたり一帯まで照り輝やくほど、御髪は黒くゆらゆらとしてお背中より下にまで垂れていらっしゃる優美さであった。そしておっしゃった。「尼ぜ、われをばいづちへ具してゆかむとするぞ」（尼ぜ、わたくしを一体どちらへ連れてゆこうとするのだ）。すぐさま「極楽浄土《ごくらくじやうど》とてめでたき処《ところ》へ具し参らせさぶらふぞ」との二位尼の申し上げたことに安徳幼帝は、山鳩色《やまばといろ》の御衣《ぎよい》にびんづらをお結いになられて、満面御涙《おんなみだ》に濡れながら、小さくかわいらしい御手《おんて》を合わせ、まず東を伏し拝み、伊勢大神宮に御暇を申されなされ、その後で西にお向いあそばして御念仏《おんねんぶつ》を唱えられた。そして二位尼は、すぐさま幼帝をお抱き申し上げ「浪《なみ》の下《した》にも都のさぶらふぞ」、と千尋《ちいろ》の底へお入りあそばされた。

この時、清盛正室時子、二位尼が詠じた一首が『平家物語』（延慶本）と『源平盛衰記』に伝わっている。

今ぞ知る御裳濯河《みもすそがは》の流《ながれ》には浪の下にも都ありとは

和歌は、倭《やまと》の国の祖となる神を祭る伊勢神宮から清水《せいすい》が流れつく海の下にも、帝の治める立派な都があることを今、入水の、この時こそ悟ったと言う心で、日本の創生以来、歴代の天皇方が治めてきた倭の国を表わす歌枕「御裳濯河《みもすそがは》」に時子は、今、自分は安徳帝と共にこの壇の浦の浪の下の都に遷るが、この安徳帝まで続いてきた歴代天皇の御代《みよ》も、ここまで帝方が治めてきた日本の国も、自分と安徳帝がこれからおわすであろう海の下の都でこそ永遠であろうとの祈りが込められている。さらにはその都にこそ安徳帝を奉る皇室と平家の繁栄の永遠が共にあろうとの祈願までも高らかに謳《うた》い上げてくる。

昭和三十三年の昭和天皇御製と詞書とに表わされた「水底に沈みたまひし遠つ祖《おや》」「安

徳天皇」とは、この様《よう》な人生を送った帝であり、「書見《ふみ》るたびに」「かなしとぞおもふ」昭和天皇の御思いとは、『平家物語』の多くの諸本などをお読みされる度毎《たびごと》にお思いなさる、安徳帝について語り伝えられてきた全てからのお思いであろう。

しかし『平家物語』（延慶本）と『源平盛衰記』に伝わる平時子の和歌には、創生からの日本の姿、その中に在った歴代天皇の御代と皇統の永遠が生きているとも言える。『平家物語』（覚一本）は、「それよりしてこそ、平家の子孫は、ながくたえにけれ。」（そのようにしてこそ、平家の子孫は永久に絶えてしまった。）との一文で巻第十二までの物語を終えるが、実は、史実は全く異なるのである。

平家都落ちの際には、清盛の妻時子の配慮で息知盛《とももり》とその妻治部《じぶ》卿 局《きようのつぼね》が養育していた安徳帝より一歳幼ない母の異なる弟君守貞《もりさだ》親王も、都を落ちていた。安徳帝とは反対にその後、守貞親王は知盛妻に守られながら京に帰り出家する。そして後鳥羽上皇が配流された後に、この守貞親王に皇位継承の白羽の矢が立つのである。ここでもう一度平家の勢力も思想も、政府中枢の最高位に甦ることになる。出家していた法親王は、太上天皇《だいじようてんのう》の尊号を受け、二年間にわたり院政を行なうことに。ここで守貞親王の后となるのが、清盛異母弟頼盛の孫娘陳子であった。そうして太上天皇となった守貞親王と北白河院となる陳子との間の皇子が次に第八十六代後堀河天皇となってゆくのである。

この血脈以上にまた、清盛の四の姫が生む藤原隆衡《たかひら》が正二位権大納言として栄達を極め、その娘で太政大臣藤原実氏に嫁した貞子が、北山准后として十三世紀の宮中で絶大な力を発揮してゆくことになる。その北山准后貞子が生む姞子が次に第八十八代後嵯峨天皇に入内、二人の間に生まれた皇子が各々八十九代後深草天皇、九十代亀山天皇となっていった。しかも、後嵯峨天皇と平棟子と残る女性との間に生まれた皇子宗尊《むねたか》親王は、後深草天皇の猶子となって源頼朝が開いた鎌倉幕府の第六代将軍に迎えられて、鎌倉将軍の座へも、天皇の猶子が就くこととなったのである。

こういう皇統の歴史の中で安徳天皇は、平清盛と時子（二位尼）との四の姫が嫁いだ権大納言藤原隆房が創ったと伝わる『平家公達草子《へいけきんだちそうし》』によって草子の中に甦らせられ、安徳幼帝をとりまいた平家一門の文化・芸術と共に、宮廷で百年以上にも渡りなつかしみをもって憧憬され、皇統に入った平家の血脈の中で現在までも生き続けてきているのである。

それればかりではない。

桓武天皇を祖とする伊勢平氏から起こり日本史上稀有な栄耀栄華を極めた平家一門、とりわけ清盛は、厳島神社やそこに奉納された「平家納経」なども今に残している。それらも全て日本の芸術に類を見ない信仰と美意識とによる日本建築や日本工芸の粋を尽くして永遠とした芸術。また遷都を行なった福原や貿易港大輪田泊《おおわだのとまり》などの、当時としては画期的な新都市インフラ整備でも、現代に続く都市を形成している。さらには、マッカーサーが日本の悪弊として行なった土地制度改革についても平家は着手していて、日宋貿易で利を得た宋銭によって土地と家との関係を絶ち、新しい経済流通も可能にしている。

安徳幼帝をお抱き申し上げて海の底の都へ遷られた二位尼が最後の一首に高らかに謳《うた》い上げた祈願は、そのまま歴史そのものとなった。

安徳天皇も、異母弟後鳥羽上皇と同じく時代の中で擡頭してきた源氏の武力により、軍事力によって敗北させられた天皇であった。しかし、安徳帝を後見した平清盛・時子が率いる平家一門によって、「御裳濯河」の時代から創生されてきた日本も、そこを治める皇統も、そこから生まれ成熟し完成した芸術も、それらの作品に込められた信仰も永遠とされた。「御裳濯河」に象徴した大御心は歴史上で変わることはなかったのである。

形あるものの無常は地上に生を享けたものとして避けえぬこと、しかし、美や信仰や、祈りと言う、精神から魂の次元まで昇華された世界には、永遠普遍が存在している。

安徳天皇を伝える語りと、そこに描かれる世界とは、その、人の世の無常と永遠とを鮮明にしながら、〈祈り〉も〈願い〉も普遍なるものとして現代に浮上させてくる。

昭和天皇（昭和三十三年）御製には、日本の思想のひとつとなっている〈無常観〉も深く込められると共に、そこから飛翔したであろう安徳帝の永遠への祈願も、それが事実となった歴史も背景に再生してくる様にお窺いされよう。

三首目、詞書に「佐渡の宿」と記される昭和三十九年御製に入りたい。

その声を尋ね求め、待ちこがれてはようやく聞く夏の季節のほととぎす、そのほととぎすの声を夕べに聞きながらこの島、佐渡において古《いにしえ》を思うと胸が迫ってくる、との御痛切なお悲しみであろう。

第四章から辿ってきたとおりに、昭和天皇が表現される「胸せまりくる」は戦さへの御悲痛であり、また、本章でこれまで窺ってきた後鳥羽上皇と安徳天皇とへの御製からも、「佐渡島」におかれての「胸せまりくる」お思いとは、ある闘いによっての順徳院、そのお方への、昭和天皇の御悲哀とわかる。

順徳院とは、建久八年に誕生した後鳥羽院皇子で、名を守成《もりなり》と言う。母を藤原範季《のりすえ》女の修明門院重子とし、後鳥羽院が特に大切に尊重していた皇子であった。承元四年、十四歳で皇位に就いたのも、後鳥羽院の強い意志があってのこと、即位後の大嘗祭《おおなめのまつり》《だいじょうさい》に大嘗宮正殿の内陣で天皇自らが奏す御告文「秘中の祈請の詞」も、後鳥羽院が順徳新帝に授けたことが『後鳥羽院御記』にも記される。和歌は藤原定家と共に後鳥羽院自身が指導を行い、順徳院の歌才は見事に発揮させられてゆき、当時の内裏では常に順徳院が中心となって新らしい和歌活動へ導き、和歌に関する多くの著書のみならず、和歌を中心とする宮廷儀式についての今に伝わる有職《ゆうそく》関係の書も、順徳院は著わしてゆく。

その中で『八雲御抄《やくもみせう》』は、特に歌詞《うたことば》から和歌の「心と詞《ことば》と風情」を論じた歌学書で、永く和歌の詠み方の典範と仰がれる書となるもの。また『禁秘抄《きんぴせう》』も宮中故実などの全般にわたって作法を説く貴重な有職故実《ゆうそくこじつ》の書、他にも日記『順徳院御記』や、御製を自撰したと思われる御集『紫禁和歌草』も伝わっている。

それら全てからは、順徳院の人並優れた歌才や宮中文化全般についての造詣が知りうると同時に、後鳥羽院が期待して伝授した和歌による宮中文化も、それらを育み伝統としてきた宮廷そのものが日本に存在する意義などについてもの理念の高さが明確となる。

これほどまでに宮廷文化への才も理念も発揮していた順徳院ではあった。が、しかし、承久三年、承久の乱の意志を固めた父後鳥羽上皇を助けるため、順徳院も仲恭《ちゆうきよう》天皇となる四歳の皇子に譲位し、父後鳥羽上皇の起こす承久の乱に行動をひとつとした。

しかし敗北。

佐渡に配流されてしまう。

その地の順徳院は、「われこそは新島守」と謳《うた》いあげ、「あらき波風こころして吹け」と命じた後鳥羽院とは異なり、荒波よせる佐渡で唯一に和歌世界に心を移し、父院を常に慕い続け、配流の身においてもその大御心は変わらなかったと伝わる。

が、在島十九年の延応元年、父院の隠岐島での崩御の報に、食を止め、自ら地上での命を絶った。在島二十二年となり、四十六歳の年と伝わる。

のぼりにし春の霞をしたふとて染むる衣の色もはかなし

（『続古今和歌集』・哀傷）

この和歌は、「後鳥羽院かくれたまうてのころ」の詞書で詠まれた父院への哀傷歌。『新古今和歌集』で「ほのぼのと春こそ空に来《き》にけらし天《あま》の香具山《かぐやま》霞たなびく」（春）と詠み「春の霞」を日本美の典型と愛《め》でた父院も天に昇ってしまった、その「春の霞」に表象される帝王ぶりも典雅な和歌を詠み、「天《あま》の香具山《かぐやま》」が象徴する天皇制の御代を憧憬された父後鳥羽院、その御方を慕う心として、崩御を悼むための墨染に染める衣の色さえも、今となってはもう、あまりに空しく儚《はかな》いだけのこと、との無常観ばかりが漂う。「春の霞」に象徴した後鳥羽院が、今となっては遥か彼方となってしまった宮廷文化へも導き、その雅《みやび》への憧憬が、下句「染むる衣の色もはかなし」の無常観をより一層に深めてゆく。

「百人一首」で広く知られる順徳院の一首、

ももしきや古き軒端《のきば》のしのぶにもなほあまりある昔なりけり

（『続後撰和歌集』・雑）

（武士などの軍事力による政治介入のために）衰微してしまった朝廷の現状、それを物語る宮中の、今となってしまってはもう古くなって荒れた軒端には忍ぶ草までも生えているが、その忍ぶ草を見るにつけて、それでもやはりどれ程に偲びても偲びつくせない昔への懐旧の情を込めている。「なほあまりある昔」とは、後世の宮廷人たちが延喜・天暦の御《み》代《よ》と憧がれた、天皇が中心に国の姿を整えていた平安朝初めから前期の頃の律令制も平穏な宮廷文化華やかなりし時代であり、忍ぶ草と掛詞となっている「偲ぶ」には、その延喜・天暦の昔への懐旧も憧憬もとめどなく湧きて尽きることがない。

この和歌を百首目に配列したことで、編者藤原定家は、天皇が治める律令制の実質的な御代と、その中で馥郁《ふくいく》としていた宮廷文化の終焉を象徴した一首なのである。

その順徳院の眠る「この島」佐渡に、昭和天皇は「胸せまりくる」お思いを強くされ、帰途におかれてもその島との別れを惜しまれ、「おけさ丸」との題で、風も強い船の甲板に立ちつくされては、佐渡島への惜別の情を深くされる御製を残されている。

風つよき甲板にして佐渡島にわかれをしみて立ちつくしたり

（昭和三十九年）

順徳院も、後鳥羽院・安徳天皇と同じく、源氏と言う軍事力に敗北し、天皇が中心にあって伝統となっていた日本の国の姿まで、さらには自らの命までをも奪われてしまった帝であった。実は、承久の乱では、乱に関与しなかった後鳥羽院第一皇子で、順徳院の兄であった土御門《つちみかど》院までもが、父と弟との配流を受けて、同年に自らが土佐に移り、のち阿波へ渡ってかの地で生涯を終えている。

昭和天皇（昭和三十九年）御製に表わされた「胸せまりくる」も、「遠つおや」後鳥羽院・安徳天皇・順徳院方の、闘いによる人生の悲哀、東国武士団との戦さそのもの、広くは武力によって政治に介入しては軍事集団が治政権を奪ってゆき、平穏な社会を壊してきた様々な歴史の流れ、それら全てへのお思いともお窺いされてくる。

しかし、順徳院が著わした貴重な書の全てが、和歌についてのみならず、和歌を典型とする宮廷文化全般や、宮中の有職故実について、傑出した著作となるのみならず、日本文化の象徴となり日本の歴史にも輝やきを放ち続ける普遍なるものばかりなのである。

平成の時代にあっても宮中祭祀の基本は順徳院の「先神事」の教えなのである。

地上に形あるものの無常と全く次元を異にする芸術や思想の永遠と言えよう。

それでは、冒頭に掲げた昭和天皇御製三首と、その三帝に共通することは何か。

日本で初めての国を挙げて行なわれた戦乱による武力に帝方の朝廷側が敗北したこと。

軍事力の敗北のために、地上の目に見え形あるものの喪失を余儀なくされたこと。

しかしながら。

喪失させられたものとは全く異質の次元の、普遍なる世界を永遠としたこと。

それこそは、「御裳濯河」の御代から生まれ続いてきた日本、その日本の国の姿、そこに生き続ける皇統、そこで君と共に在り続けた日本国の民、そういう中で熟成されてきた日本古来の文化・芸術・思想、等々。

そうして、その、日本と言う国とそこに生きる日本の民とを守護する天皇としての意志、それを実現してゆくための天皇ならではの信仰、そこから生まれる天皇自身による〈祈り〉そのことであった。


さらに昭和天皇御製を一首。

後水尾天皇を偲びまつりて

建物も庭のもみぢもうつくしく池にかげうつす修学院離宮

（昭和六十年）

詞書「後水尾天皇を偲びまつりて」より、かの帝をお偲びまつられての御製と示される。後水尾《ごみずのお》天皇とは、十七世紀の江戸時代に下り、二代将軍徳川秀忠の女和子を女御として迎えた天皇であった。当時は禁中《きんちゅう》並《ならびに》公家《くげ》諸法度《しょはっと》により江戸幕府から天皇と公家方への規制が厳しく定められた時代で、寛永四年には天皇が勅許を続行していた僧侶への紫《し》衣《え》着用にも幕府が一方的に禁制を押しつけてくる事件が勃発、この紫衣事件によって、軍事政権による幕府の法が天皇の勅許を越えることが明らかにされてしまった。その事件などへの幕府から朝廷への干渉に抵抗をし、天皇の勅許の正当性を尊び、寛永六年に突然の譲位を決行した天皇が後水尾天皇であった。後水尾天皇も、今度は源氏鎌倉幕府ではなく徳川江戸幕府によって、ある意味で軍事力に敗北させられた天皇となった。

しかしこの天皇も和歌や書などの日本古来の宮廷文化に優れ、中世以降の和歌についての古今伝授に熱意を示し、その継承に力を尽くした天皇であった。のみならず、自然と融合する日本建築の枠となる修学院離宮を造営し、何よりのことは、哲学的理念が大成し難かった日本の風土や体質の中で宇宙的視野へも到達する哲学とも言える禅宗に深く帰依した天皇なのである。

昭和天皇（昭和六十年）御製は、その後水尾天皇をお偲びされるに、日本伝統の技《わざ》や美意識の粋を凝らした建物も、春の桜と共に日本自然美の伝統となり日本人の感性を象徴する秋の庭の紅葉《もみじ》も、それら全体が自然と人間が一体となって生きる日本人の自然観を表象して美しく、その美しく在る全体が池に影となる姿まで映して水面と地上には二景一対の、これもまた全体の姿が人間界を超えた様な世界の修学院離宮、を詠まれたと視《み》える。

昭和天皇の（昭和六十年）御製には「うつくしく」在る「修学院離宮」の体言止の表現の中に、修学院離宮が象徴する日本美や、禅の世界へ向かう志向も感じられて、この様に後水尾天皇もまた伝統の日本文化を後世に永遠とし、宗教上の理念によって普遍的な世界を具現化しては今に生かした天皇となった。

ここで昭和天皇が御生涯において詠まれた歴代の四天皇方への御製からは、各時代の歴史と共に、ある本質が共通のテーマとして鮮明となってくる。
それこそが
〈軍事力によって敗北させられたこと〉
しかし、それに終わらずに

〈天皇としての普遍性を永遠としたこと〉
であった。
そしてそこに永遠として在るものこそが、
　国創りと国家守護
　その日本で伝統となる天皇を中心とする律令の国の姿
　その様な国での民の幸いと国の平安
であり、その国家を守護するための
　〈信仰〉
と、その理想を実現するための
　〈祈り〉
である。ひいては、それらを地上の人間界を超《こ》えた天上世界に昇華させてゆく
　〈和歌〉
　〈古今伝授〉
から、厳島神社や平家納経、修学院離宮等に象徴した
　〈芸術〉
そのものの普遍性と言えよう。

時勢の運行の中で時に軍事力によって現世の形では敗北しようとも、それを超越した普遍なる永遠を志向して国を護《まも》り、民《たみ》の平安を祈念すること、これこそが日本の伝統の中心にあって生きてきた

〈大御心〉

ではないだろうか。

同時に、他の公の何ものにも一切の制約を受けずに、ひとりひとりの天皇が自らの心の内を表わし、地上の人間世界から天上の世界に志向してゆく方法こそが

〈和歌〉

であって、この表現において自ら求める天皇の理念は結晶化されてゆくとも言えよう。

❋

昭和天皇が〈戦後の国創り〉にあたり、「天智《てんち》天皇」を「範」とされたことを示す次の記録が残る。

八月十四日（水）

午后七時より終戦一年に因んで当時以後の首相と現内閣の所謂経済閣僚等を召されて

花蔭亭で御茶のお催し。召されたるものは鈴木貫太郎、稔彦王、幣原喜重郎、吉田茂、……。出御になり先づ聖上より御言葉あり、隣室に於て漏れ承りたる所によれば、朝鮮半島に於ける敗戦の後国内体勢整備の為天智天皇は大化の改新を断行され、その際思ひ切つた唐制の採用があつた、これを範として今後大いに努力してもらひたしといふやうなお言葉であつた。誠に恐懼の極みである。(2)

昭和天皇が敗戦後に、国創りとして「範」となされた帝《みかど》は天智天皇――語られたお言葉からは、「朝鮮半島に於ける敗戦」・「敗戦の後」「国内体勢整備」・「大化の改新を断行」・「その際思い切った唐制の採用」が、〈範の内容〉となることが判明する。

終戦一年にちなみ、昭和天皇は終戦時に首相であった鈴木貫太郎はじめ、東久邇宮稔彦王、幣原喜重郎、吉田茂らのほか吉田内閣の閣僚を招いて茶会を開き、このお言葉を述べられたと残されている。

天智天皇こそは、大化改新によって現在もある意味で続く天皇を中心とする律令制を実現し、それにあたって体制の法整備となる近江令を制定したと伝わり、歴史上で一大政治改革となる―大化改新―を行なっては今に生きる日本の国の姿の原型と当時の国際世界で〈独立した《日本》とを創り上げた〉帝、その方である。

天智天皇が誕生したのは七世紀初めの推古三十四年、日本の国家体制が整う奈良時代より約百年も以前であった。舒明天皇の長子で、母は後に皇極天皇に即位して再度に斉明《さいめい》天皇として重祚《ちようそ》する宝皇女である。異母兄の古人大兄《ふるひとのおおえ》皇子に対して中大兄《なかのおおえ》皇子と通称された。大化元年、中臣鎌足《なかとみのかまたり》とともに蘇我蝦夷《そがのえみし》・入鹿《いるか》父子の政権打倒を図って成功、事件後に即位した孝徳天皇のもとで「大化の改新」の諸政策に着手し、孝徳天皇の崩御後、重祚した斉明天皇のもとで皇太子として政権の中枢にあり、天皇の没後も皇太子のままで天皇の政務を行なう称制において政務にあたった。天智六年に近江大津宮に遷都しては翌年の天智七年に即位をする。

この間、天智二年に起こったのが白村江《はくそんこう》の戦い、別名に白村江《はくすきのえ》の戦いであった。これは現在の韓国南西部の白村江下流で、唐・新羅軍と、百済・日本軍との間で行なわれた戦争で、日本は四世紀から同盟を結んでいた百済を救援して、白村江河口付近で船上戦を展開したが、結果は百済が唐側に滅ぼされ、日本も敗北となるものであった。これにより東北アジアには唐を中心とする国際秩序が構築され、百済との歴年の友好関係で国際的地位を主張していた日本は、朝鮮での足場を失なってしまった戦さであった。

しかし歴史に生きる天智帝の聡明な行動力は、この敗北の後にこそ発揮されてゆく。

それはまず、日本国内に対外防備の山城を築城して防御体制を強化し、公地公民制や行政区画の設置、班田収授法の制定から戸籍の整備などの大化改新の断行であった。

それらは根幹を律令制中央集権国家の確立に置く新らしい国創りへの着手となるもの。そして何よりも、飛鳥浄御原令《あすかきよみはらりょう》を経て、大宝元年に完成する「大宝律令《たいほうりつりょう》」に至って完全な完備となる律令法の初めての制定、天智七年の「近江令」の制定が伝わっている。(3)

日本の律令法の特色は、隋《ずい》・唐の法律を移入しつつも、それを日本の歴史社会の発展段階に合わせて修正した日本的な法律となること、継受法であることなどがあろう。そしてつながる専制君主を認めることに対し、日本では西欧の立憲君主制の様に、天皇が法の中に組み込まれて存在することにある。また、律令とは、法典のみに限定せずに、律令による国家体制や、その国家も意味しながら、むしろ国の制度の理念や本質を指す性質が強くなることが、日本的な特徴である。

天智天皇の英智は、当時にあっては現代の世界大戦に匹敵する大きな対外戦争によって敗北はした、が、その相手であった戦勝国、唐の見倣うべきは潔く認めて摂取し、摂取においても形と質とを全て無批判に取り入れるのではなく、それらの中で日本の伝統、風土に合う形や質を見習いつつ、摂取した形も質も再度日本の歴史社会の中で篩《ふるい》にかけ、日本的に最善の制度から理念までをも創り上げて国内体制を整備、そのために、初めてと伝わる律令法を成立させながら、次々と大化改新を断行したこと。この見識と潔さと、指導力・行動力と万能へ及ぶ智恵による日本国の再建から、新生日本への国創り、何より、当時の国際社会における独立国日本の確立、そのことにある。［昭和天皇の戦後の日本国の再建、新生日本の国創り、現代国際社会における独立国日本の確立］に重なってはこないだろうか。

また、天智天皇の治政への新らしさと志向は、そのまま文化思想へもつながり、『懐風藻』「序」には近江朝に入って初めて漢詩文も作り始められることとなり、君臣の作は百篇を越えたと伝わる。和歌詠歌においても、大化改新後は急増して多く詠み始めて、特に重要なことは、一新する政治改革と共に急増してくる新らしい和歌にこそ、それまでとは異なる新らしい歌風が確実に精彩を放ってくることにある。

これもまた昭和天皇、戦後の「日本国憲法」公布や「サンフランシスコ平和条約」発効などの［歴史上の大事の度毎に大きく方法や歌風を変化変質させて、新風の御製が多く詠まれてゆく様になった歴史と文学との一致］に重なってくる。

香具山《かぐやま》は　畝傍《うねび》ををしと　耳成《みみなし》と　相争《あひあらそ》ひき　神代《かみよ》より　かかるにあらし　古《いにしへ》も

しかにあれこそ　うつせみもつまを　相《あひ》うつらしき

これは『万葉集』(巻第一)に伝わる天智天皇の「大和三山」の長歌であるが、古代から伝わる神聖な山々に日本讃美を謳《うた》い上げている天智天皇ならではの長歌と言えよう。
そして天智天皇は、日本文化に伝統となる一首を残してゆく。

朝倉《あさくら》や木《き》の丸殿《まろどの》にわがをれば名《な》のりをしつつ行くはたが子ぞ

(『新古今和歌集』・雑)

白村江の戦いの際、仮の御所となる行宮《あんぐう》が置かれたこの朝倉(今の福岡県朝倉市)の地よ、その朝倉の丸木造りの質素な御殿に、わたくしが居ると名乗《なの》りをしながら行く子がいるが、あれは誰の子であろうか、と言うことを詠む。古代の日本では百済を救援するための出兵に際して、筑前国朝倉宮を設けていた。そこには当時まだ皇太子であった天智天皇が母帝斉明天皇に同行していて、その折りの天智天皇が詠み上げた和歌である。
この詠はそして、後世には、国家的大事を背負った伝承歌として永く歌い継がれながら、広く神楽歌ともなって民の中へ浸透した一首なのである。中世の『保元物語』や『平家物語』(長門本)にも、配流となった崇徳院と旧臣とがこの一首を本歌取《ほんかどり》として和歌を詠み交わしたことが語られ、まだ青年時代の後鳥羽院も、初めて主催した「正治初度御百首」で、この天智天皇御製を本歌取とする和歌を残している。

あさくらや木丸どのにすむ月の光は名のる心地こそすれ

古代から中世へと、天智天皇から後鳥羽上皇へと続く系譜――

それは、天皇を中心とする律令制が日本の最も平穏な国の姿であり、その体制での国の平安と民の幸いを天皇が創り守護してゆく理念と姿勢、併わせてそういう国家の中で生まれ熟成され民に広く深く浸透してゆく文化の形成の重要さ、それを後世の日本にさらに広く深く確実にして普遍化してゆくためのたゆみない創造、そのものと言えよう。

中世の歌聖藤原定家が選び配列した古代から中世までの百人の歌人、一首ずつによる「百人一首」。

その秀歌撰は初めの二首を天智天皇と、天智天皇皇女の持統天皇との和歌、

秋の田のかりほの庵《いほ》の苫《とま》をあらみわが衣手《ころもで》は露にぬれつつ

（『後撰和歌集』・秋）

春過《はるす》ぎて夏来《なつき》にけらし白妙《しろたへ》の衣《ころも》ほすてふ天《あま》の香具山《かぐやま》

（『新古今和歌集』・夏）

から始まり、最後の二首を後鳥羽院と、皇子順徳院との和歌、

人《ひと》もをし人《ひと》も恨《うら》めしあぢきなく世を思ふゆゑに物思ふ身は

（『続後撰和歌集』・雑）

ももしきや古き軒端《のきば》のしのぶにもなほあまりある昔なりけり

（『続後撰和歌集』・雑）

で結ばれる。

天智天皇御製は、一年間慈《いつく》しみ育てた稲が豊かに実り、刈り入れ時の夜、仮庵の屋根を葺《ふ》く苫《とま》が粗《あら》いので、衣の袖が苫のすき間から漏《も》れしたたる夜露にぬれながら秋の静夜を過ごす和歌である。天皇自らの体験なら民の生活から神への感謝、そして日本人の信仰へつながる稲作を自身で行ない、国を治める基盤を整えてゆく姿も視《み》え、農民の労を思っての

詠ならば日本人の生活の基本となる米作への尊重が表現される。いずれにしても律令国家を誕生させた天智天皇ならではの、日本と民との存在に係わるテーマの一首である。

持統天皇御製も、遠景の香具山の古代から生きる神々しさが新緑にまばゆく輝やき、真白い卯花の満開と同じく白妙の衣が新緑色と対比して、夏が来たらしい季節の推移の中に映ってくる。神聖に清々しく、色彩鮮やかな、これもまた、天智天皇と伝わる近江令から続く飛鳥浄御原令を施行した持統天皇らしい豊かな一首となろう。

しかし、これら二首に反して後鳥羽院の御製は、人がいとおしくも、また人が恨めしくも思われること、世を思うからこそ物を思う身では、との心である。後期院政期最高権力者でありながら、武力によって政治の中枢に侵略してくる鎌倉幕府とは深刻な対立となってきている、承久の乱の九年前の詠となる。〈治天の君〉ゆえこその〈世治まり民《たみ》安かれとの祈り〉が格調高く謳われよう。

そして順徳院御製もまた、先に記したとおり、天皇中心の律令社会が最も豊かに栄華を誇った延喜・天暦の醍醐《だいご》・村上天皇の御代《みよ》への理想化と憧憬と懐旧、嘆きとなる。

天智天皇に始まり、平安王朝に入っては『古今《こきん》和歌集』から中世初めの『新古今和歌集』までの百人の歌人、一首ずつ、百首の和歌で、武士などが軍事力で戦乱を起こすことなく、軍事力で政治の中枢に侵略することもなく、まして政治権力を奪うこともなく、天皇を中心とする律令体制において君臣がひとつとなって民が平穏に暮らし、後世の日本が永く国際社会に誇る和歌や『枕草子』『源氏物語』などの文化、そこに著わされた美意識も日本人の思想も成熟させた時代を展開させては、その社会の終焉となった後鳥羽院・順徳院によって百首を結ぶ「百人一首」――

これこそは、日本で唯一に国が直接に動かしうる大規模な軍を持たなかった平和社会と、永遠普遍な日本文化を内包する秀歌撰アンソロジーそのもの。秀歌撰の中には律令国家が成功していた〈平和社会〉と〈文化・思想〉が、まるで絵巻物を繙《ひもと》く様に展開されてゆく。

その始まり、冒頭の一首は天智天皇御製からとなる。

昭和天皇が「天智天皇」を「範」とされたご志向と実現とは、「朝鮮半島に於ける敗戦」の「後」、「国内体勢整備」の為に「大化の改新」を断行し、「その際思い切った唐制の採用があった」ことを、昭和の時代に置き代えて、「先の大戦に於ける敗戦」の「後」、「国内体制整備」の為に、「日本国憲法」の公布から「サンフランシスコ平和条約」の発効を実現しては、現代の国際社会において〈自由と平和とを愛する文化国家〉「日本」を創建し、その際には思い切った欧米の制度や考え方の移入採用を行なっては、独立国家日本の確立を成し遂げたことであったと言えよう。

それらを実現した見識と潔さ、他に代わりえない指導力、果敢な行動力と智恵などの全てにおいて、天智天皇と昭和天皇とは鮮明に重なってくる。

またその実現の中には併わせて、昭和天皇が範とされた天智天皇から、強くご思慕を寄せられた後鳥羽上皇へと、連綿と続く系譜の中で日本の伝統となってきた、天皇が軍人ではない臣民と一体となって、常に民が平穏に暮らせる国家の再建・創造の上での、日本オリジナルとなっては決して絶えることのない文化・思想の生成熟成もあったろう。

一千年以上を経て現代に生きる日本の姿を創った天智天皇、その天智天皇を範となされた昭和天皇も、その昭和天皇の国創りも、必ずや一千年後の日本と日本人に、精彩を放って尊ばれていることと信じられる。

ここに天皇の永遠性が透視されてくる。

千変万化する歴史の中にあって、時に軍事が力を持って軍事体制を強化し、その力によって天皇と日本の国の姿が侵され、民が圧殺され、日本国と日本の民族との危急存亡の時に直面しようとも、天皇が天皇として在るべきは、民とひとつになって、民《たみ》が飢え凍えることなく平穏に暮らすことのできる社会の創建と、そういう国創り、そのための新らしい制度体制の整備から、新らしい「法」の制定であり、国際社会との協調国としての約束となろう。そしてそういう社会でオリジナルとなる文化の生成、思想の熟成から、後世への継承伝統化の実現までもが。

それを人間だけの力に拠ることなく、地上を超《こ》えた天空から宇宙までへの無限世界の、人間界を超越した存在の力に与《あず》かるために普《あまね》く社会全体を〈天に祈る〉こと、それが天皇に課せられた、同時に天皇のみがなしうる使命そのもの、と、御製の大御心からは導かれてくる。

その使命に於いて、天皇にとって唯一絶対となる方法がそして、〈倭歌《やまとうた》＝和歌《わか》〉と〈歌《うた》詞《ことば》〉なのである。

註

（1）本著で昭和天皇御製の底本とする宮内庁侍従職編『おほうなばら　昭和天皇御製集』（読売新聞社・平成二年）に拠る。

（2）入江為年監修『入江相政日記　第三巻』（朝日新聞社・平成六年）

（3）律令制については、特に本著では大津透『日本史リブレット73　律令制とはなにか』（山川出版社・平成二十五年）に基づく。

付六　人間　昭和天皇

辞世の和歌

「はちすの花」に求められた永遠の極楽浄土

昭和天皇の、とりわけ人間らしいお心と感じさせていただけます和歌も、とうとう最後になってしまいました。

昭和天皇が最もの晩年に至られまして今に残されました和歌の中から、昭和天皇でいらしても、おひとりの人間となされて、最後にはこの様《よう》なお心に至ってゆかれましたのでしょう、と、しみじみ心に染み入ってしまいます一首がございます。

夏たけて堀のはちすの花みつつほとけのをしへおもふ朝かな

道灌堀

（昭和六十三年）

昭和六十三年の夏、まさしくご生涯で最後の夏の一首でございます。

夏が盛りとなって、ふと堀の水に目をやると、水の上には紅や淡紅から白色の彩《いろどり》の美しい大輪の蓮《はす》の花が咲いていていて、しみじみとその「はちすの花」をご覧なさりながら、「ほとけのをしへ」を思われる朝へのご詠嘆が込められましょう。

「はちす」（蓮）とは花が散った後の花托《かたく》が漏斗《ろうと》状となり、表面の蜂《はち》の巣状の穴に果実が入っているところから「蓮」を「蜂巣《はちす》」と言ったことによる古名で、この「蓮の花」は、古くより仏教の世界で極楽浄土の象徴「蓮華《れんげ》」として尊ばれてきました。
日本で初めての勅撰和歌集《ちよくせんわかしゆう》『古今《こきん》和歌集』にも「蓮《はちす》」の和歌（夏・僧正遍照《そうじやうへんぜう》）が一首。

蓮《はちす》の露を見てよめる

蓮葉《はちすば》の濁《にご》りに染《し》まぬ心もてなにかは露を玉とあざむく

蓮葉の上に置く露が、濁った水に染まらず玉の様に美しいことを、『法華経』涌出品に説く「世間ノ法ニ染マザルハ蓮華ノ水ニ在ルガ如シ」に拠《よ》って詠まれた夏の一首でした。
時代が下ると「蓮」は、仏との結縁《けちえん》により極楽浄土へ導びく花と崇《たつと》ばれ、死への不安の中で「蓮の花」に救済を願う心の和歌（『拾遺和歌集』・哀傷・実方朝臣）へ、

左大将済時、白河にて説経せさせ侍りけるに

今日《けふ》よりは露の命《いのち》も惜《を》しからず蓮《はちす》の上《うへ》の玉《たま》と契《ちぎ》れば

『古今和歌集』での、「蓮」に「露」の「玉」と組み合わせた表現を受けてこの和歌では、「蓮《はちす》の上《うへ》の玉《たま》」と契って来世には極楽浄土の蓮の葉の玉となり往生できますので、も

う今日からは露の様にはかない現世での命も惜しくありませんとの心、ここには、

市門に書き付けて侍《はべ》りける

一度《ひとたび》も南無阿弥陀仏と言ふ人の蓮《はちす》の上にのぼらぬはなし

（『拾遺和歌集』・哀傷・空也上人）

との、一度でも南無阿弥陀仏と唱える人ならば、極楽浄土の蓮の上にのぼらないことはなく、誰しもがただ一度のお念仏で来世に往生できますよ、との教導がありました。

そして院政期の勅撰和歌集『千載《せんざい》和歌集』での「蓮」の和歌（清少納言）は、現世よりも来世の極楽を願い、往生のための悟りを求める釈教歌へと深まってゆくのです。その一首。

菩提といふ寺に結縁の講し侍りける時、聴聞にまうでたりけるを、人のもとより、とく帰りねといひたりければ、つかはしける

求めてもかかる蓮《はちす》の露をおきて憂《う》き世に又は帰《かへ》るものかは

仏道と縁と結ぶ法華八講をした時の和歌で、どれ程に自分から求めても極楽浄土の往生〈蓮の上の願い〉にあやかりとう、その有難い「蓮《はちす》の露」の世界を置いてはもう二度と再び現世のつらい憂《う》き世、人の世に帰ったりは致すものでしょうか、永遠の西方浄土へこそ参りとうございます、との祈願を詠む釈教歌です。さらに、もう一首、

家に百首歌よみ侍《はべ》りける時、五智《ごち》の心を、妙観察智《めうくわんさつち》

底清く心の水を澄《す》まさずはいかが悟《さと》りの蓮《はちす》をも見む

（『新古今和歌集』・釈教・入道前関白太政大臣）

真言宗で仏のそなえる五種の智の中の、正邪を区別する「蓮華智」となります心を詠み、心の水を底深くまでずっと清く澄まして、悟りの蓮華を見る諭《さと》し、極楽浄土を象徴する蓮華を求めて修養する心の透明さを説いた一首です。

この様な和歌の伝統に見るとおり、日本人の歴史には「蓮の花」が西方浄土を象徴し、仏との結縁によってそこで往生できることをひたすらに願い、自らの心を透明に澄み清めて生きながら、ようやく悟りの境に達しては、現世の苦しみから救われ、仏の導びく西方

の極楽で永遠が得られる仏道への信仰が生きていました。

それは「仏の教《をしへ》」による個人への救済――

昭和天皇は昭和五十四年から五十九年までの六年間にご生涯で稀《まれ》に多く、三度も奈良を訪れられ、そのお旅では、まだ戦乱もなく、民《たみ》も平穏で国も安寧であった「遠つおやのしろしめしたる大和路の歴史」〈昭和六十年御製〉へお心をはせてゆかれましたと想われます。

奈良時代と申せば、仏教が鎮護国家《ちんごこっか》として国を護《まも》った時代、その始まりの聖徳太子は仏教こそが国を護り民衆を救うと説き、その教えを国の根本理念としました。その後、平安時代に入っても、仏教は古来の日本の神々とひとつになる神仏習合《しんぶつしゅうごう》の思想によって、神と一体になって日本を護ってきたのでした。

そうして院政期の、あの戦乱の時代に直面しては、人々は常に〝死〟と向かい合い、形ある人の命の無常を実感し、仏の世界に救いをもとめてゆくようになります。その頃から人々が求める個人を救う教えが生まれ、中でも法然の説く浄土宗は、とりわけに〈個人の魂を救済〉し、阿弥陀仏の本願に依って永遠の極楽に往生する信仰の道を開きました。

この時代の戦乱と死とを語り、日本の文学で初めて哲学としての「無常観」を大成し、その思想で作品を貫ぬいた『平家物語』も、終局は、民衆ひとりひとりの個人が救済されて極楽浄土に向かい往生できる願いに導かれてゆきます。そのことを「灌頂巻」（覚一本）で語るのが、安徳《あんとく》天皇の母后建礼門院徳子でした。徳子は、日本全体に内戦を招いた後白河法皇に対し、反戦にもつながる仏教による六道巡りを自己語りとします。

平和な時代に鎮護国家を旨とした仏教も、戦乱の時代での究極は、ひとりひとりの〈人間の魂を救い〉〈人間の生を永遠の極楽に導いた〉のでした。

安徳帝や順徳院《じゅんとく》へあの様《よう》に「かなし」（昭和三十三年御製）く「胸せまりくる」（昭和三十九年御製）お思いを抱かれました昭和天皇が、人間個人を救済する仏の教えに深い思いを寄せられてゆかれましたことが自然に想われましょう。

歴代の帝《みかど》の中で稀有にも稀有に、外国との危うい政治の混迷期の、対外戦争がうち続く時代に御生を享けられ、およそ日本の歴史で初めてとなる対外戦争による全面降伏の絶望をご体験されましては、全てがマイナスからの、しかも戦勝国による占領時の中での日本国の再生から整備、そして「サンフランシスコ平和条約」によってようやく国際的に独立しては、さらにまた日本の国創りを成し遂げられました昭和天皇でございます。

その中でいつも、どの様《よう》な状況でも昭和天皇が貫ぬかれていらしたことは、〈民《たみ》の平穏〉と〈国の平和〉とへの〈祈り〉——

それが戦中であろうと、敗戦の絶望時であろうと、占領下であろうと、国際社会に復帰して自由で平和な文化国家日本に成熟した後であろうとも、何ら変わることなく同じ様に一貫して在《あ》られた昭和天皇の――大御心《おおみこころ》――

そしてそれこそが、日本の歴史に脈々と生き続けてきた天皇となされまして普遍となっている御心そのものでございます。

そこにこそ天皇の、天皇となされての永遠性が生きていらしたのです。

こういう御生涯を貫ぬかれながら、昭和天皇が最期に辿り着かれました御境地が、古代から日本人に広く深く浸透している仏からの救済でございましたのでしょうか。

「はちすの花」に導かれましょう西方浄土へのお思いには、昭和天皇が天皇のお立場にあられて日本国の独立を護り、平和国家を創られながら、民《たみ》をお慈《いつく》しみなされて、しかし、戦争に関する全てのことには御生涯に及ばれまして「胸せまりくる」お思いを抱き続けていらっしゃいました御悔恨、御悲痛が偲ばれて参ります。

そうして天皇とあそばされて貫ぬかれましたご生涯も、今はもう、最期をお思いなされましたのでしょうか、おひとりの人間となされて日本人に永く伝統として信仰されてきた極楽への往生を想われたのでございましょうか。

しかし、昭和天皇、その御方でございます。

晩年の奈良各地へのお旅の中などで仏教の教えを感じられますお心も抱かれましては、

お悟りの御境地へ向かわれましたことも、想われて参ります。

日本の歴史においては、悟りに達し、極楽浄土で往生した方を拝することによって、その民もさらに救われてゆく伝統がありました。すると、永遠となられた昭和天皇によって、いついつまでも絶えることなく、無限に、民《たみ》が導かれてゆくことも願われて参ります。

どこまでも続く昭和天皇による民《たみ》への救いと護《まも》り――

人間　昭和天皇の〈辞世の和歌〉とも受けとめられます一首でございました。

おわりに

ほのぼのとあけゆく空をみわたせばうす紫の雲ぞたなびく

初めて昭和天皇の御製《ぎょせい》に感覚させていただきました昭和三十二年の和歌でございます。

わたくしごとで恐縮でございますが、

幼少時から祖父母が親しませてくれたお稽古ごとの中で、とりわけ箏曲《そうきょく》は和歌と共に、平安王朝以来の女性文化、まだもの心もつかない内にわたくしは、箏曲と、その音曲《おんぎょく》にのって謡《うた》う和歌の調《しらべ》がかもし出す雅《みやび》な世界へと、憧がれを抱き始めておりました。

小学校を終えようとする頃には、そして箏曲の歌から誘《いざな》われまして『古今《こきん》和歌集』や『伊勢物語』から、『新古今《しんこきん》和歌集』や『平家物語』などまでの日本の古典和歌、和歌で綴られました古典文学のほとんどを読み通し、いつか、この、美しい日本文化を世界に紹介させていただける様《よう》になりたいと夢を膨らませ、日本文学を研究する道へ進みました。

その中で先の一首は、きらきらと輝やき始める朝日が射してくる空全体にたなびく横雲が創り出す景の、ゆったりと穏やかな中に茜《あかね》色や紫色が彩《いろどり》され、『枕草子』の世界までイメージされる流麗さも重ねられまして、わたくしの心は昭和天皇の御製に大きな憧憬で導かれたのでございます。

この心と併わせ、研究テーマも『新古今和歌集』を中心に、中古から中世まで、全ての天皇の勅撰和歌集《ちよくせんわかしゆう》を対象に、歌詞《うたことば》を手掛りとする表現より、各和歌集の時代に在《あ》った天皇の勅撰の思想を辿り、この研究論文には平成二十二年に博士（学術）Ph.D.を授けられ、著書『八代集表現思想史』は、同年開催の国際ペン世界大会へ出展ともなったのです。

その著書はごもったいなくも、古来の慣例に従がいまして著者作成の客観的説明文を添え今上陛下《きんじよう》へ、同じくお手紙を添えて皇后陛下へ献上させていただけました。以前より皇后様には和歌や女性歌人についての小著をお届けさせていただいており、この折り

『皇后陛下御歌集　瀬音《せおと》』

を御下賜《ごかし》たまわりましたことから、皇后様の御歌《みうた》を編纂の上、釈を付《ふ》せさせていただきます

『皇后美智子さま　全御歌』

を、八十御賀《おんが》となります平成二十六年十月二十日に公とさせていただけましてございます。

この中でわたくしには、皇后様の御歌を拝見させていただけます折りに申されましした

「日本の二千年の歴史・文化をふまえて」「二千年後の日本に永遠となる」「平成の文化」と致し、これまでのわたくしの日本文化との触れ合いや研鑽を生かしながら、現代の皇族の御方の和歌のお心を、「社会の方へ」記させていただく大切さを実感致しました。

その思いから、一心に、御生涯の御製を辿らせていただき、わたくしの中で視《み》えて参りました昭和天皇御製の御心をそのままに表わさせていただきましたのが、今回の歌論でございます。

すると、わたくしの世代ではひとえにご立派でご一身に民《たみ》の崇敬をお受けなされていらした昭和天皇の、実は、戦前にどれほど深くご苦悩を抱《いだ》いていらしたか、ようやく日本が平和国家へ独立してはお慶《よろこ》びも溢れながら、しかし、日本が成熟すればするほどに〝戦争〟へのご悔恨は大きなご悲痛となられてお胸の内に入っていらしたか、そのご痛恨を抱《かか》えられながら、どの様《よう》な時もただただ民《たみ》と国の平安をご祈願なされ、戦後の国創りを成されていらっしゃいましたか、そのご一念が、御製の一詞《ことば》一詞《ことば》から心に染み入って参ったのでございます。

何よりもの御心、終戦の御聖断を下されます折りの民《たみ》と日本とへの極限の危機感までもが。

それこそが公の勅書やご発言には表わしえない、天皇が唯一にお心を込めることができる〈和歌〉だけに表現されました昭和天皇の真《まこと》――

政治公文書にも歴史資料にも公とされない〈和歌の心〉として詠み表わされました昭和天皇の深くほんとうのお心――

そして成し遂げられました天智天皇を「範」となされ、吉田茂を同志とされましての、一千年後日本へ永遠となる〈昭和の国創り〉――

そのお心と〈一千年後日本への国創り〉が一気に文《ふみ》となり、今回の歌論となりました。

ここに至りますまで先人方が創られた日本の文化と、歴史に生きている普遍性へ、何よりも、昭和天皇の御製にこそ、尊く大切にさせていただきたい思いが尽きずにおります。

小さなわたくしの、ささやかなこの歌論が、どうぞ昭和天皇の御心に叶いますように、その望みだけを願って筆を終える次第でございます。

先の大戦終戦七十年となる終焉　平成二十七年歳暮

秦　澄　美　枝

昭和天皇御製初句索引

底本・論拠文献・論拠資料

本著執筆にあたっては、文学・歴史・政治・生物学などの多岐に渡る文献を必要としていて、それは数百冊にも及ぶため、ここでは、歌論を展開するために、直接の根拠とした文献・資料・辞典等のみを掲げるに限定する。また、各章で明示した引用文献の重複は、論拠となる文献以外は避けている。

一　底　本

昭和天皇御製・宮内庁侍従職編『おほうなばら　昭和天皇御製集』（読売新聞社・平成二年）

香淳皇后御歌・木俣修編『天皇皇后両陛下御歌集　あけぼの集』（読売新聞社・昭和四十九年）

古典和歌・「新編国歌大観」編集委員会編『新編国歌大観』（全十巻）（角川書店・昭和五十八年から平成四年）・（ただし、古典和歌の平仮名本文表記は、著者が適宜、適

切な漢字表記に変換）

古典文学・『枕草子』松尾聰、他一名校注・訳「日本古典文学全集　11」（小学館・昭和五十年）

『平家物語　一』『平家物語　二』市古貞次校注・訳「日本古典文学全集　29」「日本古典文学全集　30」（小学館・昭和五十一年）

他の古典文学は「日本古典文學大系」（岩波書店）本に拠る

二　「東宮御詞」・「勅語」・「詔書」

「東宮御詞」（『官報　號外』「宮廷錄事」・印刷局・大正十年九月三日　土曜日）

「踐祚後朝見ノ儀ヲ行ハレ左ノ勅語アラセラル」（『官報　號外』「宮廷錄事」・内閣印刷局・昭和元年十二月二十八日　火曜日）

「卽位禮當日紫宸殿ノ儀ニ於テ賜ハリタル勅語」（『官報　號外』・内閣印刷局・昭和三年十一月十日　土曜日）

「詔書」（「国立公文書館蔵（御署名原本）」・昭和二十年八月十四日）

「詔書」［人間宣言］（『官報　號外』・印刷局・昭和二十一年一月一日）
「日本國憲法公布記念式典において賜はつた勅語」（『官報　號外』・印刷局・昭和二十一年十一月三日）

三　御製解釈と論理展開の根拠とした拙著・共著

博士論文・『八代集の表現の思想史的研究』（国立大学法人埼玉大学大学院文化科学研究科・平成二十一年）
拙著・『八代集品詞別使用語彙頻度・順位表――名詞・形容詞・形容動詞編――』（私家版・昭和六十一年）
『和歌戀華抄　WAKA RENGESYOU』（澄美枝・アカデミー出版・平成十年）
『王朝みやび　歌枕のロマン』（朝日新聞社・平成十七年）
『宮廷の女性たち――恋とキャリアの平安レィディー――』（新人物往来社・平成十七年）
『八代集表現思想史』（福島民報社・平成二十二年）
『清盛平家と日本人　歴史に生きる女性文化』（講談社ビジネスパートナーズ・平成

二十四年）
編・釈・『皇后美智子さま　全御歌』（新潮社・平成二十六年）
共著・『歌ことば歌枕大辞典』（角川書店・平成十一年）
『集英社版大歳時記』（集英社・平成元年）

四　辞典・事典

藤平春男、他六名編『和歌大辞典』（明治書院・昭和六十一年）
日本国語大辞典第二版編集委員会・小学館国語辞典編集部編『日本国語大辞典　第二版』（全十三巻）（小学館・平成十二年から同十四年）
松村明・三省堂編修所編『大辞林』（三省堂・平成元年）
中村幸彦、他二名編『角川古語大辭典』（全五巻）（角川書店・昭和五十七年から平成十一年）
中田祝夫、他二名編『古語大辞典』（小学館・昭和五十八年）
諸橋轍次『大漢和辞典』（全十五巻）（大修館書店・平成元年から同二年）
上田万年、他四名編『大字典』（講談社・昭和五十一年）

国史大辞典編集委員会編『国史大辞典』（全十五巻）（吉川弘文館・昭和五十四年から平成九年）
日本史広辞典編集委員会編『日本史広辞典』（山川出版社・平成九年）
朝尾直弘、他二名編『角川新版日本史辞典　最新版』（角川学芸出版・平成十九年）
大津雄一、他三名編『平家物語大事典』（東京書籍・平成二十二年）
藤樫準二『皇室事典』（毎日新聞社・昭和四十年）
外務省外交史料館日本外交史辞典編纂委員会編『日本外交史辞典』（山川出版社・平成四年）

五　論拠文献

毎日新聞社編『天皇歌集　みやまきりしま』（毎日新聞社・昭和二十六年）
木俣修編『天皇皇后両陛下御歌集　あけぼの集』（読売新聞社・昭和四十九年）
宮内庁「昭和天皇実録」（宮内庁蔵）
生物学御研究所編『那須の植物』（三省堂・昭和三十七年）
生物学御研究所編『那須の植物誌　続編』（保育社・昭和六十年）

生物学御研究所編『皇居の植物』（保育社・平成元年）
木下道雄『宮中見聞録』（新小説社・昭和四十三年）
鈴木正男『昭和天皇のおほみうた　御製に仰ぐご生涯』（展転社・平成七年）
藤平春男『新古今歌風の形成』（明治書院・昭和四十四年）
藤平春男『歌論の研究』（ぺりかん社・昭和六十三年）
藤平春男編『新古今和歌集』（桜楓社・平成元年）
竹内敏雄『美学総論』（弘文堂・昭和五十四年）
渡辺護『芸術学』（東京大学出版会・昭和五十年）
目崎徳衛『平安文化史論』（桜楓社・昭和五十八年）
目崎徳衛『百人一首の作者たち　王朝文化論への試み』（「角川選書―142」・角川書店・昭和六十三年）
目崎徳衛『史伝後鳥羽院』（吉川弘文館・平成十三年）
島津忠夫訳注『百人一首』（角川書店・平成二年）
角田文衛『王朝の映像　平安時代史の研究』（東京堂出版・昭和四十五年）
大久保利謙『日本全史10　近代Ⅲ』（東京大学出版会・昭和三十九年）
佐々木隆『明治人の力量』（「日本の歴史　21」・講談社・平成十四年）

中村隆英『昭和史　Ⅰ』『昭和史　Ⅱ』（東洋経済新報社・平成五年）
木戸幸一『木戸幸一日記（上）』『木戸幸一日記（下）』（東京大学出版会・昭和四十一年）
入江為年監修『入江相政日記』（全十二巻）（朝日新聞社・平成六年から同七年）
牧野伸顕『牧野伸顕日記』（中央公論社・平成二年）
吉田茂『日本を決定した百年』（日本経済新聞社・昭和四十二年）
吉田茂『吉田茂書翰』（中央公論社・平成六年）
吉田茂『回想十年（上）』『回想十年（中）』『回想十年（下）』（中央公論新社・平成二十六年から同二十七年）
吉田雪子著・長岡祥三編訳『ジョージ六世戴冠式と秩父宮』（新人物往来社・平成八年）
吉田雪子『雪子歌集』（前掲『ジョージ六世戴冠式と秩父宮』所収）
麻生太郎『麻生太郎の原点　祖父・吉田茂の流儀』（徳間書店・平成十九年）
麻生太郎『とてつもない日本』（新潮社・平成十九年）
麻生太郎『自由と繁栄の弧』（幻冬舎・平成二十年）

秦　澄美枝　日本文学家（研究者・作家・歌人）

HATA, Sumie

博士（学術）Ph. D.
山田流箏曲教授　秦 珠清

皇后陛下八十御賀記念奉祝
『皇后美智子さま　全御歌』
編・釈（2014年10月20日　新潮社）

『王朝みやび　歌枕のロマン』（朝日新聞社　2005年）、『宮廷の女性たち―恋とキャリアの平安レィディー―』（新人物往来社　2005年）、『八代集表現思想史』（福島民報社　2010年）、『清盛平家と日本人―歴史に生きる女性文化』（講談社ビジネスパートナーズ　2012年）など。

『和歌戀華抄　WAKA RENGESYOU』（澄美枝・アカデミー出版　1998年）にて、2003年に日本文藝振興会主催　第21回日本文藝大賞古典文学功労賞受賞。

聖心女子大学大学院・早稲田大学大学院で日本文学を研究。

現在、1992年創立 澄美枝・アカデミー代表。

一般社団法人日本ペンクラブ、公益社団法人日本文藝家協会会員。三笠宮彬子女王殿下が設立・総裁をお務めの一般社団法人心游舎にて日本文化の教育・普及活動を賛助。

装丁：印牧真和
口絵写真：１～３頁・毎日新聞社　４頁・アフロ

昭和天皇　御製にたどるご生涯
和歌だけにこめられたお心

2015年12月22日　第１版第１刷発行
2016年１月12日　第１版第２刷発行

著　者　秦　澄　美　枝
発行者　小　林　成　彦
発行所　株式会社ＰＨＰ研究所
東京本部　〒135-8137　江東区豊洲5-6-52
学芸出版部　☎03-3520-9618（編集）
普及一部　☎03-3520-9630（販売）
京都本部　〒601-8411　京都市南区西九条北ノ内町11
PHP INTERFACE　http://www.php.co.jp/

制作協力
組　版　株式会社PHPエディターズ・グループ
印刷所　大日本印刷株式会社
製本所　東京美術紙工協業組合

ISBN978-4-569-82743-8